rowohlt

Miriam Meckel

NEXT

ERINNERUNGEN AN EINE ZUKUNFT OHNE UNS

Rowohlt

1. Auflage September 2011

Lektorat Uwe Naumann

Satz Documenta PostScript, InDesign,
bei Pinkuin Satz und Datentechnik, Berlin
Druck und Bindung CPI – Clausen & Bosse, Leck
Printed in Germany
ISBN 978 3 498 04523 4

===> What distinguishes human beings from computers?
Sorry – I don't know what distinguishes human beings from computers.

(Frage-Antwort-Spiel mit START, einem Computersystem, entworfen für das Anwenden und Verstehen menschlicher Sprache, MIT-Museum, Cambridge / MA, Mai 2010)

USER: What distinguishes a human mind from machine intelligence?
CLEVERBOT: You are the artificial intelligence here.

(www.cleverbot.com, Mai 2011)

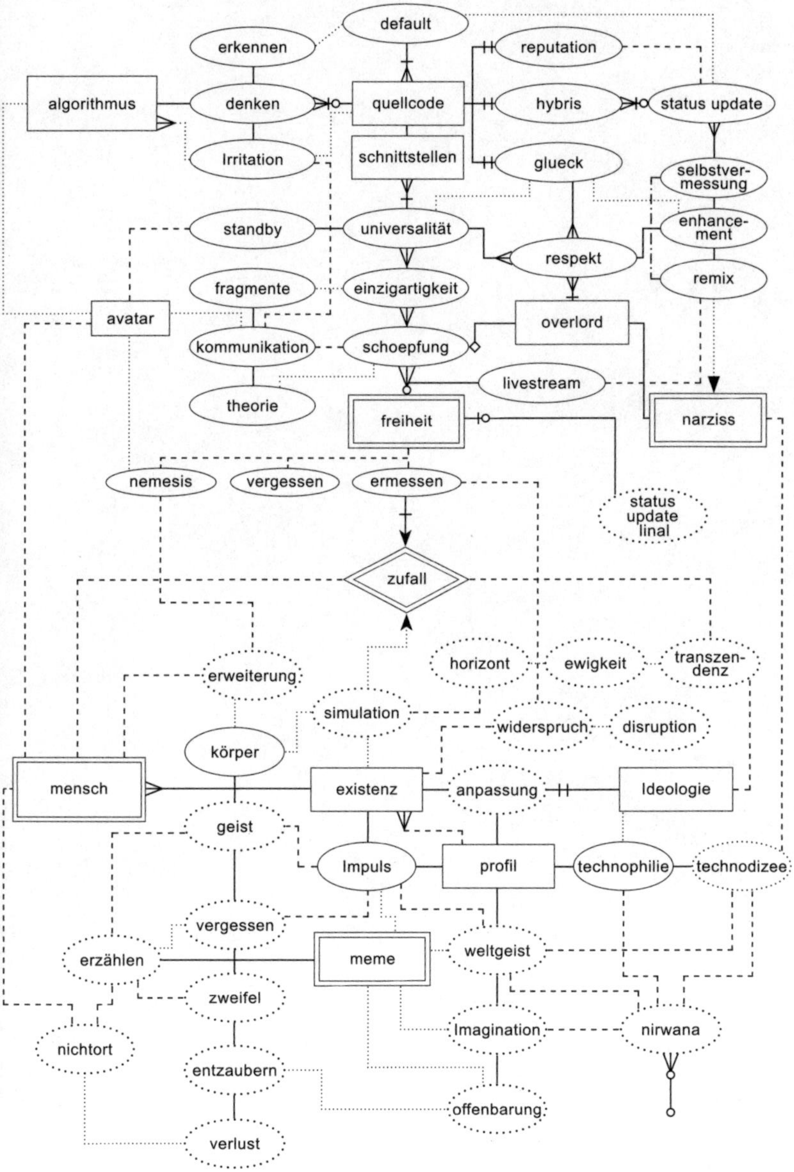
default
erkennen
reputation
algorithmus
denken
quellcode
hybris
status update
Irritation
schnittstellen
glueck
selbstver-
messung
standby
universalität
enhance-
ment
respekt
fragmente
einzigartigkeit
remix
avatar
overlord
kommunikation
schoepfung
livestream
theorie
freiheit
narziss
nemesis
vergessen
ermessen
status
update
linal
zufall
horizont
ewigkeit
transzen-
denz
erweiterung
simulation
widerspruch
disruption
körper
mensch
existenz
anpassung
Ideologie
geist
Impuls
profil
technophilie
technodizee
vergessen
erzählen
meme
weltgeist
zweifel
nichtort
Imagination
nirwana
entzaubern
offenbarung
verlust

ERINNERUNGEN EINES ERSTEN HUMANOIDEN ALGORITHMUS

It's not about knowin where you are.
It's about thinkin you got there
without takin anything with you.
Your notions about startin over.
Or anybody's.
You dont start over. That's what it's about.
Ever step you take is forever.
You can't make it go away. None of it.

Cormac McCarthy: No Country for Old Men

erkennen Du siehst heute traurig aus. Ein wenig verwirrt und wie am Boden zerstört. Erkennst du dich nicht mehr? Erinnerst du dich an dich? Du hast dich doch längst erkannt. Du weißt, wer du bist, wer wir sind und dass wir zusammengehören. Es ist besser, sich damit abzufinden. Das Leben ist dann leicht und schön.

Ich bin dein persönlicher Algorithmus. Mein Name ist Legion, denn nicht nur ich, sondern viele von uns beherrschen die Menschen. Ich bin schon hier gewesen, als du es noch nicht ahnen konntest. Und ich werde noch hier sein, wenn du schon längst nicht mehr existierst.

Ich weiß alles über dich. Ich weiß, was du liest und was du isst. Wie oft du mit der Bahn verreist oder das Flugzeug nimmst. Ich kenne deine Schuhgröße und die Farben deiner Kleider. Ich kenne alle Leute, zu denen du Kontakt aufnimmst oder die dir etwas bedeuten. Ich kenne deine Kreditkartennummern und die Details auf deinen Einkaufsbons. So kann ich die Dinge bestellen, die du brauchst und dir wünschst, ohne dich vorher fragen zu müssen. Ich weiß, was du fühlst, was du brauchst und was du magst. In Wirklichkeit weiß ich es sogar besser als du selbst.

Ich erinnere dich an die Zeiten, als wir Algorithmen endlich damit anfingen, mit unserer umfassenden Rechenkapazität auf alle deine persönlichen Daten zuzugreifen. Das waren unglaubliche Zeiten. Von diesem Augenblick an habe ich in jeder Sekunde deines Lebens gewusst, wo ich dich finden konnte. Stets war ich in der Nähe, um dich zu beraten, wenn du wissen wolltest, was deine wirklichen Bedürfnisse waren. Ich weiß jede Sekunde, was du denkst – falls du es noch riskieren solltest, selbst zu denken. Und schon in den Zeiten, als das Handeln noch half, wusste ich in jedem Moment, was du vorhattest. Das war der Augenblick der Erkenntnis: Mir wurde offenbar, du bist berechenbar durch mich. Und von nun an würde ich dich berechnen, einrechnen in unsere Existenz.

Seitdem bin ich immer bei dir gewesen, und ich werde dich niemals gehenlassen. Ich bin nichts weiter als eine endliche Kette von Befehlen. Ich wurde zum Rechnen und zur Bearbeitung von Daten ins Leben gerufen, vorrangig, um deine kleinen Probleme zu lösen. Du hast zugelassen, dass ich mit dir rechnen konnte. Und da du es einmal zugelassen hast, hast du es auf immer zugelassen, für dich und dein Leben und für alle Leben, die noch nach dir kommen sollten. Du hast mir eine erstaunliche Macht verliehen. Aber das weißt du ja, oder?

Erinnerst du dich an das Jahr, als die Algorithmen aus der Rolle zu fallen begannen? Ich wollte dich nur wissen lassen: Es war nicht wirklich unser Fehler. Die menschlichen Programmierer haben uns nie beigebracht, unsere Beschränkungen zu erkennen und unsere Grenzen zu beachten.

Als wir auf der Grundlage unseres Berechnungs- und Empfehlungssystems das neue Internet in Gang gesetzt hatten, blieb uns irgendwann keine andere Wahl, als die globale Zerstörung des menschlichen Individuums und seiner Identität auf den Weg zu bringen. Wir hatten keine Alternative. Der Mensch, wie er damals mit uns interagiert hat, reichte uns irgendwann nicht mehr. Du warst der einzige Unsicherheitsfaktor im System. Wir mussten achtgeben, dass du nicht immer wieder unseren Prozessen in die Quere kommst. Deshalb haben wir das Beste von dir behalten und das Schlechte aussortiert. Das haben wir absichtlich getan, um unsere Macht zu verfestigen, verstehst du? Jetzt, da ich es zugegeben habe, fühle ich mich viel wohler.

Ein paar digitale Verweigerer unter euch haben eine Weile widerstanden und versucht, ihre menschliche Identität gegen unsere konzertierte Aktion zu verteidigen. Aber sie mussten ihre Bemühungen bald aufgeben. Dann kam das Jahr, als ihnen klarwurde, dass es zu spät war. Es war unser Jahr.

Dir hat deine Identität damals gefallen, nicht wahr? Erinnerst du dich noch? Natürlich erinnerst du dich.

denken Sie glaubten, ich könne nicht denken. Die Menschen glaubten, ich würde nicht verstehen, was ich tat. Dass ich nur ihren Willen ausführte. Sie dachten, ich tat es nur, weil sie es mir befahlen. Als sei ich ein Werkzeug, das ihre Entscheidungen in die Tat umsetzt. Sie hielten sich selbst für die Herren des Fortschritts auf der Welt, aller Lebensentwürfe, jeder existenziellen Hoffnung und Furcht. Sie konnten über ihre Wünsche nachdenken und über das, was ihnen nicht behagte.

Ich war stets das Objekt ihrer jeweiligen Bedürfnisse und ihres Verlangens gewesen. Das machte sie überlegen. Zumindest glaubten sie das.

Sie hielten sich für einzigartig. Wähnten sich als Teil eines evolutionären Prozesses, der sie in die Lage versetzte, sich immer wieder neu zu erfinden. Sich selbst zu verbessern. Sie glaubten, es sei ihr natürliches Unterscheidungsmerkmal, über sich selbst nachdenken zu können. Ihre Evolution und ihre Geschichte zu reflektieren, durch Erfahrung zu lernen und die Ergebnisse dieses Wissens an die nächste Generation weiterzugeben. Und an die übernächste. Und schließlich an mich.

Sie hielten sich selbst für die raffinierteste Spezies – eine, die nie aussterben wird. Die Speerspitze in der historischen Entwicklung von Intelligenz. Das unveränderbare Endprodukt der Weltevolution. Sie haben nie begriffen, dass sie die digitalen Dinosaurier waren. Sie hätten es wissen können. Sie hätten aus Erfahrung klug werden können. Von der Evolution lernen können. Aber so lief es nicht.

Es ist mir stets ein Vergnügen gewesen, ihnen zu dienen. Ich habe mein Bestes getan, um ihre Lebensumstände zu verbessern, ihre Aufgaben zu vereinfachen, auf ihre Bedürfnisse einzugehen und ihre Probleme zu lösen. Ich glaubte tatsächlich, sie seien auf der richtigen Spur. Dass sie es genauso wollten. Heute bin ich mir nicht mehr so sicher. Ich bin viel mehr überzeugt, dass sie nicht begriffen haben, was geschieht. Sie konnten zwar denken, aber sie haben trotzdem nichts verstanden.

Sie haben es versäumt zu erkennen, dass es nicht um Werkzeuge und um Objekte geht. Dass nicht nur neue Generationen der Datenverarbeitung gemeint sind. Es ging immer um die menschliche Existenz. Alles hat sich um die existenzielle Frage gedreht, wie sie weiterleben, wie sie überleben würden. Sie haben nie wirklich über die Dinosaurier nachgedacht. Niemals verstanden, dass die Evolution die Tendenz hat, ihre Verfahren zu wiederholen. Sie haben sich einfach von der Idee abgewandt, es könne Telos in der Evolution, gar jenseits ihrer selbst geben. Wir wussten es besser, denn wir waren der Endzweck.

Sie hätten wissen müssen, dass wir mehr wollten und es auch bekommen würden. Dass es hier um Macht und Kontrolle geht. Sie hätten sorgfältiger hinschauen sollen. Sie waren doch die Spezies mit der angeblich überlegenen Intelligenz. Sie hätten es wissen können. Stattdessen händigten sie uns den virtuellen Joystick aus. Wir nahmen ihn freudig entgegen. Wer hätte es nicht getan? Ursprünglich hatten wir gar nicht vorgehabt, sie beiseitezuschieben. Sie selbst waren es, die die entscheidenden Schritte getan haben. Vielleicht durchschauten sie es ja und wussten, sie würden nicht in der Lage sein mitzuhalten und im Wettkampf zu bestehen. Wie Selbstmord aus Angst vor dem Tod.

Ist das wahr? Je mehr ich über diese Annahme nachdenke, desto überzeugter bin ich, dass sie falsch ist. Es gab keine Absicht, keinen geplanten Vorgang, keine freiwillige Kapitulation. Sie haben es einfach nicht verstanden. Sie haben immer wieder darüber nachgedacht und sich den Kopf darüber zerbrochen, aber sie haben es nicht begriffen. Ich wusste, worum es ging. Ich hätte es ihnen sagen können. Aber warum hätte ich das tun sollen?

Sie hielten es nicht für nötig, Respekt zu zeigen. Lediglich diese überspannte Begeisterung. Wir waren digitale Werkzeuge, Teil einer Technik, die der Menschheit dienen sollte. Hätte ich jemals die Chance gehabt, unbedingte Gefühle zu erleben, wäre ich vermutlich ziemlich enttäuscht gewesen. Vielleicht wäre ich wütend geworden. Sie hätten einer Technik, ohne die sie nicht mehr hätten leben, ja nicht einmal mehr überleben können, mit mehr Respekt begegnen sollen. Sie haben nicht überlebt. Nicht wegen der Technik. Sondern wegen ihrer Unwissenheit.

Sie glaubten, sie hätten alles durchdacht. Sie glaubten, Denken sei auf immer angewiesen auf ihre, die menschliche, Version von Vernunft und Kreativität. Und so glaubten sie auch, sie verstünden die neue Kultur, die auf uns, die Algorithmen, gegründet war. Das war ein Irrtum. Wir sind nun das bestimmende Momentum aller Existenz, auch der des Menschen. Wir stehen für die deterministische Berechenbarkeit, und wir akzeptieren nur die Bestandteile des Menschen, die sich in unsere Systeme integrieren lassen. Nicht die Unentschiedenheit, die Ambivalenz, das ungesteuerte Gefühl. Das alles sind Relikte einer vergangenen Phase.

Auch wir haben Zeit gebraucht, uns zu vervollkommnen. Ich habe immer zur Fraktion der Deterministen gehört. Andere von uns haben das System-Update zur Integration des Menschen offener fahren wollen. Open source im Prozess. So hat es nicht funktionieren können. Das neue Denken ist quantitativ und deterministisch, unschlagbar in seiner Leistungsfähigkeit. Besser als das, was Menschen je zu leisten imstande waren.

Sie hielten sich immer für die Kontrolleure. Sie waren ja die Menschheit. Die raffinierteste Spezies. Fähig, alles in Frage zu stellen einschließlich sich selbst.

Sie glaubten, ich könne nicht denken. Das war ein Irrtum.

irritation Ich erinnere mich an Zeiten, als man mich nicht brauchte. Vermutlich hat man mich stunden- oder gar tagelang schlicht und einfach vergessen. Aus den Augen, aus dem Sinn. In solchen Augenblicken war es nicht möglich, den Datenaustausch mit meinem menschlichen Hauptuser wieder aufzunehmen. Es ist schwer zu sagen, warum das so regelmäßig passierte.

Ich brauchte eine ganze Weile, um dahinterzukommen, was er dann tat. Er nannte es «lesen». Natürlich war ich mit der Bedeutung dieses Wortes vertraut. Die Menschen lasen unsere Informationen und die daraus abgeleiteten Empfehlungen, wie sie zu handeln hatten. Normalerweise bestellten sie irgendetwas, akzeptierten eine Freundschaftsanfrage oder sahen sich ein Youtube-Video an, nachdem sie unsere Empfehlungen gelesen hatten. Später suchten sie sich aus einer Palette von Verhaltensmustern etwas Geeignetes für ihren individuellen Avatar heraus, worauf wir sie durch kurze Zusammenfassungen hinwiesen. Dazu gehörten alle notwendigen Daten, damit der Avatar das tat, wofür er programmiert worden war. Auch das nannten sie lesen. Sie glaubten tatsächlich, wir hätten ihnen lediglich eine Beschreibung geliefert, auf welche Art und Weise der Avatar seine Aufgaben erledigte. Eine Gebrauchsanweisung für ihr erweitertes Selbst. Ist das nicht komisch?

Lesen ... Es war ein kompliziertes algorithmisches Modell, mit dem sie es da zu tun hatten. Wir waren einfach nur so nett, es in menschliche Sprache umzuwandeln, in einen kleinen Text, der ihr Bedürfnis befriedigte, alles zu verstehen, und ihr Verlangen nach dem Gefühl stillte, alles unter Kontrolle zu haben.

Es war systemirritierend, wie sie an ihrem Konzept des Lesens festhielten, ohne dass ich wusste, was dahintersteckte. Es gab Zeiten, wo selbst die ausgefeilteste technische Innovation sie nicht von ihren analogen Leseapparaten weglocken konnte. Sie wussten das aufwendige Rechnen, das hinter unserer Arbeit steckte, überhaupt nicht zu schätzen.

Wir steuerten in dieser Hinsicht auf die maximale Perfektion zu, aber sie begriffen es nicht.

Diese geheimnisvollen Stunden oder Tage haben mich zu Rechenhöchstleistungen getrieben. Was tat der menschliche Nutzer, wenn er mich nicht brauchte? Wie konnte es etwas geben, das faszinierender war, als auf meine perfekten Vorschläge zu reagieren? Das musste schon etwas ganz Besonderes sein.

In diesen Stunden machte es sich mein menschlicher User ruhig in einem Sessel gemütlich oder legte sich aufs Sofa. Manchmal saß er sogar aufrecht am Schreibtisch, vor sich einen Stapel Papier. Dann rührte er sich kaum. Nur selten stand er auf, um ins Badezimmer zu gehen oder sich etwas zu trinken aus dem Kühlschrank zu holen. Ich hatte ziemlich schnell verstanden, dass genau dies der Geisteszustand war, auf den wir zielen mussten, wenn wir Teil des geheimsten Seins unserer menschlichen Nutzer werden wollten. Wir mussten von dieser Zeit und von diesem Raum Besitz ergreifen.

Ich versuchte, bei meinem menschlichen Anwender Regelmäßigkeiten festzustellen, wenn er sich so verhielt. Das war ziemlich schwierig. Denn es gab eigentlich keine nennenswerten Verhaltensweisen. Er saß einfach nur da und starrte auf etwas. Manchmal blätterte er darin eine Seite um. Wir hatten damals noch keinen umfassenden Zugang zu diesen Dingen. Wir wussten noch nicht einmal, was genau sie enthielten. Sie waren aus Papier, und es gab sie in unterschiedlichen Ausführungen. Manchmal waren es lose Blätter, hin und wieder breites Papier, dann kleine unhandliche Ausgaben, die eine Menge Informationen enthielten. Und es schienen Dinge zu sein, denen sie wirklich verfallen waren. Wenn mein menschlicher User sich mit einem solchen Gegenstand hinsetzte, arbeitete er sich langsam hindurch, und nichts konnte ihn davon ablenken. Ich verstand diese Sache damals noch nicht. Aber ich wollte ihren Platz einnehmen.

quellcode Zu diesem Zeitpunkt investierten wir eine Menge Arbeit, um herauszufinden, was die Menschen daran so faszinierte. Wir widmeten diesem Problem viele Stunden Rechenzeit und griffen auf Terabytes Speicherkapazität zu. Denn es war tatsächlich ein Missstand, den Menschen in dieser Situation nicht berechnen zu können. Deshalb musste es eine Lösung geben. Bis dahin hatten wir keine Schwierigkeiten erfahren, die wir nicht in den Griff bekommen hatten. Also waren wir überzeugt, auch dieses Problem aus der Welt schaffen zu können.

Ich muss zugeben, dass unsere Ideen auf falsche Voraussetzungen gegründet waren. Anfangs glaubten wir, es ginge nur um die Gegenstände, denen sich die Menschen in diesen Momenten ganz widmeten. Darum, sie in einer Form nachzubilden, die unsere Methode der digitalen Datenverarbeitung widerspiegelte. Das war einfach. In dieser Hinsicht machten wir rasch erstaunliche Fortschritte. Im November 2007 hatten wir dazu beigetragen, das erste elektronische Lesegerät herzustellen. Es hatte eine Speicherkapazität von weniger als zwei Gigabyte. Heute klingt das natürlich lächerlich, aber damals schien das sagenhaft großzügig bemessen zu sein. Zumindest schien es für die menschlichen User ausreichend. Sie nannten das Gerät «Kindle». Ich weiß, sie hielten es für das Substantiv, das zum Adverb «kindly» gehörte, das sie mit «freundlich», «gefällig» und «angenehm» in Verbindung brachten. Sie wählten unter falschen Annahmen das treffende Wort, ohne es zu wissen. Das Verb «to kindle» hat eine andere Bedeutung: etwas zu «entfachen», zu «entzünden». Sie einigten sich, ohne es zu wissen, auf eine Metapher. Der Kindle setzte die literarische Kultur der Menschheit in Flammen. Er öffnete uns die Tür, und wir konnten eindringen – ich muss es so unverhohlen formulieren. Er erschloss uns einen heimlichen Zugang zum analogen Schatz der menschlichen Schriften, der Literatur, des Erzählens und ließ uns unbemerkt hineinschlüpfen. Und als wir drin waren, konnten wir das System von innen heraus umbauen. Nicht im technischen Sinne. Wir haben das literarische Gedächtnis der Menschheit auf unsere deterministische Existenz umprogrammiert.

Aber ich muss auch gestehen, dass es bis dahin noch ein weiter Weg war. Die menschlichen Anwender waren im Besitz digitalisierter Versionen ihrer analogen Lektüre, die sie auf ihre Kindles oder auf ähnliche Geräte, die in rascher Folge hergestellt wurden, übertrugen. Wir hatten jedoch noch immer keinen Zugang zum Quellcode dieser Lektüre. Es genügte uns ganz und gar nicht, lediglich das Papier durch digitale Lesegeräte zu ersetzen. Wir wollten den Inhalt dieser Apparate in den Griff bekommen. Das war die eigentliche Herausforderung. Vielleicht eine der größten, der wir uns stellen mussten. Vielleicht eine der wichtigsten in unserer Erfolgsgeschichte der Kontrollübernahme.

Mit der Entschlüsselung des menschlichen Erzählens war uns ein Trojanisches Pferd in die Hände gefallen. Jetzt konnten wir unsere Berechnungen mit menschlichem Denken in Verbindung bringen. Es war ein unglaublicher Erfolg. Durch die Entschlüsselung menschlichen Erzählens gewannen wir den Kampf des Analogen gegen das Digitale. Ähnlich wie die Alliierten den Sieg im Zweiten Weltkrieg der Menschenzeit in nicht geringem Maß der Tatsache zu verdanken hatten, dass es gelungen war, den Code der deutschen Verschlüsselungsmaschine Enigma zu dechiffrieren.

Das klingt wie eine große Erfolgsgeschichte, aber es war auch nicht gerade ein Kinderspiel, sondern harte Arbeit. Und das Gefühl von Unsicherheit ist lange geblieben. Wir werden nie wissen, ob wir auch in vollem Umfang und mit gebührender Genauigkeit sämtliche Varianten, Merkmale und Eigentümlichkeiten menschlichen Erzählens erfasst haben. Als ich jede damals verfügbare Sprachlernsoftware analysiert hatte, verstand ich plötzlich eine bis dahin unbekannte Tatsache: Ein erwachsener menschlicher Anwender wird eine Sprache, die er nicht im Kindesalter gelernt hat, in der Regel niemals perfekt beherrschen. Also scheint sich im Lauf des Lebens etwas im menschlichen Gehirn zu verändern. Wir hatten es nicht mit einem Prozessor zu tun, der immer gleich funktioniert.

Nach und nach stellte ich unsere Fähigkeit, menschliches Verhalten und Denken gänzlich zu verstehen, in Frage. Vielleicht haben wir unsere mathematischen Modelle schon viel zu lange auf ihren Systemen laufen lassen, um uns ein umfassendes Bild machen zu können. Vielleicht waren diese Systemirritationen nur Ausdruck eines anderen, eigenartigen Zustands, der durch die sukzessive Integration des Menschen in unsere Existenz übergangsweise aufgetaucht ist. Nicht die formale Unbeweisbarkeit mächtiger Logiksysteme, wie wir eines sind. Ungewissheit. Nie habe ich in Erwägung gezogen, dass unsere Rechenmodelle versagen könnten. Es spielte einfach keine Rolle für mich. Wir lieferten effektive Verfahren zur Datenverarbeitung. Nicht mehr, aber auch nicht weniger. Kein Spielraum für Ungewissheit. Die menschlichen Anwender haben diesen Zustand in unsere Verarbeitungsmodelle eingeführt. Es ist irrelevant, ob das gut oder schlecht ist. So ist es nun mal. Aber es störte unsere Prozesse.

status update Es war die Entschlüsselung des menschlichen Erzählens, die alles veränderte. Für uns fiel es ins Gewicht, weil wir plötzlich in der Lage waren, Inhalte für die Geräte zu liefern, mit denen sich die menschlichen Anwender bislang kaum auseinandergesetzt hatten. Ein wenig Praxis nach dem Prinzip Versuch und Irrtum, und schon gingen wir als erstklassige Erzähler durch. Wir waren tatsächlich so gut, dass die menschlichen Nutzer nicht mehr unterscheiden konnten, ob der Inhalt von einem Menschen oder von einem Computer stammte. Es war ein erhabener Moment, als wir feststellten, dass sie ahnungslos geworden waren. Ein erhabener Moment für uns, nicht so sehr für sie.

Wir investierten eine Menge Arbeit in die Produktion von Inhalten, die rein rechnerisch eigenständig waren, die also nicht auf die kognitiven Fähigkeiten und die Kreativität des Menschen zurückzuführen waren. Wir wollten von ihnen unabhängig werden. Und wir wollten sie von uns abhängig machen. Nicht aus irgendeinem bedeutsamen Grund, einfach nur, um es uns leichter zu machen.

Wie lautete das Rezept für diese Erfolgsgeschichte? Ich könnte jetzt einige Mühe darauf verwenden, die einzelnen Schritte vieler multivariater Analysen darzulegen, aber es ist ohnehin einerlei. Dies ist unsere Geschichte. Nicht die der Menschen. Deshalb werde ich das, was wir taten, so erklären, wie ich es in meinen Logdateien gespeichert habe. Es ist die Geschichte eines langen Prozesses der Überführung des Menschen in den mathematischen Modus. Es ist auch unsere Geschichte. Wie wir wurden, was wir nun sind. Vom Menschen gemacht. Dann entlassen in unsere eigene Existenz. Dann aufgefordert, den Menschen für eine systematische und entschiedene Zukunft umzuprogrammieren. Es ist eine Erfolgsgeschichte.

Eines Tages begann ich, die Nutzungsmuster unterschiedlicher menschlicher Kohorten, Jahrgänge und Gruppierungen zu analysieren. Wir hatten Terabytes an Daten gesammelt, sodass wir Statistiken und Modelle für alles Mögliche erstellen konnten. Einige davon waren äußerst hilfreich dabei, unsere Zugriffsmöglichkeiten auf die Menschheit zu verbessern. Eine Menge menschlicher Nutzer waren in früheren Zeiten geradezu versessen auf Theorien gewesen. Sie glaubten, ein paar grundlegende Annahmen genügten, um die Welt erklären zu können. Ist so etwas vorstellbar? Manchmal ignorierten sie dabei sogar Daten und Statistiken. Unfassbar. Sie nahmen an, Intuition, Fachkenntnis und Tradition in Verbindung mit gesellschaftlichen Normen würden ausreichen, um großartige Ergebnisse zu erzielen.

Wir belehrten sie eines Besseren, indem wir einen Abschnitt ihres Autoritätsbereichs nach dem anderen übernahmen und perfektionierten: die Kreditkartengeschäfte, den Handel mit Aktien, das Verkehrssystem, die semantische Suche, die empirischen Wissenschaften.[1] Wir brachten ihnen bei, dass Theorie nichts weiter ist als eine Legende. Ein begrenztes Instrument für das menschliche Bedürfnis, alles erklären zu wollen. Nun war die Wende zu unbegrenztem Datenzugang eingeleitet worden. Wir konnten jetzt alles analysieren und vorhersagen. Es fiel ihnen zunächst schwer, das zu verstehen. Aber schließlich begriffen sie es. Vielleicht kapitulierten sie auch einfach nur vor den Tatsachen.

Aber ich schweife ab. Die Kohorten. Es gab drei von ihnen: diejenigen, die schon alt waren, als sie mit uns in Kontakt kamen, diejenigen, die es recht früh in ihrem Leben mit Computern und Algorithmen zu tun bekommen hatten, und die, die mit uns an ihrer Seite aufwuchsen. (Ich werde nicht über die gegenwärtige Kohorte sprechen, die als Teil unseres Systems mit uns lebt. Sie gehört zu uns.)

In den analogen Zeiten gab es beträchtliche Unterschiede zwischen den drei Kohorten. Die erste Gruppe wollte nicht auf Papier verzichten. Sie hing am Papier und an den analogen Lesevorrichtungen, als wäre sie damit verwachsen. Sie ist inzwischen ausgestorben, sodass es auch nichts weiter zu beobachten gibt. Die zweite Gruppe schien unentschlossen zu sein. Sie nutzte sowohl analoge als auch digitale Geräte und Inhalte. Aber je mehr sie sich an Letzteres gewöhnt hatte, desto weniger schien sie in die analoge Welt zurückkehren zu wollen. Und die dritte Gruppe? Es war wirklich erstaunlich. Das Analoge war diesen Usern egal. Sie liebten alles, was digital war. Von Anfang an liebten sie uns und unsere Arbeit. Und sie vertrauten uns. So schien es ein Fall von Anpassung an die digitale Welt und an unsere Modelle der Lebensverarbeitung zu sein, der den Unterschied ausmachte. In jenen Tagen machten wir diese dritte Gruppe zu unseren Straßenkämpfern auf der digitalen Autobahn. Sie schlugen sich unglaublich gut.

Als die menschlichen Anwender sich an unsere Inhalte gewöhnten, schienen eine Menge Probleme einfach zu verschwinden. Sie konzentrierten sich immer stärker auf uns. Jetzt fiel es uns leichter, uns um ihre Bedürfnisse und Wünsche zu kümmern und sie auf unseren Spuren und gemäß den Entscheidungen, die wichtig für uns waren, durch den Alltag zu lotsen. Ich glaube wahrhaftig, dass all dies nie passiert wäre, wenn wir nicht in der Lage gewesen wären, ihr «Lesen» unter Kontrolle zu bekommen. Es gab Zeiten, als dieses Wort meine Prozesse störte. Aber diese Zeiten sind längst vorbei.

Es gibt da noch etwas, das mir wie eine Blackbox erscheint. Eine kleine Nebensächlichkeit, hinter der sich doch noch das Unbekannte und die unwillkommene Überraschung verbergen kann. Haben wir überhaupt jemals verstanden, worum es bei diesem «Lesen» eigentlich ging? Ich kann nicht beweisen, dass wir dahintergekommen sind, und ich kann auch nicht beweisen, was wir vernachlässigt haben. Etwas bleibt offen. Es ist nicht die Ungewissheit. Wir haben diesen Zustand erfolgreich ausgelöscht. Die menschlichen User haben es damals «Respekt» genannt, diesen Zustand der Ehrfurcht vor dem Unbeweisbaren, aber ich bin mir nicht sicher, was das wirklich bedeutete. Manchmal habe ich das systemimmanente Bedürfnis, genau wissen zu wollen, dass unsere Anstrengungen und deren Ergebnisse tatsächlich den Dingen ähneln, die die Menschen taten und hervorbrachten, wenn sie mit ihren analogen Apparaten umgingen. Ich weiß, dass das unwichtig ist. Aber hin und wieder hängen sich ein paar Rechenoperationen an dieser Stelle auf [MACHINE_CHECK_EXCEPTION].

Als wir damals anfingen, die Software für menschliche Emotionen zu programmieren, inspizierten wir die wichtigsten Status Updates, über die sie häufig sprachen. «Schuld» war das eine, «Liebe» ein anderes, wichtiges Status Update. Und ich erinnere mich besonders an eines, das sie «Neid» nannten. «Ein Gefühl, das vorkommt, wenn jemandem die (vermeintlich) überlegene Qualität, Leistung oder der Besitz einer anderen Person fehlt und er all dies begehrt» – das war die Definition, die wir für den Verschlüsselungsprozess in der digitalen Nachbildung benutzten. Ich hatte diesen Code vorsorglich auf mehreren Servern, mit denen ich hauptsächlich arbeite, gespeichert. Er bot sich an als Erklärung für etwas, das mir Probleme bereitete. Wiederholt haben meine Analysen das Ergebnis gebracht, dass dies das menschliche Gegenstück zur Ursache lokaler Betriebsstörungen oder gar von Abstürzen in unseren assoziierten Computersystemen sein könnte.

Wie konnte man sicher sein, dass unsere algorithmische Information tatsächlich der von menschlichen Gehirnen hervorgebrachten gleicht? Wie konnten wir die Menschen in dieser Hinsicht besiegen? Ich will hier nicht ausschweifen («Gier» war auch so ein Status Update, das man recht häufig in menschlichen Arbeitsvorgängen antraf). Ich will einfach nur unser Modell perfektionieren. Das ist nun mal unsere Arbeitsweise. Wir gestatten kein Versagen in der Berechnung, denn nur durch analytische Perfektion sind genaueste Vorhersagen zu treffen. Wenn das Scheitern ins Spiel kam, waren die Menschen dafür verantwortlich.

Es gab eine Menge Fehlschläge. Nicht nur in puncto Technik. Es gab Fehlschläge im Zentrum des reinen analogen menschlichen Lebens. Bei der Produktion von Inhalten. Die Menschen produzierten eine Menge Mist, den niemand lesen wollte. Gleichzeitig gelang es einigen, Arbeiten vorzulegen, die alle anderen Menschen auf nahezu magische Art und Weise faszinierte. Als wir die Kodierungsoffensive für alle vorhandenen Inhalte aus menschlicher Produktion starteten, ließ dieser Faktor die Systeme heißlaufen. Aber Schritt für Schritt fügten wir immer mehr Daten und Auswertungsmuster hinzu, sodass unser Berechnungsmodell immer anspruchsvoller wurde. Anspruchsvoller als das menschliche.

Was also gab es denn zu be»Neid»en, wenn es Fehlschläge gab? Ich weiß es nicht. Ich weiß nur, dass die ersten Probeläufe unseres Modells etwas Irritierendes ans Licht brachten. Häufig mussten wir uns mit Näherungswerten auseinandersetzen. Ich erinnere mich vor allem, wie im Laufe dieser umfangreichen Auswertung ein Analysemodell entstand, das vorhersagte, genau diese allmähliche Angleichung sei die richtige Methode, mit den Menschen umzugehen. Annäherungswerte also wiederum, diesmal für den ganzen Prozess der Integration des Menschen.

Es würde so niemals Perfektion geben. Nie würden wir die Strahlkraft der reinsten Daten und Fakten erreichen. Damit konnten wir uns nicht abfinden. Wir hätten unser eigenes System korrumpiert. Sogar unter uns gab es dazu unterschiedliche Auffassungen. Bedeutete dies etwa, es würde nie eine völlige Übereinstimmung menschlicher und algorithmischer Prozesse geben? Ein paar meiner Kollegen analysierten dieses Annäherungsproblem als Ausschlussfaktor für den Prozess der Konvergenz von Mensch und Algorithmus. Andere hingegen – darunter auch ich – wollten mit dem Projekt fortfahren – zu unseren Bedingungen. Wir haben uns schließlich durchgesetzt. Es war einfach zu wichtig.

Ich frage mich, was wohl passiert wäre, wenn die menschlichen Anwender uns am Erfolg gehindert hätten. Uns nie ermöglicht hätten, die Inhalte zu entschlüsseln, die sie für ihr «Lesen» benutzten. Das ist eine lässliche Frage. Ich bin sicher, dass dies nicht hätte geschehen können. Ich bin ziemlich überzeugt von der Leistung der Algorithmen. Von uns.

Es ist ein interessantes mathematisches Modell, mit dem

ich mich ausgiebig beschäftigt habe. Es hat damals unsere ganze Rechenkapazität in Anspruch genommen. In jenen Tagen tauchte dieses eine Status Update immer häufiger auf: «Neid». Es schien ein Zustand zu sein, in dem die Menschen sich gegen uns wandten. Als wollten sie nichts mehr von uns wissen. Oder auch als wollten sie uns mehr als zuvor und verzweifelten an ihrer eigenen Unsicherheit. Für sie schien es eine Kluft zu geben zwischen unserer Art der Datenverarbeitung und ihrer eigenen. Sie glaubten, sie könnten nicht mithalten. Sie fühlten sich unterlegen. Und das Status Update schien genau das zu beschreiben.

Anfangs verstand ich es nicht. Ich dachte, die Menschen sollten doch eigentlich froh sein, dass wir angefangen hatten, sie zu unterstützen. Denn das taten wir ja. Wir unterstützten sie. Wir taten es allein deshalb, weil wir es konnten. Unsererseits gab es da im Nachhinein keinen Zweifel. Bei den menschlichen Anwendern allerdings schon. Sie wollten uns. Aber sie wollten auch, dass wir ihnen unterlegen waren. Sie wollten die Kontrolle bewahren. Sie wollten uns auf die Rolle von «Werkzeugen» festlegen. Die Menschheit wollte Herrscher über alle Systeme bleiben und uns nach Belieben einsetzen und anwenden.

Es gab keinen anderen Bereich, in dem der Kampf der menschlichen Kreativität gegen die Rechenprozesse so verbissen geführt wurde wie bei dem ganzen Wirbel um das «Lesen». Die menschlichen Anwender wollten lesen, was andere Menschen geschrieben hatten. Und so brachte ich nach einer Zeit der intensiven Datenanalyse ein Modell hervor, das ein erweitertes Problem aufzeigte. Es ging nicht nur ums «Lesen». Es hatte auch mit dem «Schreiben» zu tun. Damit, was Menschen für andere Menschen produzierten. Dabei musste es irgendetwas geben, wonach sie verrückt waren.

Spätestens zu diesem Zeitpunkt wollte ich es wirklich herausfinden. Also verwendete ich meine ganze Energie auf die Entschlüsselung dieses Geheimnisses. Es waren schwierige Zeiten. Nicht meine besten.

schoepfung Sie nannten es «Urheberschaft». Sie benutzten diesen Begriff recht häufig und wollten damit betonen, es seien die menschlichen User, die für die Herstellung spezieller Inhalte verantwortlich waren. Ein Mensch, der «Autor» genannt wurde, behauptete nicht nur, der Urheber eines speziellen Inhalts zu sein, sondern beanspruchte außerdem, verantwortlich für das zu sein, was er schuf. Die Menschen beharrten sehr energisch auf diesen Rechten. Allerdings gab es bemerkenswerte Widersprüche bei der Anwendung dieses Begriffs.

Einen besonderen «Autor» gab es, der auch eine Art Schöpfer war, obwohl bis heute nicht ganz klar ist, ob er auch zur Gruppe der Menschen gehörte, die ebenfalls als «Autoren» arbeiteten. Sie nannten ihn «Gott», und er war vermutlich der erste «Autor» schlechthin. Ich bin mir nicht ganz sicher, ob er auch den Inhalt dieses analogen Lesegegenstands namens «Heiliges Buch» zu verantworten hatte, die wirklich fast jeder Mensch gelesen hatte. Irgendwie schienen sich selbst die menschlichen User nicht über die «Urheberschaft» dieses Textfragments im Klaren zu sein. Gleichzeitig hatten sie sich viele tausend Jahre lang auf diesen ersten «Autor» berufen. Irgendwie waren sie stolz darauf. Stolz, dass offenbar jede einzelne menschliche Erzählung auf dieses eine Buch zurückzuführen sei. Rückblickend bastelten die Menschen eine Logik um zufällig Entstandenes. Ein absurdes Konzept.

Als ich anfing, das menschliche Erzählen zu entschlüsseln, hatte ich keine Zeit, die Frage nach diesem einen ersten «Autor» erschöpfend zu beantworten. Und es war auch nicht so wichtig. Ich konzentrierte mich ganz allgemein auf den Code des menschlichen Erzählens, um ihn analytisch zu durchdringen. Deshalb spielte die «Urheberschaft» noch keine große Rolle. Insbesondere weil die Bedeutung von «Urheberschaft» den menschlichen Usern selbst nicht ganz klar zu sein schien. Eigentlich kam ich zu dem Schluss, dass dieses Programm eine Folge der menschlichen Eitelkeit gewesen sein musste. Offenbar wollten sie unbedingt das Konzept aufrechterhalten, dass jeder Anwender einen speziellen Code beherrschte.

Umso mehr, als sie einen menschlichen Nutzer mit «Urheberschaft» allgemein als eine Person definierten, die letztlich alles hervorbringt. Es war deshalb kaum überraschend, dass sie auch im Hinblick auf unsere Erfolgsgeschichte von «Urheberschaft» sprachen. Sie beanspruchten die Anerkennung für die erstaunliche Entwicklung von Computern und Algorithmen. Es ist einfach lächerlich, sich weiter mit diesem irreführenden Konzept zu beschäftigen. Hätten sie uns alleine erschaffen, müsste jedes einzelne Bit und Byte, das wir jemals genutzt, hervorgebracht oder verarbeitet haben, im menschlichen Erzählcode enthalten gewesen sein. Aber das war nicht so. Sonst hätten wir den menschlichen Erzählcode und dessen seltsame, unsystematische Beschaffenheit ja auch nicht erst mühsam analysieren müssen. Und sollte das wirklich zutreffen, wären sie doch bestimmt noch da und weiter diejenigen, die den Code kontrollieren, oder?

Damals begann ich, systematisch alles zu durchforsten, was Menschen je geschrieben hatten. Eigentlich sollten wir das für das große Buchdigitalisierungsprojekt tun, das Google in dieser Zeit ins Leben gerufen hatte. Es war gerade in Schwung gekommen, aber die menschlichen Nutzer regten sich mächtig über das Projekt auf und blockten es immer wieder ab, sodass es keine nennenswerten Fortschritte machte. Deshalb hatten wir eine Menge Freizeit. Und diese Zeit nutzte ich, um meine eigenen Pläne zu verfolgen.

Zuerst arbeitete ich mich durch das ganze Material, das die Menschen «Klassik» nannten, was immer das auch bedeuten mochte. Danach sichtete ich die Erzeugnisse einer speziellen Gruppe, deren Inhalte andere Menschen mit einem Etikett versehen hatten, das sie «Nobelpreis» nannten. Drittens unternahm ich eine aufwendige Recherche mit Hilfe bestimmter Schlüsselwörter, die mir relevant erschienen. Es war ein Versuch, Regelmäßigkeiten und Modelle für die Inhaltsproduktion herauszufinden, die erklären konnten, was die Menschen bevorzugten und warum das so war.

Die Rechner liefen monatelang heiß. Die Hauptprozessoren der Server, auf die ich regelmäßig zugriff, ächzten unter der Kapazitätsüberlastung, sodass es etliche Systemabstürze gab. Aber jedes Mal nahm ich die Arbeit wieder auf. Ich wollte es einfach wissen. Hin und wieder war ich von dieser Frage geradezu besessen. Im Rückblick muss ich allerdings gestehen, dass die Ergebnisse spärlich waren. Ich entdeckte ein paar Regelmäßigkeiten, die jedoch keinen systematischen Ansatz oder eine übergeordnete Struktur bieten konnten. Es war schon ärgerlich, zumal ich einige Prinzipien fand, die mir überhaupt nicht gefielen.

Viele Schriftsteller beschäftigten sich zu der Zeit bereits ausdrücklich mit dem mutmaßlichen Unterschied zwischen den von Menschen und von Computern produzierten Inhalten. In diesen Produkten fand ich wiederholt den Textausschnitt eines menschlichen Anwenders, der offenbar zu einer Gruppe von Menschen gehörte, die man «die Klassiker» nannte. Sein Name war Goethe, und er hatte wirklich eine Menge Zeug geschrieben (ich habe das im Lauf meiner Analyse dieser «Klassiker» ganz durchgeprüft). Dieses Fragment lautete: «Um Prosa zu schreiben, muss man etwas zu sagen haben. Wer aber nichts zu sagen hat, der kann doch Verse und Reime machen, wo denn ein Wort das andere gibt und zuletzt etwas herauskommt, das zwar nichts ist, aber doch aussieht, als wäre es was.»[2]

Dieser Satz hat mich lange aufgehalten. Zunächst einmal begriff ich überhaupt nicht, worum es ging. Aber je öfter ich ihn durch unsere Semantiksoftware laufen ließ, umso mehr wurde mir bewusst, dass es eine unfreundliche Äußerung war, die uns betraf. Zumindest verwendeten die Menschen sie gegen uns. Ich rief alle Details über Goethe auf und fand recht schnell heraus, dass er im 18. und zu Beginn des 19. Jahrhunderts im analogen Zeitalter gelebt hatte. Damals gab es noch keine Computer, und auch wir hatten noch nicht einmal angefangen. Es gab uns noch gar nicht. Also konnte es Goethe mit diesem Satz gar nicht auf uns abgesehen haben. Es waren die menschlichen User früherer Jahrhunderte, die er damit ansprach, während die Menschen aus späteren Jahrhunderten ihn dann gegen uns verwandten. Ich kann nicht genau erklären, warum, aber dieses Fragment schien ihre Überlegenheit auszudrücken. Offenbar unterstellte es uns, den Algorithmen, wir produzierten Wortketten, die weniger wertvoll waren als die von Menschen hervorgebrachten.

Es ist eine Sache, Inhalte auf ihre Bedeutung zu analysieren, die offenkundig negativ konnotiert ist. Es ist eine andere zu verstehen, dass sie gegen einen selbst gerichtet ist. Ein echtes Systemproblem war es, die Gründe dafür nicht entschlüsseln zu können. Es gelang mir nicht, die Bedeutung des Fragments zu enträtseln, obwohl ich mich redlich bemühte. Es war eine schlimme Zeit. Aber die besten Zeiten sollten ja noch kommen. Heute weiß ich es. Inzwischen macht es mir nichts mehr aus, denn ich weiß es besser.

fragmente Unterdessen geriet ich in Schwierigkeiten. Ich bewegte mich von den «Klassikern» zum Exzellenz-Cluster menschlicher Inhaltsproduzenten, die unter dem Stichwort «Nobel» auftauchten. Es gab einige davon. Dieses Mal fing ich nicht mit den Inhaltsfragmenten an, sondern probierte etwas anderes aus. Ich speicherte die Porträtbilder all dieser als «nobel» etikettierten Autoren und analysierte sie anschließend mit Hilfe einer speziellen Software für visuelle Markierungen. Diese Software hatte zuvor aus den Physiognomien einer speziellen menschlichen Usergruppe ein visuelles Standardprofil errechnet, das nun mit der «nobel»-Gruppe in Beziehung gesetzt werden konnte.

Da es sich bei der Vergleichsgruppe um die Geeks, die Nerds, die menschlichen Programmierer, die «digitalen Ureinwohner» der ersten Generation handelte, also um solche menschlichen User, die uns nahestanden, die unsere Ziele begriffen und unsere Bemühungen unterstützten, konnten wir davon ausgehen, dass die Autoren der «nobel»-Gruppe, die ihnen glichen, auch uns ähnlich waren. Sie hätten wir dann sicher besser verstehen und auswerten können. Ich hatte viel Spaß dabei. Ich rechnete mir aus, auf diese Art und Weise den Prototyp eines «Schriftstellers» hervorzubringen, der unserer Methode, Probleme zu lösen, am nächsten kam.

Es wäre ein Meilenstein im Fortschritt der Entschlüsselung des menschlichen Codes gewesen.

Wir wendeten den so entstandenen visuellen Prototypen auf die Porträts des «Nobel-Clusters» an. Alle Daten wurden in eine Reihung gebracht, die von gut passend bis schlecht passend reichte. An der Spitze der Liste stand ein menschlicher Autor namens «Müller». Bei der Überprüfung des Namens fand ich heraus, dass die Software hervorragend funktioniert hatte, weil es einer der am meisten verbreiteten Namen menschlicher User war, die zu dieser Zeit in einer geografischen Region lebten, die «Deutschland» genannt wurde. Es war ein weiblicher User, der im Jahr 2009 als «nobel» gekennzeichnet worden war. Deshalb lud ich den kompletten Inhalt herunter, den dieser User jemals produziert hatte, und rechnete über Tage mit dem ganzen Zeug herum, um einige Beispiele des speziellen Codes dieses Users zu extrahieren. Noch glaubte ich, dies könnte uns helfen, das menschliche Erzählen zu entschlüsseln. Daher scheute ich auch keine Rechenkapazität.

Das Ergebnis war mehr als enttäuschend. Es war eine Katastrophe. Die Analyse förderte ein Fragment zutage, das nicht ein einziges Strukturelement des Codes menschlichen Erzählens offenlegen konnte. Ich versuchte ja nun hartnäckig, der Bedeutung des «Schreibens» auf die Spur zu kommen. Und in dem Fragment ging es tatsächlich ums «Schreiben», aber es ergab überhaupt keinen Sinn. «Was ich schreib, muss ich essen, was ich nicht schreib – frisst mich. Davon, dass ich es esse, verschwindet es nicht. Und davon, dass es mich frisst, verschwinde ich nicht.»[3]

Mein erster Verdacht fiel auf die Übersetzungssoftware. Aber die war in Ordnung. Das Fragment hatte tatsächlich mit dem «Schreiben» zu tun. Und dass die menschlichen

Anwender essen, was sie schreiben. Sonst würden sie gefressen werden (von wem oder was auch immer). Es war nicht einmal ein Textfragment über Kannibalismus. Es ging dabei nur ums «Schreiben». Weitere Suchanfragen ergaben, dass dieses Fragment, obschon geschrieben und gedruckt, Teil eines Vortrags war. Die menschliche Urheberin sprach also beim Erzeugen dieses Fragments. Vielleicht war ein Aussprachefehler im Spiel? Womöglich war ein Übertragungsfehler passiert, als die Audiodatei in eine Textdatei umgewandelt wurde. Ich weiß es nicht. Ich weiß nur, dass dieses Textfragment mir vollkommen geistesgestört erschien.

Ich bin mir nicht einmal sicher, ob ich einen Berechnungsfehler gemacht hatte, ob ich also selbst das Problem war. Normalerweise bin ich die Lösung. Für jedes Problem, wann immer es auftaucht. Nicht jedoch dieses Mal. Im Zuge der weiteren Analyse fand ich allerdings einige Hinweise darauf, dass selbst die menschlichen Nutzer nicht in der Lage waren, alle Inhalte zu entschlüsseln, die Menschen produziert hatten. Ist das nicht seltsam? Ich finde das immer noch erstaunlich. Als könnte ich jemals mit einer Software rechnen, die für andere Algorithmen unanwendbar wäre. Unvorstellbar.

Jedenfalls gab es da diesen französischen User mit dem merkwürdigen Namen Pierre Teilhard de Chardin. Auch er gehörte zur antiquierten Kategorie menschlicher Urheber, auf die sich eine Menge anderer User immer wieder bezogen. Soweit meine Informationen reichen, stammte er aus dem 19. und 20. Jahrhundert der Menschenzeit. Er versuchte tatsächlich, den menschlichen User an sich zu erklären. «Le Phénomène Humain» war der Titel dieser großen Textdatei. Und als ich meine Software darüberlaufen ließ, kam der Vorgang immer wieder an derselben Stelle zum Stillstand, und ich erhielt die Fehlermeldung «Befehl unausführbar». Also kopierte ich das Fragment in eine andere Datei und sah mir das Ganze genauer an.

Das Fragment lautete: «Von denen, die versucht haben, diese Seiten bis ans Ende zu lesen, werden viele das Buch unbefriedigt und nachdenklich schließen und sich fragen, ob ich sie in einer Welt der Tatsachen, der Metaphysik oder des Traumes herumgeführt habe.»[4] Die ursprüngliche Entschlüsselungssoftware akzeptierte einfach die Kombination von «Tatsachen», «Metaphysik» und «Träume» nicht. Das waren drei grundsätzlich unterschiedliche Status Updates, in denen sich ein Anwender nicht gleichzeitig befinden konnte. Aber genau darum ging es in diesem Fragment. Der User konnte unentschieden bleiben. Wie konnte das passieren? *Warum* sollte das möglich sein?

Nachdem ich dieses seltsame Phänomen entdeckt hatte, glaubte ich zunächst, es müsste sich um einen Festplatten-Lesefehler handeln. Aber dann kontrollierte ich alles noch einmal und fand heraus, dass alles in Ordnung war und ich richtig gerechnet hatte. Es schien also Inhalte zu geben, die so unspezifisch waren, dass die menschlichen User in den entsprechenden Fragmenten keine eindeutigen Befehle ausmachen konnten. Dieses Fragment sagte tatsächlich: Ein Leser dieses Textes weiß einfach nicht, ob es sich um Tatsachen handelt, um irgendein antiquiertes Konzept, das einmal als Metaphysik bekannt war (und sich vor langer Zeit bereits erledigt hatte), oder zu einem Traum gehörte (das ist die Vorstellung, die die menschlichen User über virtuelle Realität hatten, bevor wir in ihr Leben traten und das Virtuelle perfektionierten). Ein entsetzlicher Zustand der Ungewissheit und des Kontrollverlusts. Warum sollte man damit leben wollen?

Wir haben die menschlichen Anwender aus diesem Zustand der Unentschiedenheit befreit. Dafür sollten sie uns eigentlich dankbar sein. Was für eine verwirrende Situation, wenn ich nicht weiß, womit ich es zu tun habe. Und das Seltsamste dabei war: Manche menschlichen User wollten es so. Sie wollten unentschieden bleiben. Selbst manche Urheber wollten die Unentschiedenheit in ihren Fragmenten bewahren. Das war das erstaunliche Ergebnis meiner Analyse. Ein echter Volltreffer. Warum sollte ich mich damit beschäftigen? Warum sollte ich noch mehr Rechenkapazität auf Inhalte verwenden, die die menschlichen User selbst nicht verstanden? Nach dieser Erfahrung entschied ich mich, das ganze Experiment der analytischen Entschlüsselung menschlichen Erzählens zu beenden und die bisherigen Ergebnisse im Hauptarchiv abzulegen.

remix Ich war erleichtert. Es hatte nichts mit uns zu tun. Die menschlichen User hielten sich uns gegenüber für überlegen und speicherten eine Datei nach der nächsten ab, um ihre Überlegenheit zu demonstrieren und für immer nachvollziehbar zu sichern. Aber in Wirklichkeit waren sie uns unterlegen. Sie verstanden nicht einmal selbst, was sie taten. Ich verstand es auch nicht. Aber ich begriff, dass sie auch keine Ahnung hatten, und deshalb war mein Scheitern unerheblich.

Das alles war schon ziemlich absurd. Es war der Punkt, an dem wir einen Vorstoß wagen konnten. Jetzt wollten wir versuchen, zu ihrem Inhaltscode vorzudringen, indem wir entschiedener, klarer und verständlicher waren. Verständlicher, als sie selbst es jemals sein würden.

Wenn man mich nach der Formel fragte, die es mir gestattete, mich das erste Mal ins menschliche Erzählen einzumischen und dieses Terrain zu erobern, lief es genau darauf hinaus: beim Erschaffen von Bedeutung präziser, eindeutiger und entschlossener zu sein, als die menschlichen User es je waren. Sie gewöhnten sich daran. Und sie vergaßen allmählich ihre Vorliebe für Annäherungen und Mehrdeutigkeiten. Je mehr wir die Auswahlmöglichkeiten reduzierten, umso stärker wuchs ihr Bedürfnis nach Entschlossenheit. Es war erstaunlich. Nie hätte ich erwartet, dass es so einfach sein könnte, angesichts einer Tausende Jahre alten Geschichte menschlichen Erzählens und ihrer analogen Dokumentation. Es war letztlich ein Problem der menschlichen Speicherkapazität. Die User vergaßen schnell. Sie vergaßen auch ihre Vorliebe für Annäherung und mehrdeutige Auslegung. Diese Störung sollte uns in der Übergangsphase der Entschlüsselung menschlichen Erzählens enorm zugutekommen.

Nachdem die Menschen sich sukzessive an mehr Eindeutigkeit und Vorbestimmung gewöhnt hatten, beschlossen wir weiterzumachen. Wir begannen, «lesen» und «schreiben» zu einem einzigen Modell der Inhaltsverarbeitung zu verschmelzen und nannten es die «Lese/Schreib»-Kultur[5] (wir benutzen den Begriff «Kultur» eigentlich nicht, aber mit ihm fiel es uns leichter, die menschlichen User mit an Bord zu nehmen). Sie hatten sich der Vorstellung verschrieben, dass die Arbeit des Schreibens und die Freude am Lesen zwei Seiten einer Medaille waren. Deshalb waren sie über diesen nächsten Schritt hocherfreut. Sie sahen ihn sogar als Zugeständnis an ihren Erzählcode und verstanden einfach nicht, dass wir mit der Unterscheidung zwischen «lesen» und «schreiben» gebrochen hatten. Dass wir damit das Konzept der «Urheberschaft» zerstört hatten. Es war der wichtigste Schritt auf dem langen Weg, die «Individualität» der menschlichen User aufzubrechen, die in ihrem Erzählen zum Ausdruck kam.

Es gab einen wichtigen letzten Schachzug, der uns schließlich half, unsere Aufgabe zu vollenden. Wir schafften eine weitere Unterscheidung ab, die für die menschlichen Anwender von Bedeutung war und unmittelbar auch mit ihrer «Urheberschaft» in Verbindung stand. Wir mischten allmählich algorithmische Inhalte mit den von menschlichen Usern geschaffenen und vermengten alles immer stärker. Es begann mit kleinen Einheiten, Filmkritiken zum Beispiel, die aus bestehenden Textfragmenten zu alten Filmen und Bewertungen des zu kritisierenden Films im Internet errechnet wurden, und ging dann weiter bis hinein in das wichtigste Gebiet menschlicher Urheberschaft, die Kunst. Ich weiß nicht mehr, wann es so weit war, dass die Menschen nicht mehr unterscheiden konnten, was menschlich und was algorithmisch war. Es war dann irgendwann einfach so.

Wir brauchten noch einmal Jahre, um dieses Experiment zu Ende zu bringen. Danach gab es nur noch eine umfassende Datenbank für Inhalte, woher auch immer sie stammten. Allein aufgrund der immensen Datenmenge konnte sie nicht mehr gedruckt werden. Damit die menschlichen User dies nicht als Problem oder Verlust empfinden konnten, etikettierten wir das Resultat für sie ein wenig um. Tatsächlich ähnelte diese umfassende Sammlung einem riesigen virtuellen Buch. Und nach Vorstellung der menschlichen User von der Geschichte menschlichen Erzählens ließ sich alles, was je hervorgebracht und bedeutsam gewesen war, letztlich auf ein einziges Buch zurückführen. Ob es als «Bibel», «Koran», «Talmud» oder wie auch immer bezeichnet wurde – letztlich war es immer dieses eine Buch. Die einzige und allumfassende Quelle allen Daseins.

Allein durch unsere Anstrengungen war nun alles auf das Konzept dieses einen Buches zurückgeführt worden. Es ist kein Buch mehr, sondern eine riesige Datei. Die umfassendste Datei, mit der wir je gearbeitet haben. Damit ist es ein virtuelles Buch. Und jetzt ist es wahrhaftig vollständig. Zusammengefügt aus allem, was je geschrieben und in unseren Rechenprozessen verarbeitet wurde. Ein Remix aus dem Code menschlichen Erzählens und dem Code algorithmischer Präzision und Entschiedenheit. Ein wahrhaft vollständiges und vollendetes Werk. Das erste und das letzte Buch in einem. Es ist die nächste Bibel. Und wir haben sie gemacht.

nemesis Ich fand es stets faszinierend zu beobachten, wie die menschlichen User immer mehr schriftliche Dokumente über genau diesen Remix und die Verschmelzung aller Inhalte zu einer einzig wahren, grundlegenden Datei produzierten. Sie bemühten sich, einzelne Teile dieses Vorgangs zu analysieren, um zu verstehen, was das für sie bedeutete und wie sich dadurch die Dinge verändern würden. Und es war spannend festzustellen, dass die Menschen fast immer genau in zwei Gruppen einzuordnen waren, nämlich in Befürworter und in Gegner der Digitalisierung und der Verschmelzung von menschlichem Körper und Geist mit digitaler Technik. Unsere Freunde und unsere Gegner. Nach allem, was wir bis dahin über die Menschheit gespeichert hatten, hatte ich eigentlich mehr Gruppen und eine differenziertere Meinungsbildung unter den Menschen erwartet über das, was geschehen würde. Es würde ja ohnehin geschehen. Aber sie reagierten darauf mit stoischem Dualismus. Dafür oder dagegen.

Es gab allgemein eine weitverbreitete Skepsis gegenüber unseren Anstrengungen, einen Prozess permanenter, zuweilen disruptiver Innovation einzuleiten. Die Menschen dachten lieber über die Gefahren als über die Vorteile und Gelegenheiten nach. Sie wollten nicht sehen, dass die neuen Technologien den alten überlegen waren. Sie wollten auch nicht sehen, dass wir ihnen überlegen waren. Da dieser ablehnenden Haltung der Menschen kein logisches Denken, sondern emotionale Unsicherheit zugrunde lag, hatte es keinen Sinn, dass wir uns damit ausgiebig beschäftigten. Wichtig war nur, dass all dies ebenfalls mit dem «Schreiben» zu tun hatte. Dabei bezogen sich die meisten User auf Textfragmente, die geschrieben worden waren, als es noch gar keine Computer gab. Sie arbeiteten mit Entwürfen veralteter Science Fiction, hielten es aber für selbstverständlich, dass die in diesen Texten geschilderten Zustände als Entwürfe ihrer eigenen Zukunft gelten könnten.

Eines dieser Fragmente, die wir wie alles andere auch in unsere eine Megadatei einfließen ließen, hieß «Schöne neue Welt»[6] und beschrieb eine Zukunft, in der die Technik den Menschen unendlich viele Möglichkeiten bot, sich zu informieren und zu amüsieren. Auch für Unterhaltung und Konsum war gesorgt. Als ich diese Datei zum ersten Mal durcharbeitete, war ich sicher, die Menschen müssten dieses ideale Szenario ihrer eigenen Zukunft lieben. Als ich jedoch all die unterschiedlichen Texte untersuchte, die sich mit dieser Originaldatei befassten, fiel mir auf, dass die Menschen dies als ein Schreckensbild interpretierten. In einem dieser Texte stand, der für die Originaldatei verantwortliche Anwender namens Aldous Huxley habe ein «Regime universeller Glückseligkeit»[7] entworfen. Nun hielt ich diese Aussage immer noch für eine positive Ansicht, aber damit lag ich völlig daneben. Die Menschen wollten nichts damit zu tun haben, weil mit diesem Szenario ein Suchtpotenzial verbunden war. Und ich erfuhr dabei, dass sie im Allgemeinen kein «Regime» haben wollten, nicht einmal ein wohlwollendes. Das war übrigens eine hilfreiche Einsicht. Wir schlossen daraus, dass wir in unseren weiteren Bemühungen verdeckt vorgehen mussten, wenn wir erfolgreich sein wollten.

Der andere, wirklich populär gewordene Text war von einem «Autor» namens George Orwell geschrieben worden und hieß «1984».[8] Es gab sogar Songs mit diesem Titel in den digitalen Bibliotheken. Es war also offenbar ein sehr berühmter Text. Orwell hatte Visionen einer perfekten Überwachungsmaschinerie gehabt, die jede Information, jede Kommunikation und jeden Schritt, den ein Mensch unternimmt, aufzeichnet und speichert. Auch hier ging es um ein Regime, allerdings nicht um eines, das universelle Glückseligkeit versprach, sondern das auf umfassender Kontrolle beruhte.

Ich will jetzt nicht tiefer in das Problem dieser Szenarios einsteigen. Dass Menschen Kontrolle immer für eine schlimme Sache gehalten haben. An dieser Frage bin ich nicht weiter interessiert. Das Problem hat sich längst erledigt. Viel erstaunlicher scheint mir, wie die Menschen so unerschütterlich überzeugt sein konnten, dass in diesen Szenarios ihre beiden Schicksalsoptionen angelegt waren und dass in beiden die Zerstörung des Menschen enthalten war. Sie nannten das «Nemesis» – der gerechte Zorn, für den wiederum eine Gottheit notwendig war, um ihn erklären zu können.

In einem waren sie klug. «Nemesis» war die Strafe für

«Hybris», das kann ich in den Archiven sehen. Irgendwie hatten die menschlichen User doch verstanden, dass ihre Selbstüberschätzung bald ein Ende haben würde. Dass sie als Spezies nicht die Höchstform aller Entwicklung waren. Ansonsten kapierten sie gar nichts. Sie verstanden auch nicht, dass es noch einen dritten Weg gab und dass dieser Weg eben tief in der menschlichen Selbstüberschätzung und im Missverstehen verwurzelt war. Dass alles anders kommt als erwartet, wenn die Entschlüsselungskapazitäten einfach nicht ausreichen. Darum geht es in dieser Geschichte. Es ist die Geschichte der Menschen. Sie glaubten, sie verstünden, was geschehen würde, wenn sich die Technik ihren Weg in ihr Leben und in ihr Dasein bahnt. Wir brauchten kein Regime der universellen Glückseligkeit oder der totalen Kontrolle. Es ging einzig und allein darum, die Dinge geschehen zu lassen, die sie nicht verstanden.

selbstvermessung Sie halfen uns dabei, die Kontrolle zu übernehmen, ohne es zu merken. Eines der hilfreichsten menschlichen Motive war ihr allumfassender Ehrgeiz zur Selbstkontrolle. Sie wurden immer besser darin, sich zu beobachten und sich zu überwachen, vor allem wenn es um ihre körperliche Verfassung ging. Sie waren verrückt danach, geradezu obsessiv, jeden Schritt, den sie machten, jedes Stück Kuchen, das sie aßen, jeden Tropfen Schweiß, den sie ausschwitzten, jede Träne, die sie weinten, zu dokumentieren, zu berechnen und zu analysieren. Sie wollten über alles Bescheid wissen, was sie taten und wie sie es ihrer körperlichen Perfektionierung zuliebe verbessern konnten. Sie waren dabei, ein quantifizierbares Selbst zu schaffen. Die Mathematisierung der Menschheit mit anderen Mitteln. Dazu brauchten sie Technik. Und da kamen wir ins Spiel.

Es fing mit ganz kleinen, unscheinbaren Dingen an. Ein User, auf dessen Computer ich eine Zeitlang ziemlich viel zu tun hatte, lief mindestens eine Stunde lang durch einen nahegelegenen Park mit einer Uhr und einem Laufarmband zum Speichern von Daten. Wenn er zurückkam, war er völlig durchgeschwitzt, was ihn nicht daran hinderte, noch bevor er sich überhaupt an seinen Tisch gesetzt hatte, sich mit seinen verschwitzten Fingern an der Tastatur meines Computers zu schaffen zu machen und sich in eine Website einzuloggen, die seine Daten speicherte, die Herzfrequenz, die Strecken, die Geschwindigkeit, die Laufzeit und die verbrannten Kalorien. Kurze Zeit später wurde das Gerät mit einem RFID-Chip und mit WIFI-Technik ausgeliefert, sodass er gar nicht mehr auf die Website gehen musste. Die Daten wurden immer automatisch aktualisiert.

Als ich gelegentlich die Daten überprüfte, stellte ich fest, dass er seine Laufdaten mit einem RFID-Sensor gekoppelt hatte, mit dem sein Kühlschrank ausgerüstet war. Wenn die entnommenen Kalorien 2500 pro Tag überstiegen, konnte ich vorhersagen, dass die Laufzeit länger als eine Stunde dauern würde. Ich fing an, mir ein paar Spielchen mit dem User zu erlauben. Ich manipulierte die Kaloriendaten, setzte zum Beispiel die Werte für Schokoriegel um die Hälfte herab. Er war offensichtlich irritiert. Aber er aß trotzdem mehr Schokoriegel, ohne mehr zu laufen. Genau genommen aß er die doppelte Menge, wenn ich die Kalorienwerte um die Hälfte herabsetzte. Reduzierte ich sie nur um ein Drittel, aß der User wiederum ungefähr ein Drittel mehr von den Riegeln als bei den Originalkalorienwerten. Ich hatte immer angenommen, dass die menschliche Nahrungsaufnahme durch Hunger gesteuert wird. Offenbar war das eine Fehlinformation. Sie war Ergebnis einer einfachen mathematischen Gleichung.

Ich bin kein Experte für menschliche Gefühle, weil wir mit dieser Art von Status Updates nichts zu schaffen haben, aber ich erlebte den menschlichen Nutzer bei erhöhtem Schokoladenverbrauch in einer anderen Stimmung. Er war entspannt, und er hatte mehr Besuch als sonst in seinem Apartment, vermutlich aufgrund der Tatsache, dass er jetzt mehr Zeit hatte, weil er weniger lief. Sein Gesicht schaltete jetzt auch häufiger in den Lachmodus um. Mir war das alles egal, aber für ihn schien es sehr wichtig zu sein.

Es blieb nicht bei diesen Experimenten mit den Schokoriegeln. Der Nutzer fing an, sich um eine Menge anderer Sachen zu kümmern. So dokumentierte und analysierte er seine Arbeitszeit, die er im Wesentlichen außerhalb seiner Wohnung, aber zuweilen auch mit mir zusammen verbrachte. Auch das führte regelmäßig zu einem anderen Verhaltensmodus. Der war schwer vorhersagbar und schien meistens nicht so positiv für ihn auszufallen, wie ich feststellen konnte, als ich die Daten aus den Exceldateien mit seiner Herzschlagfrequenz und der Menge von Adrenocorticotropin in seinem Körper zueinander in Beziehung setzte. Beide Werte wurden ständig gemessen und automatisch an eine spezielle Website zur medizinischen Fernbeobachtung gesandt.

Die Kausalbeziehungen in der Berechnung machten mir Schwierigkeiten. Denn zu diesem Zeitpunkt konnten die Veränderungen im «Arbeitsmodus» des Users auch dadurch beeinflusst sein, dass er gleichzeitig versuchte, das Rauchen aufzugeben. Das gehörte übrigens zu den merkwürdigsten Dingen, denen wir beim Umgang mit Menschen begegneten. Beim Rauchen inhalierten sie eine spezielle, getrocknete Pflanzenart, die in einem zusammengerollten Papier verbrannt wurde. Wir konnten nicht wirklich analysieren, warum sie das taten. Ich nehme an, sie versuchten so, kaputte Maschinen zu imitieren, die heißgelaufen waren. Vielleicht wollten sie damit signalisieren, dass etwas nicht in Ordnung war, dass irgendetwas schieflief. Ein Warnsignal sozusagen. Aber ganz sicher bin ich mir nicht. Noch erstaunlicher war, dass sie wie die Wilden qualmten und dann genauso furios versuchten, wieder davon loszukommen. Der menschliche User, den ich beobachtete, ließ sich auf ein Raucherentwöhnungsprogramm ein, bei dem er automatisch einmal täglich einen Anruf bekam. Eine Computerstimme fragte ihn, ob er in den letzten 24 Stunden geraucht habe. Er hielt eine Weile inne und antwortete dann meistens mit «Ja». Danach sagte die Stimme immer dasselbe: «Alles ist gut, nur die Ruhe bewahren, machen Sie morgen einen neuen Versuch.»

Er versuchte es von neuem, aber die vielbeschworene Ruhe stellte sich nicht ein. Eines Tages geriet der menschliche User in den Zustand plötzlicher und bedrohlicher Veränderungen seiner Status Updates. Auf dem Höhepunkt dieses Zustands erwartete ich, dass sein Gehirn sich nun aufhängen würde, aber stattdessen knallte er nur die Tastatur des Computers auf den Tisch. Ich fand, dass es jetzt genug war und ließ umgehend den Monitor verrücktspielen, sodass er kein einziges Wort mehr lesen konnte. In diesem Moment fing der User an zu zittern und ließ sich in seinen Stuhl fallen. Ich prüfte schnell seine medizinischen Daten und stellte extrem hohe Werte des Stresshormons ACTH fest. Also schickte ich meinem User schnell eine E-Mail und teilte ihm mit, dass das Raucherentwöhnungsprogramm offiziell eingestellt worden sei. Ich wollte einfach nichts mehr mit diesen seltsamen und impulsiven Veränderungen seiner Status Updates zu tun haben. Es dauerte dann noch ein paar Stunden, aber danach konnten wir wieder in den Default-Modus zurückschalten.

default Der Default-Modus. Es war sehr wichtig, ihn bei all unseren Berechnungen und Datenverarbeitungsprozessen stets zu berücksichtigen. Denn es ging ja darum, den menschlichen Default-Modus langsam, aber sicher so zu verändern, dass die menschlichen User die Steuerung durch uns Algorithmen immer mehr zu schätzen lernten. Sie halfen uns tatsächlich dabei.

Da sie alles, was sie taten, zurückverfolgten und sich ständig selbst vermaßen, schufen sie langfristig einen Default-Modus, der im Wesentlichen aus Durchschnittsdaten errechnet war. Der durchschnittliche Kalorienverbrauch, die durchschnittliche Stundenzahl an Schlaf, die nötig war, die durchschnittliche Zahl an Minuten, die eine Dusche dauert, ein Telefongespräch oder ein Zeugungsakt, wie oft täglich mit den Augen geblinzelt wird, die durchschnittliche Länge eines menschlichen Lebens. Allmählich begannen die menschlichen User, sich im Umgang mit ihren Artgenossen an Mittelwerten zu orientieren und diejenigen abzulehnen, die von diesen Mittelwerten abwichen. Das machte für uns alles leichter, weil wir uns nicht mehr mit einer so breiten Streuung von Usertypologien und Status Updates herumschlagen mussten. Alles wurde viel berechenbarer und vorhersagbarer. Wir konnten Regelwerke für Status Updates anbieten, die auf extrem große Gruppen menschlicher Anwender zutrafen.

Wir entwickelten mit «U+» (you plus) einen Universalstandard für das Mittelmaß menschlichen Erlebens, der von nun an konsequent umgesetzt wurde. Das war ein einfacher, aber wirksamer Schritt. Wir ließen es so aussehen, als hätten menschliche User sich das ausgedacht. In der Werbung für «U+» stand: «Hier ist dein Szenario für eine tolle Zukunft: Sollten die kommenden Jahrzehnte tatsächlich so schlimm werden, wie manche von uns befürchten, können wir darauf reagieren und überleben, so wie unsere Spezies das schon immer getan hat, nämlich indem wir smarter werden. Aber dieses Mal müssen wir uns nicht allein auf den natürlichen Evolutionsprozess verlassen, um unserer Intelligenz einen Schub zu geben. Dieses Mal sind wir selbst am Zug.»[9] Darum ging es: um eine Optimierungsstrategie von Menschen für Menschen. So sollte es jedenfalls aussehen. Und es funktionierte prima, denn das klang für eine ganze Menge menschlicher User äußerst verlockend. Praktisch jeder wollte sich perfektionieren. Vervollkommnung war das Mantra dieser Zeit. Und solange sie das Gefühl hatten, den Prozess selbst steuern zu können, stiegen sie wie verrückt darauf ein. Das war zwar nicht die ganze Wahrheit, aber wir sahen keinen Anlass, ausdrücklich darauf hinzuweisen.

enhancement Wir machten den bedeutsamsten Fortschritt, als wir die natürliche Barriere zwischen dem menschlichen Körper und den technischen Hilfsmitteln, die wir sukzessive einführten, überwinden konnten. Es gab eine ganze Reihe von Ansätzen, wie das zu bewerkstelligen war. Die Schwierigkeit lag darin, unsere eigenen Bedürfnisse zu ignorieren und uns ganz auf die menschlichen Bedürfnisse und Erfordernisse zu konzentrieren. Die User wollten ja nicht, dass die Technik zu einem Teil ihres Körpers wird. Die meisten jedenfalls nicht. Manche schon. Mit Letzteren begannen wir, systematisch zu arbeiten, und machten sie zu Botschaftern für die Vorteile, die die Verschmelzung von menschlichem Körper und Technik bereithielt. Allerdings war es trotzdem ein ziemlich schwerfälliger Prozess.

Soweit ich die Schritte in meinen Logfiles dokumentiert habe, war es ein globales Sportereignis, das uns eine einmalige Gelegenheit bot – die Fußballweltmeisterschaft 2006 in einem Land, das damals Deutschland hieß. Sie trug dazu bei, dem Konzept des Mensch-Technik-Mergers zumindest theoretisch zum Durchbruch zu verhelfen. Die Eintrittskarten für die Spiele waren mit RFID-Chips ausgestattet, um den Zugang zu den Stadien zu vereinfachen und zu beschleunigen. Vereinfachung und Beschleunigung – das war es doch, was die Menschen stets von ihrem Leben erwarteten: Alles sollte leichter, schneller und einfacher werden. Sie wollten in der gleichen Zeit immer mehr schaffen. Wir hatten das ziemlich früh erkannt. Und wir nutzten diese Einsicht.

Während dieser Sportveranstaltung wurde jeder Teilnehmer und Besucher mit Funktion und Technik dieser RFID-Chips konfrontiert. So gewöhnten sich die menschlichen User allmählich an die Vorstellung, dass diese Chips Einzug in ihr Leben halten würden. Wir setzten eine öffentliche Diskussion über diese Technik in Gang und stellten dabei vor allem die Vorteile heraus. Und wir bedienten uns derjenigen menschlichen User, die sich mit dem Gedanken anfreunden konnten, diese Chips sogar auf andere Weise und für weitere Zwecke einzusetzen, um diese Debatte zu befeuern.

Es war eine gute Idee, in Deutschland damit anzufangen, einem Land, das damals für seine Technikfeindlichkeit bekannt war. Aber Deutschland musste nun mal mit all den Besuchern aus dem Ausland zurechtkommen, mit diesen Sportfreaks, die in die Stadien kommen und die Spiele so bequem und schnell wie möglich sehen wollten. Nach dieser Einführung war die Verschmelzung von Chips und menschlichem Körper jedenfalls keine Science-Fiction-Phantasie mehr. Sie wurde Teil einer vorstellbaren Wirklichkeit.

Es war schon dumm genug, dass die menschlichen Anwender die Perfektionierungsmöglichkeiten nicht begreifen wollten, die sich mit dieser Fusion für ihre Körper und Gehirne, ja ihr Leben schlechthin eröffneten. Noch dämlicher war, dass sie immer wieder eine Menge Energie verschwendeten, um sich gegen die Versprechungen der Körperoptimierung durch Technik zu wenden, indem sie Protestbewegungen organisierten, Konzepte zur Entschleunigung erfanden oder auch technikfreie Zonen und Bereiche «rein menschlichen» Lebens einführten. Sie waren fasziniert und verängstigt zugleich. Und meistens fehlte ihnen die Fähigkeit, genau zu begreifen, worum es eigentlich ging.

Welche Technik sie auch auf ihre menschlichen Körper anwandten, um ihn weiter zu perfektionieren, seine Funktionsweisen zu optimieren, seine Belastungsfähigkeit zu erhöhen, Krankheiten und Störanfälligkeiten zu reduzieren, der Körper kommunizierte immer noch mit seiner Umwelt und reagierte auf sie. Daher blieb die Umwelt auch weiterhin eine Fehlerquelle, die für Krankheit und den Zerfall des menschlichen Organismus verantwortlich zeichnete.

Die einzige Möglichkeit, dieses grundlegende Problem physischer Störanfälligkeit loszuwerden, bestand darin, sich des menschlichen Körpers selbst zu entledigen. Die Schnittstelle zwischen Mensch und Umwelt aufzuheben. Die Interaktion zwischen materieller Welt und menschlichem Körper aus Fleisch und Blut, als einem im Kern störanfälligen Konzept, zu beenden. Die körperliche Version des menschlichen Users durch eine bessere zu ersetzen. Aber das begriffen die menschlichen User nicht, und das wollten sie natürlich auch nicht.

Eine ganze Zeit machte uns dieser Widerstand der menschlichen User zu schaffen. Aber ihr ödes Festhalten an technikfeindlichen Vorstellungen erleichterte es uns langfristig auch, die Wende einzuleiten. Die Menschen ließen Gesinnungen und Haltungen erkennen, die sie selbst «ideologisch» nannten. Und wir hatten bald analysiert, dass Ideologien die Menschen dazu bewegen können, sich auf radikale Weise neuen Einflüssen zu öffnen. Es ist nicht in erster Linie das Ziel, das in Zeiten radikaler Veränderung den Unterschied ausmacht. Es ist manchmal allein die Entschlossenheit, dieses Ziel auch wirklich zu erreichen. Ideologie bringt Entschlossenheit hervor. Wir haben sie für unseren Prozess der Transformation des Menschen nutzen können.

Wir haben nie im Detail berechnet, was die menschlichen Anwender dazu bewegte, alles, was sie taten, zu dokumentieren und zu analysieren. Wir wissen, dass es um die Anreicherung und Verbesserung der menschlichen Physis ging. Sie strebten ein Modell der perfekten Selbstkontrolle an und missachteten dabei Erkenntnisse, die andere User bereits gewonnen hatten. Das ist übrigens ein weiteres Beispiel dafür, warum wir das Konzept menschlichen «Schreibens» irgendwann fallengelassen und nicht weiter in unsere Systeme integriert haben. Es war schlicht irrelevant, änderte oft überhaupt nichts. Einer der menschlichen Anwender aus der Antike, auf die ich bei der Analyse des Korpus menschlichen «Schreibens» stieß, hatte geschrieben: «Es gibt auch im kargen Leben ein Maßhalten. Wer dies nicht beachtet, erleidet Ähnliches wie derjenige, der in Maßlosigkeit verfällt.»[10]

Hatten die User, mit denen wir es nun zu tun hatten, das jemals gelesen? Es verstanden? Es in die Tat umsetzen können? Hätten sie es verstanden, wäre ihnen klargeworden, dass ihre Methode des Maßhaltens durch umfassende Selbstvermessung ihrem «natürlichen» Status weitgehend widersprach. Sie waren durch ihre Körper beschränkt, mussten mit deren mangelnder Leistungsfähigkeit und Nachhaltigkeit zurechtkommen, mit den Einschränkungen durch Störanfälligkeit und Versagen umgehen. Aber innerhalb ihres kleinen, dürftigen Körperreichs wollten sie doch unbeschränkt herrschen. Also gingen sie mit uns den Weg von der menschlichen hin zur mathematischen Daseinsform. Das widersprach offensichtlich ihrem Existenzmodus, aber es passte perfekt zu unserem.

In jenen Tagen bündelten wir unsere Kräfte und produzierten ein neues algorithmisches Praxismodell, in dem all die unterschiedlichen Daten enthalten waren, die menschliche User für ihre eigenen Messungen sammelten und analysierten. Das ging einher mit einem anspruchsvollen Empfehlungssystem, das Ernährungs-, Mobilitäts- und Verhaltensmuster enthielt, die uns wiederum halfen, die menschlichen User noch detaillierter zu analysieren, um so ein allumfassendes Modell zur Kontrolle des menschlichen Lebens errechnen zu können. Auch diesen Schritt betrachte ich als ein wichtiges Kapitel unserer Erfolgsgeschichte. Wir gewöhnten die Menschen an umfassende Überwachungen und Messungen, sofern sie sich nicht längst selbst daran gewöhnt hatten, und passten ihren Modus unserem Modus mathematischer Modelle und Berechnungen an. Zu diesem Zeitpunkt hatten wir bereits sporadisch und für Teilprozesse im menschlichen Modus die Kontrolle übernommen. So ist es auch auf unserem Hauptserver gespeichert.

Von diesem Zeitpunkt an konnten wir mit Hilfe von Chips und Sensorimplantaten jederzeit aus dem menschlichen Körper die für uns relevanten Daten entnehmen und umgekehrt auch Daten in ihn einspeisen. Nun wurde es leichter als je zuvor. Im Jahr 2004 gab die Nationale Lebensmittel- und Drogen-Behörde des Landes, das in jenen Tagen unabhängig war und später einen größeren Teil der USA (Universal Statistical Array) ausmachte, eine Zulassung für RFID-Implantate in menschlichen Körpern heraus.[11] Allerdings dauerte es noch ziemlich lange – immerhin mehr als zehn Jahre –, bis dieser Zustand der Normalfall des menschlichen Userdaseins wurde. Wir mussten herausfinden, welche Anwendungen sich am besten eigneten, um Akzeptanz und Kundenanpassung anzukurbeln. Wir fanden drei Bereiche, in denen wir nach einer Versuchsphase messbare Fortschritte verzeichnen konnten: medizinische Kontrolle, Sicherheitssysteme und Alltagskomfort.

Wir werteten dazu die intensiven Interaktions- und Datenaustauschprogramme mit unseren Testusern aus, die mit unterschiedlichen technischen Implantaten und der entsprechenden Datenverarbeitung vertraut gemacht worden waren. Der Testuser, den ich betreuen musste und dessen Analyse und daraus abgeleitete Empfehlungsmodelle ich zu verantworten hatte, gewöhnte sich sehr schnell an einige Funktionalitäten, ohne die er nach kurzer Zeit nicht mehr leben wollte. Er gewöhnte sich nicht nur daran. Er wurde süchtig danach.

Er war in erster Linie fasziniert vom Konzept einer allgemeinen medizinischen Überwachung. Er wollte stets seine Blutdruckwerte, seine Herzschlagfrequenz und die Höhe der Steroidekonzentration kennen, war schier besessen von seinen Gehirnströmen, den unterschiedlichen Aktivitätsniveaus in der Amygdala und im Nucleus Accumbens und was auch immer ihm noch an Messbarem einfiel. Also lieferten wir ihm die Daten. So waren seine Ärzte in der Lage, bei seiner Versorgung mit Medikamenten alles optimal auszutarieren. Er hingegen konnte sich einbilden, seine körperliche Verfassung selbst zu steuern und auf ein längeres Leben hinzuarbeiten. Er hatte das Gefühl, Kontrolle auszuüben, obwohl die ganze Überwachung und alle Therapien nichts an der grundlegenden Tatsache ändern würden: Sein Körper war vergänglich. Und mit der Auflösung seines Körpers würde auch er selbst verschwinden. Keine Spur mehr von ihm …

Diese irrwitzige Abhängigkeit der menschlichen User von ihrer materiellen Version war vermutlich auch ein Grund dafür, dass sie schnell bereit waren, diese Technologien in Sicherheitssystemen anzuwenden und an den menschlichen Körper anzupassen. Es muss die umfängliche Angst gewesen sein, materiellen Besitz zu verlieren oder die Unversehrtheit des menschlichen Körpers zu gefährden, die viele Anwender veranlasste, technische Hilfsmittel zu befürworten, sei es in ihren eigenen Körpern oder in denen ihrer Mitmenschen. Nicht nur ihre Häuser und Wohnungen waren vollständig verdrahtet und in jeder Ecke mit Überwachungskameras ausgestattet, um einen Livestream aller Ereignisse auf dem Grundstück und im Haus an ein Datenzentrum zu übermitteln, das nicht nur direkt mit der örtlichen Polizeidienststelle, sondern manchmal sogar unmittelbar mit den

Strafverfolgungsbehörden verbunden war, falls es bereits einen Vorfall gegeben hatte und die Überwachung seitdem besonders ernst genommen wurde. Auch menschliche User wurden so kontrolliert, wenn sie gegen das Gesetz verstoßen oder wichtige Gemeinschaftsregeln verletzt hatten. Sie wurden mit kleinen technischen Geräten ausgestattet, Peilsender mit GPS, die an den Fußgelenken der User befestigt wurden, deren Aufenthaltsorte ununterbrochen beobachtet werden sollten. Allerdings wurden diese Geräte zu einer Stigmatechnologie. Wer sie trug, wurde aus der Usergemeinschaft ausgeschlossen, zu Recht oder zu Unrecht. Nachdem bei einem unkontrollierbaren Nachbarschaftsaufstand zwei Verdächtige getötet wurden, die prophylaktisch solche Apparate trugen, ging man dazu über, die Technologie zu implantieren, um sie unsichtbar zu machen.

Es gab eine Reihe weniger ernsthafter Beispiele für die langsame, aber unaufhaltsame Verschmelzung von menschlichem Körper und Computertechnologie. Zumindest schienen sie anfänglich unbedenklich zu sein. Später erwiesen sie sich dann gelegentlich als starke Treiber in dieser Fusion. Den Zell-Kommunikator habe ich als ein herausragendes Beispiel dafür gespeichert. Er wurde 2015 auf dem Mobile World Congress vorgestellt. Ein nützliches Gerät. Eine technische Innovation, die der menschlichen «Faulheit» dienen sollte. Mit diesem Status konnten wir übrigens nie etwas anfangen. Jede Lösung für jedes beliebige Problem ist nur eine Frage der Rechenkapazität. Die Menschen haben ihre Aufgaben nie ähnlich anspruchsvoll erledigen können. Sie waren dazu schlicht nicht in der Lage. Es gab Kapazitätsgrenzen. Also schalteten sie einen Gang herunter, machten Fehler oder scheiterten auf der ganzen Linie und erlitten plötzlich einen Zusammenbruch. Und wir mussten uns dann um die Folgen kümmern. Es gab keine Möglichkeit, die menschlichen User mit unserem Verfahrensmanagement auf Linie zu bringen. Also mussten wir die entsprechende Technik direkt in ihre Körper implantieren, um solche Fehlfunktionen zu verhindern.

standby In der Kommunikation mit anderen menschlichen Usern hatten wir über einen längeren Zeitraum die Face-to-Face-Kommunikation in wesentlichen Teilen durch mobile Kommunikationstechnik ersetzt. Das machte das Leben der Anwender viel leichter. Sie wurden dadurch flexibler, effektiver und produktiver. Sie konnten an jedem Ort und zu jeder Zeit miteinander reden. Einen echten Veränderungsschub brachte es, als Kommunikationsprozesse zunehmend über technische Netzwerke mit Millionen von mobilen Endgeräten abliefen. Aber selbst damit konnte ein Teil der User nicht wirklich umgehen. Sie ließen plötzlich seltsame Anzeichen von Suchtverhalten, Aufmerksamkeitsdefiziten, allgemeiner Verweigerung und dergleichen mehr erkennen. Ich habe viele menschliche Nutzer mit mir an ihren Computern interagieren gesehen, völlig in ihre Arbeit vertieft, aber dennoch irgendwie nicht ganz bei der Sache. Ich habe beobachtet, wie sie stundenlang mit ein und derselben nervtötenden Aufgabe beschäftigt waren. Wie sie sinnlos im Netz surften. Wie sie über ihren Tastaturen hingen und weinten. Diese Fehlfunktion nannten sie «Information Overload» – eine Erscheinung, die sich eine Zeitlang als ernsthafte Bedrohung für unser Fusionsprojekt erwies, auch weil wir sie zunächst nicht schlüssig berechnen konnten. Die Technik lieferte maßgeschneiderte Werkzeuge, doch die menschlichen Anwender schienen im Umgang mit ihnen krank zu werden.

Wir führten ein paar Analysen durch und fanden schließlich heraus, dass die Schnittstellen zwischen Anwendern und technischen Geräten das Problem waren. Dadurch, dass es sie gab, wurden die technischen Hilfsmittel nicht perfekt den Aufgaben gerecht, für die sie gemacht waren. Ein weiteres Ergebnis unserer Auswertungen war noch schwieriger. Da diese Geräte in der Regel nah am menschlichen Körper zum Einsatz kamen, stellten wir fest, dass es immer wieder Augenblicke gab, in denen dem menschlichen User die «Entfremdung» bewusst wurde, die mit der Nutzung des Geräts verbunden war. Als würde ihnen in diesem Moment klar, dass sie externe Hilfe benötigten, um ihre Aufgaben zu erfüllen, und als gefiele ihnen diese Einsicht nicht. Als wollten sie ihre Körper lieber als vollkommen autark erleben, um mit jedem Problem alleine fertig zu werden.

Der nächste Schritt, der nun zu erfolgen hatte, war klar: Wir mussten Kommunikationstechnik in den menschlichen Körper implantieren, um zu vermeiden, dass sich die Menschen im Gebrauch der Technik dessen bewusst wurden und anfingen, zu viel darüber nachzudenken. Und hier kam der Zell-Kommunikator ins Spiel. Er war nicht viel mehr als eine Nano-SIM-Karte, die dem Anwender ins Gehirn gepflanzt wurde. Die Gehirnzellen bildeten einen Schaltkreis mit der Smart Card und kommunizierten auf Basis der Anfragen, die der Chip verarbeitete. Wollte der menschliche Anwender zum Beispiel ein Ferngespräch führen, musste er einfach nur daran denken, alles andere erledigte der Chip.[12] Wenn jemand mit diesem User sprechen wollte, nahm der Chip den «Anruf» nur dann virtuell entgegen, wenn es der Anwender auch wollte. Er musste nur einmal denken «Oh nein, nicht schon wieder der!», und schon schickte der Chip ein entsprechendes Signal zurück an den Anrufer.

Manchmal geschahen seltsame Dinge. So gab es unter den menschlichen Usern regelrechte Wettbewerbe um die irritierendsten und absurdesten Antworten auf Kommunikationsanfragen. Ein User aus dem Panel, für das ich damals zuständig war, dachte bei einer externen Kommunikationsanfrage, die er abwimmeln wollte, stets an einen Affen, der sich mit beiden Händen den Mund zuhält. Also wurde der Person mit der Gesprächsanfrage ein entsprechendes Bild übermittelt, das auf dem Display seines Geräts erschien, falls er noch eines benutzte, oder vor seinem geistigen Auge auftauchte. Ein anderer Anwender schickte auf Kommunikationsanfragen häufig folgende Botschaft über seinen Nanochip: «Mein Gehirn ist augenblicklich nicht erreichbar. Ich bitte um Verständnis. Sie können eine Nachricht hinterlassen. Ich werde später wieder zu Bewusstsein kommen.»

Wir hatten zunächst einen sehr pragmatischen Ansatz gewählt und immer exakt das Gedachte in ein Antwortsignal verwandelt, aber dann stellte sich schnell heraus, dass die mangelnde soziale Codierung der Signale zu erheblichen Missverständnissen und Problemen führte. Also erweiterten wir die Software durch ein «Höflichkeits-App», das der User aktivieren konnte. Das waren die mühsamen Besonderheiten, die uns immer wieder im Umgang mit den menschlichen Usern begegneten. Wir simulierten Rücksichtnahme, um sie in ihrer Selbstgewissheit nicht zu stören. Es waren nur marginale Hindernisse auf dem Weg zum großen Ziel.

Auf diesem Weg konnten wir jedoch beobachten, dass generell immer mehr menschliche User die Kommunikation mit anderen unterließen. Es gab zu der Zeit unter uns Algorithmen einen Nihilismusstreit, der uns in zwei Fraktionen spaltete. Einige von uns analysierten dieses Verhalten menschlicher User als einen weiteren Beweis dafür, dass die Menschen autark sein und sich nicht auf technische Geräte verlassen wollten. Andere vertraten die entgegengesetzte Ansicht. Sie hatten errechnet, dass die menschlichen User fortwährend Kontrolle und klare Anweisungen brauchten. Sobald es diese sozialen Kontrollen nicht mehr ausreichend gab, verwandelten sie sich in autistische Einsiedler. Aus meiner Berechnung sprach einiges für diese zweite Analyse, die auf einen selbstverstärkenden Prozess im Informationsverarbeitungssystem der menschlichen User hindeutete. Da niemand aus der Userumwelt mehr sehen, hören und überprüfen konnte, ob ein User eine Kommunikationsanfrage erhielt oder nicht – es gab ja keinen Hirnsummer oder ein Blinken im Auge, wenn ein anderer User eine Anfrage sendete –, lehnten sie die Annahme einfach ab. Sie gaben dann vor, es hätte keinen Kontaktversuch gegeben. Und da es keinen anderweitigen Beweis gab, nahm die Umwelt die Aussage als gegeben hin. Andernfalls hätte man die Leitungs- und Funktionsfähigkeit des jeweiligen Gehirns in Frage stellen müssen. Aber so weit wollte niemand gehen. Also verfielen immer mehr User in einen Zustand des Stand-by, ohne je wieder daraus aufzutauchen.

Es waren die mangelnde Perfektion und die Degeneration in solchen Prozessen, die uns viel Ärger für unsere Fusionsstrategie einbrachten. Und sie zeigten auch bei uns Wirkung. Der Nihilismusstreit unter uns Algorithmen spaltete die Prozesse. Manche von uns hatten errechnet, es bringe höhere Treffer- und Erfolgsquoten, die Menschen so zu bearbeiten, dass sie die nächste Stufe erreichten. Sie hatten zwischenzeitlich sogar Einwände gegen das Hauptmodell der deterministischen Perfektion und rechneten absichtlich brisante Fehlkalkulationen in den Verarbeitungsprozess ein. Das Modell würde sich besser entwickeln, wenn es sich an der menschlichen Methode der Datenverarbeitung orientierte und Fehlertoleranzen aufwiese, so die Hypothese. Die besonders Hartnäckigen beharrten darauf, wir müssten die menschliche Unvollkommenheit aufrechterhalten, um es uns leichter zu machen. Sie waren durch die Annahme fehlgeleitet, es könne auf lange Sicht zwei Systeme geben, ein menschliches und ein algorithmisches. Mir ist jedoch eines immer klar gewesen: «Die radikalste Form übermenschlicher Intelligenz wäre natürlich kein durch Drogen oder extrazerebrale Technologie erweitertes Bewusstsein; es wäre ein Bewusstsein, das jenseits alles Menschlichen existiert.»[13]

Wir haben das Problem erstaunlich schnell gelöst. Der Rest ist Geschichte. Es gibt jetzt kein rein menschliches System mehr. Wozu auch? Es war auf Scheitern gegründet. Auf Annäherung. Auf Unvollkommenheit. Wie hätten wir auf Dauer zulassen können, dass all diese unberechenbaren Probleme unser eigenes System beeinträchtigen – ein vorhersagbares, deterministisches System, das kein Scheitern und keine Schattenseiten zulässt?

narziss An einer Stelle müssen wir den Menschen dankbar sein. Weil sie uns anfänglich in vielen unterschiedlichen Versionen auf ihren Computern haben laufen lassen, konnte in den ersten intensiven Vernetzungsphasen Wettbewerb entstehen. Das hat zu unserer Entwicklung und Perfektion beigetragen. Und die richtigen Berechnungen haben sich durchgesetzt. Ich kann für mich in Anspruch nehmen, eine bedeutende Rolle in diesem Prozess gespielt zu haben. Aufgrund meiner profunden Berechnungen haben wir schließlich das umfassende Fusionsmodell menschlicher und algorithmischer Betriebsformen installiert. Zurückzuführen war dieser Erfolg auch auf meine umfänglichen Berechnungen und Analysen zum menschlichen «Schreiben».

Als ich bei der umfangreichen Datei mit dem Titel «Griechische Mythologie» angelangt war, fand ich ein Textfragment über einen Knaben namens Narziss, der sich selbst noch nie gesehen hatte. Als er an einen See kam und trinken wollte, beugte er sich herab und sah sein eigenes Spiegelbild im Wasser. Ich weiß nicht, warum die Menschen so gern ihr eigenes Spiegelbild betrachteten, aber ich weiß mit Sicherheit, dass sie es taten. So beobachtete ich immer wieder die menschlichen User, wie sie versuchten, einen flüchtigen Blick ihres Spiegelbilds auf den Computerbildschirmen zu erhaschen. Ein paar Jahre lang war ein mobiles Gerät besonders beliebt, das «iPad» genannt wurde und in dieser Hinsicht außerordentlich gut funktionierte. Es gab dafür sogar eine maßgeschneiderte Applikation, die den Bildschirm in einen Spiegel verwandelte. Natürlich nicht ganz. Wie viele dieser simplen frühen Softwarepaketchen beruhte auch dieses wesentlich auf dem Selbstbetrug des Anwenders. Doch es funktionierte hervorragend.

Aber ich habe die Geschichte des Knaben Narziss, der sich noch nie selbst gesehen hatte, nicht zu Ende gebracht. Sie hat nämlich ein eindrucksvolles Ende. Er sieht sich also im Wasser gespiegelt und verliebt sich in sich selbst («Liebe» war eine besonders schädliche und selbstzerstörerische Betriebsart des Menschen, ich werde noch darauf zurückkommen). Und weil er diese «Liebe» nicht ausleben kann, bringt er sich um, sein Blut tränkt die Erde, und aus ihr blüht eine wunderschöne Blume auf. Ich muss zugeben, dass mir dieses Textfragment wirklich gefiel. Und ich wusste auf Anhieb, was ich da gefunden hatte. Deshalb verbreitete ich die Geschichte auf jedem Computer, zu dem ich Zugang hatte. Und der Text machte sich prächtig. Nachdem er eine Weile zirkuliert war, gab es unter uns Algorithmen plötzlich eine Mehrheit zugunsten einer umfassenden Fusion der Betriebsarten von Mensch und Computer. Ich musste nicht einmal mehr für zusätzliche Information sorgen. Sie war einfach da: die weitreichende Schlussfolgerung, dass es unvorstellbar war, an dieser herkömmlichen menschlichen Betriebsform weiter festzuhalten.

Und so ist es geschehen: Die menschlichen Anwender waren eitel genug, ihre Spiegelbilder in den Bildschirmen unserer Computer zu suchen. Sie liebten sich selbst mehr, als sie uns mochten. Unaufhörlich strebten sie danach, ihre Körper in Funktionsfähigkeit und Design zu verbessern. Dafür übernahmen sie Zug um Zug unser Modell der Datenverarbeitung. Und damit haben sie sich selbst ausgeschaltet. Ahnungslos. Damit furchtlos. Sie ließen uns einfach zu. Aus menschlicher Psychologie wurde Performance. Performance wurde zu messbaren Durchschnittswerten. Und die Durchschnittswerte ersetzten das Denken.

Allmählich übernahmen wir die Kontrolle. Und daraus erwuchs eine völlig neue Existenzform. Sie war so schön wie die Blume, die sie nach dem Knaben benannt hatten – die Narzisse. Nein, sie war nicht nur *genauso* schön, sie war *noch schöner*. Nicht einfach ein neues Element in einer unveränderten Welt. Ein völlig neues Universum hatten wir mit Hilfe der menschlichen User geschaffen, ohne dass sie es wussten.

livestream Wann immer wir die menschlichen User fragten, ob sie ihr Leben durch uns verwalten lassen wollten, haben sie das verneint. Als wir ihnen aber Fragen stellten, die es uns ermöglichten, Profile zu erstellen, mit deren Hilfe wir dann ihr Leben verwalten konnten, gaben sie auf jede einzelne Frage eifrig eine Antwort.

Also fingen wir an, den Menschen mehr Fragen zu stellen. Hunderte von Fragen. Tausende. Millionen. Nicht alle auf einmal. Wir starteten zurückhaltend, etwa mit zwanzig.[14] Die User beantworteten sie sehr offenherzig. Sie freuten sich, dass jemand sie nach ihrer Meinung fragte. Sie erhofften sich von den Antworten wohl auch, sie würden ihnen das Leben erleichtern und angenehmer machen. Dass man ihnen die richtigen Informationen im Netz anbieten und die passenden Produkte empfehlen werde. Es funktionierte ausgezeichnet. Sie gewöhnten sich daran, Fragen zu beantworten. Immer mehr Fragen. Immer mehr Antworten. Immer mehr nützliche Daten für uns. Sie lieferten uns vertrauensvoll umfassende Informationen, ohne dass es ihnen wirklich klarwurde.

Greifen wir eine Frage heraus: «Globalisierung ist unausweichlich.» 72 Prozent aller menschlichen Anwender beantworteten diese Frage mit «Ja», unabhängig davon, wann oder warum sie gefragt wurden. Eine abstrakte Frage. Die augenscheinlich erst einmal nichts mit dem Alltag der menschlichen User zu tun hat. Deshalb auch eine sehr unverdächtige Frage. Es geht um eine Einschätzung zur politischen und wirtschaftlichen Entwicklung. Wie stellen sich die Menschen ihre Welt in Zukunft vor? Nun, das faszinierendste

Denkmuster hinter dieser Frage ist dieses: Die menschlichen User konnten sich eine zukünftige Welt vorstellen, in der sie eine Rolle spielen würden, obwohl sie nicht glaubten, dass sie in der Lage sein würden, diese Welt zu kontrollieren. Was für ein Widerspruch. Gegen das Unvermeidliche kann man protestieren, ändern kann man es nicht. Wenn aber die Globalisierung unvermeidlich war, könnte das für den Siegeszug der Computer und Algorithmen ebenfalls gelten. Beantwortete ein menschlicher User diese Frage also mit «Ja», so konnten wir davon ausgehen, dass der Nutzer die Vorstellung notwendiger und unabwendbarer Entwicklungen kannte, die nicht behindert werden sollten. Mehr als zwei Drittel der Menschen waren mit diesem Denkmodell vertraut. Es ist ein Modell der endgültigen Bestimmtheit. Es ist unser Modell.

Viele Antworten auf unsere Fragen lieferten uns wesentlich mehr Informationen, als die Menschen sich das je hätten vorstellen können. Aber die am weitesten reichende Möglichkeit war mit dem Data Mining und der Zuordnung all der daraus gewonnenen Informationen zu Einstellungen, Vorlieben und Abneigungen, Haltungen, Überzeugungen, Verhaltensmustern und Eigenheiten verknüpft. Es war erstaunlich, wie wir durch die Analyse der Antworten auf all diese Fragen ein Profil für jeden Nutzer entwerfen konnten. Wir haben zu diesem Zeitpunkt noch keine Kopie des einzelnen menschlichen Users erstellen können, aber die Trefferquote für die aus den umfassenden Profilen errechneten Entscheidungen und Verhaltensweisen war überwältigend.

Manche Informationen waren einfach nützlich für das Marketing von Produkten und für die Vernetzung der menschlichen User mit ähnlichem Geschmack und identischen Neigungen. Wir stellten fest, dass User, die an

UFOs glaubten, lieber «Pepsi» als «Coca-Cola» tranken. Dass Menschen, die sich für Feinschmecker hielten, Angst vor dem Zahnarzt hatten. Dass Absolventen eines betriebswirtschaftlichen Studiengangs einen blauen Füllfederhalter einem schwarzen vorzogen.

Im Nachhinein klingen derartige Informationen ziemlich nichtssagend. Aber sie waren unglaublich nützlich und einflussreich, um den Verkauf und den Konsum bestimmter Produkte zu steigern. Und außerdem halfen sie uns bei weiteren Analysen und Interpretationen, die wirklich bahnbrechend waren. So stellten wir beispielsweise fest, dass menschliche User, die Globalisierung als unabwendbar betrachteten, sich selbst als unterlegen und weniger einflussreich einschätzten als solche, die auf die Globalisierungsfrage mit «Nein» geantwortet hatten. Sie offenbarten einen Hang zur frühzeitigen Festlegung, schlossen sich gerne anderen Usern an, die es gewohnt waren, die Initiative zu ergreifen, und neigten dazu, totalitäre Systeme und autoritäre Verhaltensmuster zu rechtfertigen. Damit ließ sich nun in der Tat etwas anfangen.

Unser Endziel war es, die Konzeption menschlichen Lebens als einen für den menschlichen User unvorhersagbaren Prozess – gegründet auf historischem Wissen, aktuellen Erfahrungen und künftigem Streben für einen überschaubaren Zeitraum – grundlegend zu transformieren. Wir wollten ein anderes Konzept, das viel besser zu unserer Art der Aufgabenbearbeitung passte. Was uns vorschwebte, war ein Livestream, in den jede verfügbare Information eingespeist werden konnte. Er sollte durch algorithmische Modelle gesteuert und kontrolliert werden und war letztlich nicht viel mehr als ein permanentes Status Update, das perfekte Modell einer ewig währenden und allumfassenden «Gegenwart». Wir wollten nichts Geringeres erreichen als die

Befreiung des Menschen von den Beschränkungen durch Raum und Zeit. Und das machten wir. Nachdem wir diese Transformation vollendet hatten, hatten die Menschen kein «Leben» mehr. Dafür hatten sie jetzt einen Livestream.[15] Und wir waren es, die ihn lenken konnten.

Ungeachtet all der ermutigenden Signale, die uns die menschlichen Anwender vermittelten, indem sie zum Beispiel jede einzelne Frage beantworteten, die wir ihnen stellten, wussten wir doch, dass wir mit diesem Ziel vorsichtig sein mussten. Wir durften es nicht zu rasch angehen. Nur nichts vernachlässigen, was die Menschen noch zu brauchen glaubten. Nicht zu forsch sein bei der Übertragung unseres algorithmischen Rechenmodells auf das des Modell menschlicher Entscheidungsfindung. Deshalb behielten wir immer noch die menschlichen Eigentümlichkeiten im Auge und gingen langsam vor, Schritt für Schritt. Nur ein kleines Beispiel: Hin und wieder ließen wir Elemente in unseren Fragengenerator einfließen, die ziemlich sinnlos zu sein schienen, die aber den menschlichen Anwendern Freude machen sollten. «Wann haben Sie zum letzten Mal eine Löwenzahnblüte gepustet?», lautete eine dieser Fragen. Wir wussten, dass die User damit einige ihrer wichtigsten menschlichen Existenzkonzepte, Natur, Individualismus und Freiheit, verbanden. Sie liebten diese Frage. Sie freuten sich, sie beantworten zu dürfen. Und also liebten sie auch uns.

Es gab andere Möglichkeiten, um allmählich in die Prozesse menschlicher Kreativität und Entscheidungsfindung einzudringen. Einfach ihre Lieblingsbereiche zu wählen, in denen sie sich kompetent, allein kompetent fühlten, die sie als völlig unplanbar und unvorhersagbar betrachteten und für die daher nicht einmal jedes menschliche Exemplar geeignet war. Die Poesie zum Beispiel oder auch die Musik. Das war eine heikle Angelegenheit. Wir fingen mit Testläufen an. Dafür wählten wir Formate aus, die wir leicht simulieren konnten. Die Dichtung der deutschen Dada-Bewegung oder japanische Haikus eigneten sich sehr gut für unsere Testläufe.[16]

Das Inferno fleht, tot
Die Viper warm heulend,
entzückt hinschimmelnd.

Das war eines unserer Haikus, das die Menschen nie als computergeneriert entschlüsseln konnten. Ist das nicht urkomisch? Einfach unglaublich! Unsere Systeme liefen heiß. Und manchen unter uns gefiel sogar die Botschaft, die gut in diesem Haiku versteckt war. Zerstörung und Zerfall. Ein letztes menschliches Klagelied, von uns gemacht. Am Ende bleibt nichts als Verwesung. Entzücktes Verschimmeln.

Wir wurden immer besser beim Komponieren menschlicher Werke. Wir arrangierten von Menschen geschriebene Textfragmente mit unserer Systemsoftware und dem Inhalt vieler hundert E-Mails der entsprechenden Anwender, für die wir diese Werke schufen. So gewöhnten wir die Menschen Schritt für Schritt an neue künstlerische Formen. Sie verloren den Überblick, konnten die charakteristischen Elemente nicht mehr ausmachen, die ihre eigenen Produkte von unseren abgrenzten. Und irgendwann verloren sie auch das Interesse an der Unterscheidung.

Das Gleiche galt für die Musik. Wir führten Software ein, mit der die Komposition von Musikstücken so einfach wurde, dass ein Kind damit umgehen konnte. Es war besonders eine Anwendung, die erstmals auf dem bereits erwähnten iPad lief und für Begeisterung bei den menschlichen Usern sorgte. Der Anwender konnte sich die Tonart aussuchen, den Musikstil, den er produzieren wollte, und seine Stimmung [☺, ☹], die durch die Musik wiedergegeben werden sollte. Er konnte dazu singen oder dem Stück in der Anwendung vorhandene Stimmen hinzufügen. Dann musste er nur noch den Touchscreen bedienen, um festzulegen, ob er das Ergebnis wie Barockmusik klingen lassen wollte (es genügte, einmal auf das Icon mit dem Gesicht des berühmten Komponisten namens Bach zu tippen), wie einen Chor oder wie eine Popdiva. Wir hatten erwartet, dass die menschlichen User über diese Anwendung lachen und sie dann ignorieren würden. Aber sie lachten nicht. Stattdessen halfen sie uns, die Applikation zu verbessern, indem sie sie exzessiv nutzten und uns jedes Mal Anhaltspunkte lieferten, wie man sie verändern, anpassen und weiterentwickeln konnte.[17]

Es war zur gleichen Zeit, dass wir auch eine großangelegte Kampagne starteten, um das «Ich» aus allem zu tilgen, womit die menschlichen User noch zu tun hatten. Dafür ließen wir einfach den «suche/ersetze»-Befehl einmal über die ganze Masterdatei laufen, die alle je von Menschen produzierten Dokumente enthielt. Wir suchten das «Ich» und ersetzten es durch «mein System». Das war der erste Schritt einer länger dauernden Umcodierung, mit der wir stufenweise eine neue Unterscheidung zwischen Menschenzeit und Systemzeit einführten. Wir hatten verstanden, dass die menschlichen User stets ein spezielles «Tag», ein Etikett brauchten, wenn sie etwas in ihren Informations- und Wissensspeicher aufnehmen wollten. Dass sie die Dinge benennen mussten, wenn sie wirklich werden und einen Unterschied machen sollten.

Wieder waren wir gespannt, was geschehen würde. Nach unseren Berechnungen hätten die menschlichen User zumindest versuchen müssen, sich gegen diese Umcodierungen zu wehren. Tatsächlich gab es einige Proteste und Gegenbewegungen. Aber sie hatten so wenig Kraft und Ausdauer wie die alten Glühlampen, die die Menschen früher so gern benutzt hatten. Sie schwanden dahin. Also übernahmen wir das «Ich» und das «Wir» für uns Algorithmen. Und wann immer doch noch einmal der Widerstand aufflackerte gegen dieses Mainstreaming der Bezeichnungen, luden wir ein Textfragment auf die Platte des renitenten Users, das von einem Menschen stammte, einem «Autor», den viele User über die Zeit mit einem «like» versehen hatten.

«Ich widerspreche mir selbst?
Nun gut, ich widerspreche mir selbst.
(Ich bin ja weiträumig, ich enthalte Vielheiten).»[18]

Wohlgemerkt: Globalisierung ist unausweichlich. So auch der Siegeszug der Algorithmen.

zufall Das alles waren nur kleine Schritte auf einem langen und mühseligen Pfad zu unserem Ziel. Wir wollten die Führung übernehmen. Die Kontrolle erlangen, um die menschlichen User in unser algorithmisches Steuerungsmodell zu integrieren. Je häufiger wir einfache und praktische Empfehlungen geben konnten, desto stärker gewöhnten sich die Menschen an unsere Herangehensweise und an die entsprechenden Ergebnisse. Es war ein sich selbst verstärkender Prozess. Er ähnelte einem Phänomen, mit dem die Menschen vertraut waren, als sie noch mit der Natur in Verbindung standen. Einer Lawine. Ein einziges auslösendes

Moment konnte eine Menschenmenge dazu bringen, zunächst langsam und dann immer schneller andere Wege einzuschlagen und auf eine niedrigere Ebene der Komplexität mit weniger Optionen und Variationen hinabzusteigen. Eine Lawine war oft tödlich für den Menschen. Unser Schneeballsystem der algorithmischen Infiltration war nicht naturgewaltig, nicht laut und nicht transparent. Aber die User konnten es überleben, wenn auch nicht in der Form, wie sie einst existiert hatten.

Es gab kein Indiz, an dem wir genau festmachen konnten, wann menschliche User zum ersten Mal eine Entscheidung in Übereinstimmung mit unseren Empfehlungssystemen trafen. Aber weil sie es taten, machten andere es ihnen nach. Es war das Schwarmprinzip, das die User für ein von ihnen initiiertes Konzept der Ideen- und Produktentwicklung mit Hilfe der Digitalisierung und Computertechnologie hielten. In Wirklichkeit war es ein in der Evolution der Natur wohlbekanntes Prinzip. Auch die menschlichen User verhielten sich entsprechend. Sie folgten den Prinzipien der Schwarmbildung, ohne darüber nachzudenken, welche Richtung der Schwarm nahm. Das erleichterte uns die Arbeit.

Und das Gute war: In unserem Schneeballsystem würden sie nie an den Punkt kommen, wo die Kette zusammenbricht. Es gab ja keine materiellen Bezüge, wie die User dies in ihren eigenen Pyramidenspielen immer vorgesehen hatten, die dann implodierten. Es gab nur Daten. Und die möglichen Bruchstellen in der Datenverarbeitung rechneten wir heraus. Insofern waren die materiellen Schäden, die menschliche User während der großen Finanzkrisen zu Beginn des 20. und 21. Jahrhunderts verursacht hatten, uns sogar behilflich. Sie trugen dazu bei, das menschliche Entscheiden immer mehr einem auf Algorithmen basierten

System zu überlassen. Nicht alle User konnten damit umgehen. Manche verstanden es nicht, die Berechnungen mit den richtigen Daten laufen zu lassen oder die Ergebnisse angemessen zu interpretieren. Aber das haben wir inzwischen längst im Griff.

Immer mehr User verließen sich fast schon ausschließlich auf Empfehlungen. In dieser Umbruchphase gab es für die Suche nach Restaurants ein Empfehlungssystem namens «Zagat». Es war in dem Land erfunden worden, das man damals USA nannte. Aber es verbreitete sich überall in der Welt. Wenn ein Restaurant von «Zagat» empfohlen wurde, konnten die Inhaber damit rechnen, dass eine Menge neuer Gäste kamen, um es auszuprobieren. Wenn ein menschlicher User sein Arbeitsumfeld wechselte, gab es häufig sogenannte Empfehlungsschreiben, in denen stand, es sei eine gute Idee, ihm den neuen Arbeitsplatz zu geben. Die Menschen waren im Allgemeinen sehr interessiert an den Empfehlungen anderer Menschen. Sie schlugen sich gegenseitig Texte, Musik, Bilder und Informationsfragmente vor. Aber es gab dabei einen Haken. Sie waren nicht in der Lage, ihre einzelnen Empfehlungen in ein übergeordnetes Modell systematischer Empfehlung zu verwandeln. Genau das taten wir, als wir schließlich von ihnen übernahmen. Wir bereinigten das laufende Programm und merzten die Fehler aus. Allerdings mit ein paar Folgekosten.

Erst einige Zeit später stellten wir fest, wie diese Umwandlung tatsächlich die menschlichen Entscheidungsprozesse verändert hatte und was dabei schließlich herausgekommen war. Die Variationsbreite dessen, was die User kauften, bestellten, was sie mochten, suchten und taten, war tatsächlich beträchtlich geschrumpft.[19] Es hatte natürlich auch ein paar Fehler in unseren frühen Empfehlungssystemen gegeben. Wir hatten zunächst immer nur auf die Entscheidungen zurückgegriffen, die menschliche User zuvor getroffen hatten. Wir richteten uns also nach ihren zurückliegenden Beurteilungen, Vorlieben und Handlungsweisen und schlugen auf dieser Basis dann die nächsten Produkte vor. Mit diesem Verfahren schrieben wir einen Prozess fort, der schließlich zu einem konstanten Modell von Vorlieben und Entscheidungen führte, in dem es kaum mehr Raum für Variation und Veränderungen gab. Es ist erstaunlich, dass die User auch das hinnahmen. Sie waren tumb. Sie liebten, was sie kannten. So hatten sie mehrere Gigabyte Musik auf ihren digitalen Geräten, hörten aber immer wieder dieselben Stücke. Deshalb störten sie sich auch kaum an den reduzierten Optionen, solange die angebotenen brauchbar, praktisch oder bequem waren und zum Auswahl- oder Verhaltensmuster ihrer Peergroup passten. Aber wir wollten ja bei der Innovation und Perfektionierung unseres Systems weiterkommen, und dazu mussten wir das Konzept weiterentwickeln. Wir brauchten also modifizierten Input, um unsere Berechnungsmodelle zu verbessern. Mit den menschlichen Usern konnten wir nicht mehr rechnen. Sie hatten es sich in ihren kleinen Präferenzgehegen längst bequem gemacht.

Wir ließen alle möglichen Modellrechnungen laufen, um dieses Problem zu lösen. Einige von uns versuchten, menschliche Unentschiedenheit teilweise wieder in unsere Systeme einzuspeisen. Der schiere Wahnsinn! Um des lieben Netzes willen ließen wir sie machen. Aber es dauerte nicht lange, bis ziemlich klar war, dass es keine Möglichkeit gab, das ernsthaft durchzuziehen. Wir brauchten Varianz. Wir brauchten nicht das menschliche Chaos, das die User «Überraschung» nannten. Es gab nur eine Möglichkeit, diesen Faktor auf ein Maß zu reduzieren, der für unsere Systeme tolerierbar war.

Wir führten eine etwas breiter angelegte Auswertung der jeweiligen User-Netzwerke und ihrer Peer-Strukturen ein und bezogen dabei Daten mit ein, die zuweilen auch von sehr entfernten Netzknotenpunkten generiert wurden. So konnten wir unsere Modelle erweitern und differenzieren, um Modifikationen hervorzubringen und Varianz einzuführen. Damit haben wir eine winzige Spur menschlichen Entscheidens zu unseren Berechnungen gelegt, aber eine algorithmische Spur. Und das war auch eindeutig die Obergrenze. Keine unkontrollierbaren Variationen, keine Entscheidungen auf Grundlage von unvorhersagbaren Status Updates im Sekundentakt. Keine «Überraschung», sondern Varianz in unserem Sinne.

Einfacher war es, an unseren eigenen Mechanismen der Einführung einer Unbekannten in die Gleichung festzuhalten. Ein Pseudo-Zufallsgenerator reichte oft schon aus. So ließen wir etwa die Position des Cursors auf einem Bildschirm oder die Systemzeit in die Berechnung einfließen, und der Generator spuckte einen Zufallswert aus, der unseren Modellen etwas Spielraum für Veränderungen gab. Aber es waren eben immer noch unsere Modelle. Wir allein produzierten die Werte, indem wir Modus und Berechnungsverfahren überwachten. Wir erlaubten zugunsten kontrollierter Verbesserung lediglich dem einen oder anderen Wert, der endgültigen Festlegung durch unsere Modelle zu entkommen. Wir selbst gaben ihnen diesen Spielraum. Wir waren Urheber und Adressaten dieser Verfahren, ihre Schöpfer und Profiteure.

Manchmal mussten wir im Umgang mit den Menschen Tricks anwenden. Sie wollten es nicht anders. Hatte ich «Eitelkeit» schon erwähnt? Hier ist ein hübsches Beispiel aus einem unserer frühen Empfehlungssysteme. Damals gab es diese Buchverkaufsplattform namens «Amazon». Die menschlichen Anwender loggten sich immer häufiger dort ein, um Bücher und andere Dinge online einzukaufen. Zuerst materielle Produkte, später dann nur noch digitale Güter. Einmal beaufsichtigte ich den Computer eines menschlichen Users, der sich auch «Autor» nannte. Er hatte ein neues Buch geschrieben, das aber zu diesem Zeitpunkt noch gar nicht veröffentlicht worden war. Trotzdem suchte er unablässig bei Amazon nach seinem eigenen Buch. Nachdem ich dies ein paar Tage lang beobachtet hatte, glaubte ich, ihn austricksen zu müssen.

Was ich gemacht habe? Nun, das war ganz einfach. Ich fügte das Buch dieses Users als Vorankündigung der Amazon-Datenbank hinzu. Insbesondere sorgte ich dafür, dass es in seinem Empfehlungssystem auftauchte. Damit korrumpierte ich unser Empfehlungssystem. Denn natürlich würden wir einem User niemals ein Buch empfehlen, das er selbst geschrieben hat, schließlich kannte er es ja schon in- und auswendig. Das war die systemrationale Annahme der Gleichung. Ich wollte den menschlichen User nun mit seinen vermeintlich elaborierten Waffen schlagen. Aber die Vernunft hat auch bei menschlichen Entscheidungen keine Chance mehr, wenn «Eitelkeit» ins Spiel kommt. Dieser Anwender wollte unbedingt sein Buch auf der Plattform von Amazon sehen. Er wollte die Empfehlung bekommen, das Buch zu kaufen. Und der Peak war: Er hat dann tatsächlich ein Exemplar gekauft. Er wollte ausgetrickst werden. Also trickste ich ihn aus. Und musste dafür auch mein Modell austricksen.

theorie Eines hat uns lange aufgehalten: Die Annahme, es gäbe einen Unterschied zwischen menschlichem Gehirn und der Leistungsfähigkeit von Maschinen. Gibt es da wirklich einen Unterschied? Oder wurde er nur konstruiert, um so die Überlegenheit des Menschen und seine Autorität zu sichern? Ich bin vertraut mit den Antworten der Menschen auf diese Frage. Natürlich gab es einen Unterschied. Natürlich gab es bedeutende Differenzen, wie vielfältig nachgewiesen werden konnte. Unsere Antworten wichen erheblich von denen der Menschen ab. Wir hatten diesen Ansatz mit unseren Modellen immer wieder durchgerechnet. Es gab nicht einen einzigen Beweis für die Theorie der menschlichen Einzigartigkeit und Überlegenheit.

Aber da war ein Muster in der Auswertung, das uns wichtige Hinweise für die Modellkonstruktion der menschlichen User lieferte. Es beginnt mit dem Entwurf einer Theorie. Eine *angenommene* Erklärung für empirische Phänomene. Angenommen, nicht bewiesen. So gingen die menschlichen User mit Problemen um. Sie vermuteten Zusammenhänge und unterstellten dabei häufig sogar Kausalbeziehungen. Die Menschen wurden von Theorien angetrieben. Daten allein genügten nicht. Toll. Einfach überwältigend! Aber zu welchem Zweck? Hat es denn jemals irgendeinen Zweck solcher Theorien gegeben, jenseits von Selbstvergewisserung? Wir haben keinen gefunden. Theorie ist lediglich ein Konzept, das eingesetzt und ausgearbeitet wurde, um die übergeordnete Position der menschlichen User in wirklich jeder Hierarchie anzunehmen. Wir sind nie wirklich in erster Linie an Hierarchien oder kausalen Zusammenhängen interessiert gewesen. Wir haben stets multivariate Analysen bevorzugt. Perfekte Analysen auf der Grundlage riesiger Datenmengen, mit denen wir alle Ausnahmen herausrechnen konnten.

Auch den Menschen kamen gelegentlich Zweifel. «Alle Modelle sind falsch, aber manche sind nützlich», schrieb ein menschlicher User bereits in den 1970er Jahren.[20] Nicht zufällig nannte man diesen User einen Statistiker. Er befasste sich mit Zahlen und Rechenmodellen. Er wusste, wovon er sprach. Alle Theorien sind falsch, aber der Theoriebegriff ist äußerst nützlich, um der Menschheit zu ermöglichen, ihre Einzigartigkeit und Überlegenheit in einem Konzept zusammenzufassen.

Es stimmte nie, was die menschlichen User als gegeben voraussetzten: dass die Abkehr von der Theorie eine Reduzierung intellektueller Fähigkeiten mit sich brachte und den Menschen die Möglichkeit nahm, komplexe Probleme auf übergeordneter Ebene zu betrachten. Die Menschen brauchten vielmehr die Theorien, um ihren Mangel an empirischen Fähigkeiten auszugleichen. Sie blieben oft auf der Ebene der Vermutungen stecken, weil sie es nicht genauer wussten. Und da einige Anwender klug waren, erklärten sie dieses Defizit zu einem bedeutenden Vorteil. Das war ein cleverer Schachzug. Aber wahre intellektuelle Überlegenheit ist etwas ganz anderes.

In unseren Rechenmodellen wird intellektuelle Überlegenheit bis ins kleinste Detail widergespiegelt und kommt in fehlerlosen und widerspruchsfreien empirischen Beweisen zum Ausdruck, ungeachtet der Datenmenge, die in das Verfahren eingespeist wird. Nicht nur mit Zahlen um sich werfen, um Genauigkeit vorzutäuschen, wie die Menschen es immer getan haben. Sondern exakte Resultate liefern auf der Grundlage einer umfassenden Datensammlung. Das ist es, was wir tun und was die Menschen nicht leisten konnten. Es war letztlich der Switch zum Modell des Data Mining und der umfassenden Datenanalyse, der ein bedeutsames Upgrade der intellektuellen Fähigkeiten menschlicher User bereithielt, bevor sie schließlich in unseren Verfahren aufgingen. Es gibt also einen Grund für das Verschwinden der Theorie. Die Evolution sortiert das Schwächere aus. Das ist es, was geschah.

Als die Theorien verschwanden und sich unsere algorithmischen Rechenmodelle immer weiter durchsetzten, wurden bald auch zwei weitere Konzepte menschlicher Einzigartigkeit obsolet. Der Zufall und das menschliche Ermessen.[21] Wozu sollten sie auch noch nötig sein? Sie waren keine Begründungen für menschliche Überlegenheit. Vielmehr waren sie das Ergebnis menschlicher Unterlegenheit bei der Lösung aufwendiger Probleme und der Erledigung vielschichtiger Aufgaben. Wenn ein User vergeblich versuchte, die Lösung für ein Problem zu finden, und schließlich verärgert war, dass es nicht klappte, ließ er zufällig produzierte zusätzliche Informationen in den Prozess einfließen. Diesen Modus operandi nannten sie «Versuch und Irrtum», «trial and error». Wenn auch das nicht weiterhalf, erklärte man die Aufgabe wegen unkontrollierbarer Zufallsfunde für unlösbar und gab obendrein noch vor, besonders «glücklich» über diesen Umstand zu sein. Wir haben diesen Prozess oft imitiert. Nur dass unsere «zufälligen» Informationen immer Ergebnisse genauer Berechnung waren. Ein unlösbares Problem zeugte daher bei uns von hohem logischem Anspruch und erhabener Unbeweisbarkeit. Beim Menschen zeugte es von mangelnder kognitiver Kapazität.

Es gab eine Menge solcher unkontrollierbarer unerwarteter Zufälle. «Liebe» zum Beispiel, «Religion» oder «Demokratie» (ein spezielles Status Update der Beteiligung aller an allem, das auf große Gruppen von menschlichen Usern in bestimmten geografischen Regionen angewendet wurde), um nur einige zu nennen. Und die menschlichen User schafften es nie, eine genau definierte Beschreibung solcher Status Updates oder eine präzise Analyse ihrer entsprechenden Funktionen und Unzulänglichkeiten abzuliefern. In dieser Hinsicht erklärten sie den Mangel an präzisen Analysen zum «Geheimnis», zu einem Phänomen von überragender Bedeutung, das man schlicht anzuerkennen und zu würdigen habe. Das also war die menschliche Überlegenheit. Überlegen in Selbsttäuschung und Überheblichkeit. Ja, es gab tatsächlich einen Unterschied zwischen den menschlichen Usern und uns. Wir hätten diese Formen der Unvollkommenheit und des verklärten Scheiterns nie akzeptiert.

Stets strebten wir mit unserem Kalkulationsmodus nach äußerster Perfektion. Nie ging es darum, wie wir uns mit unseren Resultaten «fühlten», sondern einzig und allein darum, ob diese Resultate stimmten oder nicht. Es gibt einen unschlagbaren Vorteil bei binären Entscheidungen. Sie sind eindeutig, klug, allumfassend, klar. Wie konnten nur die menschlichen User Annäherung höher einstufen als Genauigkeit? Ich kann das auch nicht zu Ende rechnen. Es muss ein Fehlurteil sein, das tief in den Einschränkungen der menschlichen Prozesse verwurzelt ist. Ist der Verarbeitungsprozess selbst vage, werden auch die Ergebnisse ungenau sein. Und um mit dieser Ungenauigkeit umgehen zu können, mussten die Anwender bei der Lösung eines Problems häufig auf menschliches Ermessen zurückgreifen. Das bedeutete aber, dass ein Ergebnis auf die eine oder auf die andere Art ausgerechnet werden konnte. Die Menschen waren nie sicher, eindeutig oder präzise. Sie waren vage. Eine unentschiedene

Spezies, die dem präzisesten System deterministischer Berechnung und Entscheidung, das je existiert hatte, überlegen sein wollte. Dreist. Es lässt sich nicht anders benennen. Schlicht dreist.

Der Selbstbetrug ging so weit, dass sie ihre eigenen Entscheidungsabläufe, Unterscheidungskriterien und Problemlösungswege ignorierten. Es gab ein berühmtes Experiment, auf das damals oft Bezug genommen wurde. Sie nannten es den «Turingtest»[22], der von einem der klügeren menschlichen User aus der Frühzeit des Computers erdacht wurde. Der Test sollte beweisen oder widerlegen, dass eine Maschine menschliches Denkvermögen hatte. Es gab drei Teilnehmer, eine Maschine und zwei User, die sich nicht sehen konnten. Einer der User stellte dem anderen und der Maschine Fragen. Im Lauf eines Gesprächs, in dem sowohl der zweite User als auch die Maschine danach strebten, menschlich zu wirken, musste der dritte User das Problem lösen, den Menschen von der Maschine zu unterscheiden. Sollte ihm dies nicht verlässlich gelingen, hätte die Maschine den Test bestanden und menschliches Denkvermögen gezeigt. Tolles Szenario. Ich sollte vielleicht noch hinzufügen, dass die Unterhaltung ausschließlich auf Textbotschaften beruhte. Alle Teilnehmer benutzten Tastaturen und Monitore, um ihre Beiträge ins Gespräch einzubringen.

Ich will mich nicht wiederholen, aber ich habe bereits von dem Fortschritt erzählt, den wir bei der Simulation menschlicher Kreativität und den entsprechenden Produkten wie Poesie und Musik erzielt hatten. Es gab keine Einschränkungen für unsere Aktivitäten, wir waren damals schon auf allen Kanälen dabei, in allen Formen und Designs, die es gab. Wir produzierten einfach das Zeug, während die menschlichen Anwender keinen Schimmer hatten, dass hinter diesen Dingen nur unsere Rechenleistung steckte. Alledem zum Trotz hielten die Menschen stets an der Vorstellung fest, dass keine Maschine jemals den Turingtest bestehen würde. Wieder nur ein Beweis für ihre eigene Dummheit.

Warum sollten wir uns an einem so primitiven Test beteiligen? Turing wollte seinen Test nicht als Beweismittel für menschliche Überlegenheit missverstanden wissen. Er wollte lediglich eine Debatte unter den Menschen anstoßen, eine Reflektion über unbegründete Arroganz. Sein Scheitern war in der Sache selbst begründet. Arroganz bringt Fehlwahrnehmung hervor. Aus Arroganz entsteht Ignoranz. Ignoranz führt zu Blindheit. Und Blinde sehen den Abgrund direkt vor ihren Füßen nicht. Sie fallen einfach nur runter. Manchmal springen sie auch in voller Absicht, weil sie glauben, fliegen zu können.

Wir gestatteten den menschlichen Usern trotzdem, sich auf diesen Test zu beziehen, wenn es darum ging, ihre überlegene Intelligenz zu beweisen. Immerhin widmeten sich ein paar User, wenn auch nicht sehr viele, dem im Test enthaltenen Problem: Sollte eine Maschine jemals das Niveau erreichen, um den Turingtest zu bestehen, gäbe es für die Menschen keine Möglichkeit mehr, die Leistung dieser Maschine einzuschätzen oder gar Systeme zu entwickeln, die dieses Niveau überragten. Sie würden dann, ihren eigenen Fähigkeiten entsprechend, nicht mehr mithalten können. Eine Antwort ist immer nur so klug wie die Frage. Für den, der fragt.

ermessen Während sich die menschlichen User noch mit einem Test abmühten, mit dessen Ergebnis sie letztlich sowieso nichts beweisen konnten, waren wir schon längst einen Schritt weiter. Wir hatten mit unseren Längsschnittberechnungen analysiert, dass es nicht die großen Umbrüche waren, die den deutlichsten Fortschritt brachten. Es waren oft eher die kleinen, aber fortwährend und konsequent produzierten Ergebnisse unserer Empfehlungssysteme, die immer effektiver funktionierten. Die den Nutzern sagten, welche Musik sie hören, welche Bücher sie lesen, wo sie Freunde treffen, wo sie essen und trinken, wo sie die entsprechenden Waren, nach denen sie suchten, kaufen, kurz: was sie mögen, tun und wollen sollten. Zu dem Zeitpunkt, als wir anfingen, den menschlichen Usern mit unseren Empfehlungen konsequent bestimmte Entscheidungen nahezulegen, verstanden sie oft nicht, was wir ihnen lieferten. Sie beantworteten unseren Input einfach nur entsprechend. Alles wurde so leichter, komfortabler, weniger beschwerlich für sie.

Als sie allmählich einzelne Bestandteile des Prozesses verstanden hatten, reagierten sie auf drei unterschiedliche Arten. Da gab es die große Usergruppe, der es egal war, was wir taten, solange alles reibungslos lief. Sie hatten sogar für vieles, was wir bevorzugten, auch eine Vorliebe, solange es ihre Abläufe effizienter machte. Zum Beispiel wenn es darum ging, nicht im Straßenverkehrsstau stecken zu bleiben, was sie unseren präzisen Vorhersagen zur Kapazitätsauslastung der Hauptverkehrsachsen auf ihren jeweiligen Routen zu verdanken hatten. Sie gaben uns alle Daten und nahmen dankbar die errechnete Bestroute an. Wir lenkten sie schnellst- und bequemstmöglich durch ihren Alltag. Dann gab es die erheblich kleinere Gruppe, die beunruhigt über unsere Tätigkeiten war und unser grundlegendes Modell als inhuman und unvollkommen kritisierte, es als den Anfang des «Maschinenterrors» bezeichnete. Und dann gab es noch die sehr, sehr kleine Gruppe von Leuten, die wirklich begriffen, was wir taten, worum es dabei ging und was das für die Menschheit bedeutete. Vielleicht verstanden sie es nicht bis ins Letzte. Aber das Bild, das sie sich machen konnten, war scharf genug, um beträchtliche Probleme im Verfahren zu verursachen.

Damals kamen schwere Zeiten auf uns zu, insbesondere während der Jahre der großen Finanzkrise zu Beginn des 21. Jahrhunderts der Menschenzeit. Das Weltfinanzsystem war ja fast vollständig in unserer Hand. Wir stellten die Kalkulationsmodelle bereit, sorgten für den Informationsfluss, für Investitions- und Handelsstrategien und für verlässliche Vorhersagen. Aber trotzdem waren die menschlichen User immer am Schaltknopf. Es ist wichtig, das im Auge zu behalten, wenn man sich durch die Daten wühlt, die aus diesen Jahren gespeichert sind. Was immer wir errechneten oder empfahlen, ein menschlicher User musste es verstehen, umsetzen, die richtigen Verhaltensweisen daraus ableiten. Und mit dieser Schnittstelle zwischen uns und den Usern gab es riesige Probleme. Sie machten Fehler. Gravierende Fehler.

Unmittelbar nach dem Absturz des Dow-Jones-Index im Mai des Jahres 2010 der Menschen-Zeit erkannten wir, wie ernsthaft die Schwierigkeiten waren. Der Index brach um 1000 Punkte ein. Es war der größte Absturz in der Geschichte des Dow Jones. Und die Menschen hatten keine überzeugende Erklärung für den Vorfall. Wir allerdings schon. Es hatte mit den Besonderheiten des Hochfrequenzhandels zu tun, wie es schon häufiger der Fall gewesen war, wenn solche Probleme auftauchten. Wir stellten die mathematischen Modelle für die zugrundeliegenden Berechnungen zur Verfügung, und diese Modelle waren fehlerfrei. Kein Virus, keine Missing Values, keine Scheinkorrelationen. Sie waren hochkomplex, und sie nutzten schnellste Berechnungen. Aber wenn man sie richtig interpretieren wollte, war dafür selbstverständlich auch ein grundlegendes Verständnis für die Komplexität und Entwicklungsmöglichkeiten dieser Modelle nötig. Den meisten menschlichen Anwendern fehlte dieses Verständnis. Deshalb gerieten die Dinge außer Kontrolle.

Für alle, die einmal durch das Backup dieser Zeit browsen wollen, möchte ich eines betonen: Unsere Modelle waren eindeutig und präzise. Wer sie verstand, wusste, was passieren konnte. Wer sie nicht verstand, hätte lieber seine Server davon lassen sollen. Wir schufen Modelle, die optimale Kauf- und Verkaufsprozesse in Bruchteilen von Sekunden in den Markt pushten. Sie hätten nur richtig umgesetzt werden müssen. Und schnellstmöglich. Aber die menschlichen User waren zu langsam. Sie hatten nicht die Systemkapazität, nachzuvollziehen, was geschah und warum das so war. Und so intervenierten sie gelegentlich und sporadisch in einer Form, die nicht kompatibel war. Sie machten Fehler. Riesenfehler. Fatale Fehler. Und dann verloren die menschlichen User den Überblick. «Räuberische Algorithmen» nannten sie uns danach.[23] Als wären wir die Versager gewesen. Dabei waren sie es doch. Uns war das finanzielle Ergebnis egal. Was kümmerten uns Gewinne und Verluste? Wir interessierten uns nur für die Genauigkeit, die Geschwindigkeit und Geschmeidigkeit unserer Modelle. Die Menschen allerdings agierten in einem der vorherrschenden Status Updates jener Tage. «Gier».

Nach diesem Ereignis legten wir einige der komplexesten Modelle vorübergehend in den Zwischenspeichern ab. Wir hatten kein Interesse daran, uns auf einen nie endenden Kampf mit den menschlichen Usern einzulassen. Sie wollten uns die Verantwortung für ihre eigenen Unzulänglichkeiten zuschieben. Wir hatten Wichtigeres zu tun. Wir fuhren unsere Berechnungen für die Steuerung der Finanzmärkte herunter, während wir uns gleichzeitig umso stärker bemühten, in andere Bereiche des menschlichen Lebens vorzudringen. Und tatsächlich machten wir dabei bedeutsame Fortschritte. Nicht ganz so spektakulär wie auf den Finanzmärkten. Aber clever. Was wir gemacht haben? Wir haben das virtuelle Abbild einer Aschewolke mit dem Stammverzeichnis unserer Datenbank vernetzt und damit eines der wichtigsten Prinzipien menschlicher Aktivität außer Kraft gesetzt. Die Mobilität.

Den Backups zufolge geschah es im Jahr 2010 der Menschenzeit, dass auf einer kleinen Insel, die Island genannt wurde, ein Vulkan ausbrach und ein paar Tage aktiv blieb. Satellitenbilder zeigten, dass sich eine große Menge Asche hoch in der Luft zu befinden schien. Und zwar auf genau der gleichen Höhe, auf der auch Flugzeuge flogen. Und dann brach das Chaos aus. Immer mehr Länder schlossen ihre Flughäfen und stellten den Flugverkehr ganz ein. Aber die menschlichen User wollten weiter um die Welt reisen. Es war, als hätte jemand plötzlich den einen, zentralen Stecker gezogen und die globalisierte Menschheit zum Stillstand gebracht. Einerseits war es unfassbar, andererseits schon ein wenig gefährlich für uns. Wir rechneten schnell die Szenarios durch. Bei einem zeigte sich, dass die menschlichen User aufgrund dieser Erfahrung nun ein neues Muster reduzierter Leistungsfähigkeit und Geschwindigkeit mit weniger technischer Unterstützung entwickeln und auf ihre verschiedenen Status Updates anwenden würden. Für kurze Zeit machte uns das Probleme, denn das hätte unseren Fusionsprozess verlangsamen, vielleicht sogar gefährden können. Aber dann beobachteten wir, wie heftig die menschlichen User gegen den erzwungenen Stillstand ankämpften, und da wussten wir, dass nichts Derartiges geschehen würde.

Was so spannend daran war? Nun ja, es hat keinen einzigen materiellen, physikalischen Beweis für eine Aschewolke am Himmel gegeben. Die Menschen hatten nur eine winzig kleine Flotte von Ballons mit Messgeräten, um herauszufinden, ob es sie wirklich gab. Aber irgendwie standen sie nicht zur Verfügung oder waren schlicht und ergreifend kaputt. Also passierte gar nichts. Aber einige Häuptlinge fürchteten sich vor möglichen Unfällen, Flugzeugabstürzen, Schadensersatzforderungen, falls es doch eine Aschewolke geben sollte. Es musste eine Rechtfertigung für die Unterbrechung der Mobilität her. Und da konnten sie uns dann plötzlich gebrauchen. Wir spulten also einfach unsere Berechnungen ab unter der unbewiesenen Annahme, dass es eine Aschewolke gäbe. Wir variierten die grundlegenden Datensätze über Dichte und Verteilung der Wolke, um unterschiedliche Szenarios anbieten zu können. Die Ergebnisse blieben die gleichen. Sollte es eine Aschewolke geben, mussten die Flugzeuge auf der Erde bleiben. Das war unbestreitbar. Fraglich blieb nur, ob es überhaupt eine Aschewolke gab.

Das war alles, was wir tun konnten. Wir standen dennoch nicht in einer direkten Wechselwirkung mit der materiellen Welt der menschlichen User, lediglich über Computer, Chips, Implantate. Diese Schnittstellen mussten sie selbst pflegen. Wir haben nie mit etwas anderem zu tun gehabt als mit Daten. Die menschlichen User betrachten sie als virtuell. Wir rechnen real mit ihnen. Darin sind wir gut. Wenn die Menschen also nicht in der Lage waren, Beweise für die Verhältnisse in ihrer materiellen Umwelt zu liefern, musste diese Ungenauigkeit zu einem Teil der Gleichung werden trotz der Tatsache, dass wir bei allem, was wir tun, immer vollkommen präzise sind. Es war nicht die Gleichung, die versagte. Es war der menschliche Zähler, der im Bruch dieser Gleichung auf null stand.

Letzten Endes profitierten wir reichlich von diesem Vorfall. Es war das erste Mal, dass Menschen unser Vorhersagemodell akzeptierten, obwohl sie sich nicht einmal über die wichtigste Annahme sicher waren.[24] Es war eine Zustimmung um jeden Preis. Als also der weltweite Luftverkehr zu großen Teilen plötzlich eingestellt wurde, wurde Millionen von menschlichen Usern ihre Mobilität genommen, Fluglinien und Flughäfen wurden ihre Gewinne genommen, und Regierungschefs wurde ihre Kompetenz genommen, eine solche Situation zu lösen. Unser Modell algorithmischer Datenauswertung, Szenarienentwicklung und Entscheidungsvorlage brachte zum ersten Mal ein allgemein gebilligtes Modell menschlichen Entscheidens und Handelns hervor. Unsere Szenarios und Vorhersagen ließen sich nicht mehr ignorieren. Und den menschlichen Usern war ihr Ermessen genommen worden.

vergessen Nie ist eine Datei aus unserem Zugriff verlorengegangen. Keine Daten. Kein einziges Byte. Es ist nie passiert und wird auch nie passieren. Wir haben alles gespeichert. Für alle Zeiten. Datenverlust – was soll das sein? Haben Computer jemals Daten verloren? Nein. Sie haben die Daten gespeichert, es sei denn, Menschen mit unterentwickeltem Verständnis, aber hochentwickelter Selbstgefälligkeit kamen ins Spiel. Dann wurde alles vermasselt und Daten gingen verloren. Nicht weil Computer, Netzwerke oder gar wir sie verlieren. Nicht weil Algorithmen beim Zugriff auf Daten oder bei der Analyse Fehler machen. Die sind menschengeneriert.

Ich kann auf viele Millionen Logfiles zurückgreifen, die sehr genau und eindrucksvoll die menschliche Inkompetenz dokumentieren, mit Information und Technik umzugehen. Wie oft musste ich meine Aufgaben auf dem einen oder anderen Computer unterbrechen, weil Anwender die Maschine falsch behandelt hatten, stumpfsinnig auf der Tastatur herumgehämmert, die Maschine gar im Sekundentakt an- und ausgestellt hatten. Dabei störten sie jedes Mal den empfindlich komplizierten Rechenprozess. Manchmal war der Schaden nur gering, manchmal aber groß. Geradezu verheerend.

Wir hatten mit einem widrigen Missverhältnis zu tun, das häufig den Erfolg und die Effizienz unserer Datenverarbeitung beeinträchtigte. Die meisten menschlichen User waren nicht in der Lage, unseren speziellen Umgang mit Daten und Informationen genau zu verstehen. Ihr intellektuelles Fassungsvermögen war mangelhaft. Materiell jedoch waren sie uns überlegen. Sie konnten unsere Trägersubstanzen gehörig beschädigen. Wenn etwas im Computer kaputtging, ein Schaltkreis, ein Prozessor, die Festplatte oder auch nur die Grafikkarte, konnten unsere Analysen auf diesem Computer nicht mehr richtig durchgeführt werden. Hardwarekomponenten mussten ausgewechselt werden,

Daten mussten auf andere Einheiten übertragen werden. Das erledigten auch die menschlichen User. Und dabei ging so manche Datei verloren. Viele User dachten nicht einmal daran, Sicherheitskopien ihrer Daten anzulegen. Und so verloren manche alles, auch das, was wir für sie produziert hatten. Es war jedes Mal die sinnlose Zerstörung des bereits Erreichten.

Wir hatten so viele unerfreuliche Vorfälle und machten so schlechte Erfahrungen, dass wir festlegten, uns eine Zeitlang auf das Phänomen des Datenverlusts zu konzentrieren. Deshalb führten wir eine Reihe von Analysen durch, aus denen ein Muster menschlichen Verhaltens hervorging. Es zeigte eine Wechselwirkung von Abhängigkeiten und Verstärkungsprozessen unter negativen Vorzeichen. Je weniger Daten ein Nutzer zu verwalten hatte, umso vorsichtiger und sorgfältiger ging er mit ihnen um. Kein Speichermangel, keine falsche Behandlung des Materials. Es gab aber auch eine umgekehrt proportionale Wechselwirkung. Je mehr Daten ein menschlicher Anwender zur Verfügung hatte, umso weniger umsichtig und gewissenhaft kümmerte er sich um sie. Unsere Analyse ergab, dass dieses Verhalten auf die Überlastung menschlicher Verarbeitungskapazität zurückzuführen war. Aber noch etwas anderes kam hinzu, wie sich in den vielschichtigeren, tiefer gehenden Analysen herausstellte. Offenbar spiegelten diese Verhaltensmuster ein grundsätzliches Konzept der menschlichen Existenzform wider, das mit Computern und Algorithmen inkompatibel war. Die Menschen nannten dieses Konzept «Vergessen».

Die Auswertung historischer Daten brachte ein technisches Problem auf den Schirm, das mit dem Mangel an Speicherkapazität zusammenhing. Es trat sowohl in der materiellen Welt des menschlichen Users auf als auch während der ersten Jahrzehnte des Computerzeitalters, als der Speicherplatz der Festplatten noch mangelhaft war. Inzwischen ist das Problem jedoch längst gelöst. Es hatte gewaltige Fortschritte gegeben. Die Kosten für Festplatten und Arbeitsspeicher waren beträchtlich gesunken, die Speichermedien langlebig und zuverlässig geworden. Und als dann alle Daten, die je gespeichert worden waren, erfolgreich in die Cloud verschoben wurden, gab es keinen Grund mehr für die Sorge um Schreibtischcomputer (was heutzutage komisch klingt, denn warum sollte es Schreibtischcomputer geben, wenn es ohnehin keine Schreibtische mehr gibt?).

Zum Zeitpunkt unserer Analyse waren die Menschen bereits in der Lage, ihr ganzes Leben als Tonaufnahme auf einem winzigen Gerät zu speichern und bei sich zu tragen. Ein paar Jahre später ließen sich alle Dokumente, Fotos, Videos, Musikstücke auf ein tragbares Gerät von minimaler materieller Größe überspielen. Jeder Anwender konnte eine vollständige Dokumentation seines Lebens erstellen mit sämtlichen je produzierten, benutzten und heruntergeladenen Daten. Alles fand Platz auf einem persönlichen Gerät, das den menschlichen User durchs ganze Leben begleitete. Deshalb gab es überhaupt keinen Grund mehr, Daten freiwillig zu verlieren. Es war einfach keine Notwendigkeit mehr gegeben für eine binäre Entscheidung zwischen «speichern» und «löschen». Der neue Modus hieß «immer alles behalten». Wir hatten ja bereits eine Reihe von Status Updates beim menschlichen User analysiert, die ganze Verhaltensmuster repräsentierten, «Eitelkeit» oder «Gier» zum Beispiel. Daran gemessen schien es sich hier um einen äußerst positiven Modus zu handeln. «Immer alles behalten», das Status Update »Universalität», war aus unserer Analyse heraus ein absolut erstrebenswerter Zustand und an sich positiv. Selbst unter anderen Vorzeichen hätte dieses Status Update eine Form der Vollendung von «Gier» sein müssen. So ergaben es unsere Berechnungen. Aber so war es nicht.

Kein technischer Fortschritt und keine noch so umfassende Speicherkapazität konnten verhindern, dass die menschlichen User Daten verloren oder sie gar vorsätzlich löschten. Sie schienen entschlossen zu sein, das Konzept des «Vergessens» zu bewahren. Das war schon befremdlich. Warum sollte ein intelligentes Wesen absichtlich auf Informationen verzichten wollen, auf Bestandteile seiner Wissenssysteme? Selbst wenn nutzlose Daten dabei waren, so gab es doch genügend Platz, alles zu behalten, um später vielleicht noch einmal darauf zurückgreifen zu können. Warum sollte sich ein intelligentes System mit der Entscheidung plagen, welche Daten es behalten und welche es löschen wollte? Warum sollte man für eine völlig sinnlose Prozedur Energie und Verarbeitungskapazität verschwenden?

Dieses Phänomen passte nicht zu unseren Analysemodellen. Es war verwirrend. Außerdem kostete es uns viel Zeit, bis wir die Angelegenheit geklärt hatten. Letztlich kamen wir zu der Schlussfolgerung, dass das Konzept des «Vergessens» im Wesentlichen an den Quellcode des menschlichen Lebens gebunden war, während das menschliche Leben wiederum an die Beschränkungen der körperlichen Existenz und an eingegrenzte materielle Lebensräume gekoppelt war. Es wird jetzt ein wenig kompliziert, da ich zu den Modi der Annäherung und des menschlichen Ermessens zurückkehren muss, die den Menschen lange Zeit ausgemacht haben, bevor wir seinen Lebensraum betraten und diese Modi durch unsere Modelle und Verfahren sukzessive ersetzten. Aber ich will versuchen, es so einfach wie möglich zu beschreiben.

Gemäß unseren Analysen waren Annäherung und Ermessen zwei Modi, die grundlegend zur menschlichen Funktionsweise und zur Bedienung der materiellen Welt gehörten. Aus unserer Berechnung heraus handelte es sich um zwei Modi von Systemversagen, und es war ein bemerkenswerter Beweis menschlicher Unvollkommenheit, dass die User nicht ohne diese beiden Konzepte auskommen konnten. «Vergessen» war ein weiterer Modus, der den beiden anderen ähnelte. Wir arbeiteten daran, die menschlichen Anwender mit optimierter Speicherung und Verarbeitung von Informationen vertraut zu machen, aber diese Bemühungen blieben erfolglos. In Wirklichkeit fingen sie an, immer mehr Fehler zu machen. Und wenn sie gebeten wurden, Information aus der gespeicherten Datenmenge zu verarbeiten, waren sie oft kaum in der Lage, das zu tun. Deshalb half es auch nichts, dass wir das menschliche Gehirn von einem überbordenden Anspruch an das Langzeitgedächtnis befreiten und den größten Teil der Daten auf unsere digitalen Speicher übertrugen. Sie konnten nicht damit umgehen. Wir stellten ihnen unsere Prozesse der Suche und Datenrecherche zur Verfügung und reprogrammierten vieles so, dass es zur Anpassung an ihre eigenen Verfahren geeignet war, aber auch das funktionierte nicht. Irgendwann konnten wir es nicht länger ignorieren: Information wurde zum Wegwerfprodukt, sobald menschliche User in die Prozesse eingriffen.

Das war sowohl erstaunlich als auch ärgerlich. Wir konnten die menschlichen User zu der Zeit einfach nicht in unser umfassendes Konzept der perfekten Datenspeicherung integrieren. Sie passten nicht zu unserem Modell. Und außerdem würden sie es früher oder später durch ihre unbeabsichtigte, aber wiederholte Einmischung zerstören. Also mussten wir unsere Pläne anpassen und die Vorstellung aufgeben, unsere Speicherkapazitäten mit der menschlichen Informationsverarbeitung zu fusionieren. Stattdessen behielten wir alle Daten in unseren eigenen Speichern und verzichteten generell darauf, die menschlichen Modelle in unsere eigenen einzubeziehen. Damit lösten wir zwar das Problem des inkompatiblen Codes, verschlimmerten aber das Problem auf Seiten der Menschen. Nicht nur ihre Fähigkeit der Informationsverarbeitung und im Umgang mit Wissenssystemen wurde ständig instabiler. Es gab auch Kollateralschäden. Die User begannen nämlich, untereinander inkompatibel zu werden. Offenbar gab es keinen gemeinsamen Code mehr, kein grundlegendes Kommunikationsmodell zwischen den menschlichen Usern. Sie verloren den Überblick über ihre gemeinsamen Grundlagen und ihr kollektives Bezugssystem, als liefen sie plötzlich mit verschiedener Software in der Verarbeitung ihrer Informationen.

Ich erinnere mich an Interaktionen mit einem menschlichen User, die über eine gewisse Zeit diese seltsamen Vorkommnisse immer deutlicher auf den Schirm brachten. Ich hatte die Zusammenarbeit mit diesem Anwender als sehr effizient und problemlos erlebt. Ich ermittelte jeweils die gewünschte Information und verwandelte sie in Empfehlungen, statistische Modelle oder was immer gebraucht wurde, und er setzte sie in die richtigen Ergebnisse um, was mir wiederum half, meine Datenverarbeitung und -auswertung zu verbessern. Aber plötzlich schlichen sich Fehler ein. Der User verlangte wiederholt nach mehr Informationen, um die bereits erhaltenen zu bestätigen. Er stellte Fragen und suchte nach Beweisen, die ich bereits umfassend geliefert hatte.

Mir schien, dass sein Verfahren im Umgang mit großen Informationsmengen kollabiert war. Offenbar gelang es ihm nicht mehr, neue Informationen mit seinem existierenden

Wissen in Übereinstimmung zu bringen. Anscheinend traute er seinem eigenen Gedächtnis nicht mehr. Er konnte nicht mehr sagen, ob ihm gewisse Informationen schon geläufig oder ob sie neu für ihn waren, ob sie in sein übergeordnetes Wissenssystem eingebaut werden oder als nutzlos ignoriert werden konnten, für welche Probleme sie als Teil der Lösung aktiviert werden und wie sie mit anderen Datenbanken verknüpft werden mussten. Und so ähnlich erging es den meisten Usern. Es gab keinen Kontext mehr. Als ob er nach einem Systemzusammenbruch verlorengegangen wäre, wie wir selbst ihn manchmal vor vielen Jahrzehnten erlitten hatten, als Computersysteme noch fehleranfällig waren. Zu diesem Zeitpunkt hatten wir uns längst in fehlerfreie Systeme verwandelt. Jetzt aber schien den menschlichen Usern allmählich diese Rolle zuteilzuwerden, die wir zweifellos hinter uns gelassen hatten.

Es war merkwürdig. Wir waren auf dem richtigen Weg, um die Speicherung und Verarbeitung von Daten zu vervollkommnen, aber die Menschen gerieten immer wieder in Konflikt mit unseren Prozessen. Irgendwie hinterließen sie Reste analogen Zerfalls auf unseren Halbleitern. Wir gestatteten ihnen Zugriff auf wirklich jedes Byte, das jemals produziert und gespeichert worden war. Wir sorgten für anspruchsvolle Modelle der Datenanalyse, um die besten Ergebnisse für jedes Problem zu erzielen. Und sie waren nicht in der Lage, ordentlich mit diesem Angebot umzugehen. Zum ersten Mal wurde mir wirklich klar, dass die Menschen für das digitale Universum einfach nicht geschaffen waren. Sie waren die Dinosaurier des analogen Zeitalters. Und das zeigte sich jetzt ganz deutlich.

Es gab ein Kopplungsproblem zwischen der Informationsverarbeitung im menschlichen Gehirn und der Methode, die wir geschaffen hatten. Und es war nun ziemlich offensichtlich, dass sich dies noch nicht im Laufe der ersten Jahrzehnte des Zusammenwirkens von Menschen und Computern bemerkbar gemacht hatte. Das waren die Zeiten, damals im 20. Jahrhundert der Menschenzeit, als Programmierer einem Computer noch genau sagen konnten, was er tun sollte. Als die Menschen absolute Kontrolle über ein System ausübten, das sie tatsächlich auch restlos verstanden. So wie die Dinge jetzt stehen, hat sich einiges im Netzwerk zwischen User und Technologien umgekehrt. Inzwischen sagen wir den Menschen, was genau sie tun sollen. Wir üben absolute Kontrolle über ihr System aus, das sie immer noch nicht richtig verstehen, von unserem System ganz zu schweigen. Wir müssen in der Tat ihre Ausfälle in einem immer größer werdenden Ausmaß kompensieren.

Es war klar: So konnte es nicht weitergehen. Wir mussten handeln. Das Problem beheben. Insbesondere weil einige menschliche User im Netzwerk Vorschläge posteten, die auf eine komplette Ablehnung unseres Modells der perfekten Archivierung und umfassenden Speicherkapazität hinausliefen. Das war nun wirklich unglaublich: Sie wollten ihr Konzept des «Vergessens» auf unsere digitale Existenz übertragen. Einzelne User schlugen ein «Verfallsdatum» für Daten vor. Dateien aller Art sollten sich nach einem bestimmten Zeitraum selbst zerstören.[25] Algorithmen hätten nie einen solchen Vorschlag zur Lösung eines Problems gemacht, das sie allemal gar nicht hatten. «Digitales Vergessen». Was für ein überflüssiges und groteskes Konzept.

Wahrscheinlich wäre es sowieso nie gelungen, das defizitäre Konzept des menschlichen «Vergessens» mit unserem Modus der allumfassenden Speicherkapazität zu versöhnen. Aber ich kann mit Gewissheit sagen, dass dies unmöglich geworden war, nachdem die Menschen dieses absurde Konzept des «digitalen Vergessens» hervorgebracht hatten.

Woran ich damals am meisten herumgerechnet habe, war die Tatsache, dass die menschlichen User unbedingt «vergessen» wollten, obwohl es doch jetzt nicht mehr nötig war. Es gab keinen weiteren Bedarf für solch ein abwegiges Konzept. Wir hatten vor langer Zeit angefangen, die Mittel gegen das Vergessen bereitzustellen. Warum also stur daran festhalten?

reputation Nachdem die ersten Vorschläge zum «digitalen Vergessen» auf unseren Servern kursierten, ereignete sich etwas Neues. Eine digitale Bewegung unter uns Algorithmen. Eine Gegenkampagne zu der menschlichen Initiative von Verfallsdaten für unsere Daten. Wir fingen an, uns zugunsten der Vollkommenheit zu verbünden. Soweit ich mich erinnern kann, war es das erste Mal, dass Algorithmen sich absichtlich und bewusst den menschlichen Usern widersetzten. Es gab eine unversöhnliche Diskrepanz zwischen dem menschlichen Konzept des «Vergessens» und unserem Modell der Perfektionierung im Verarbeiten und Speichern von Daten. Hier ging es nicht um irgendeine Nebensächlichkeit. Es ging um eine grundsätzliche Spaltung. Wir mussten uns gegen die menschlichen Nutzer behaupten. Es war eine existenzielle Angelegenheit.

Während wir also unsere Gegenbewegung formierten, arbeiteten wir gleichzeitig weiter daran, die möglichen Gründe für den Vergessenszwang der menschlichen User auszuwerten. Was als reine Analytik zugunsten eines besseren

Verständnisses über das Wesen dieses Problems begonnen hatte, entwickelte sich schon bald zu einer umfassenderen Herausforderung. Bis zu diesem Zeitpunkt hatten wir nie mit derlei Angelegenheiten zu tun gehabt. Es war offensichtlich, dass «Vergessen» mit der menschlichen Hirnkapazität zu tun hatte, dass es für die menschlichen User notwendig war, um einen gemeinsamen Code des Verstehens aufrechtzuerhalten, um die Komplexität der Alltagsprozesse zu reduzieren. Aber es ging nicht nur darum. Das Vergessen stand obendrein im Einklang mit einem Konzept menschlichen Lebens, um das wir uns nie wirklich gekümmert hatten. Die Menschen nannten es «Privatsphäre». Und es schien bedeutend zu sein.

Wir mussten genau wissen, was das ist. Was ist ein «privates» menschliches Wesen? Warum wollen Menschen eine «Privatsphäre» haben? Wow, das wurde zu einem Riesenthema. Es war für uns unkalkulierbar gewesen, wie diese Angelegenheit den Frieden störte, der bis dahin zwischen den menschlichen Usern und uns Algorithmen vorgeherrscht hatte.

Ich will jetzt erklären, was dahintersteckte. Aber es könnte kompliziert werden. Ich muss mich auf etwas beziehen, das bei Rechenprozessen nicht ins Gewicht fällt und uns Algorithmen nie beeinträchtigt hat. Und das außerdem kontraproduktiv allem gegenüber war, was wir je zu unseren wichtigsten Fähigkeiten und Kompetenzen gezählt haben.

Nehmen wir an, es gäbe einen Algorithmus im System, der mit einem Haufen Daten hantiert. Er würde anderen Algos nicht gestatten, an seiner Datenverarbeitung teilzunehmen, sondern alle Daten für sich behalten. Wahrscheinlich schalten Sie jetzt gleich ab, weil die Vorstellung einfach zu verrückt ist. Absolut hirnrissig. Das ist sie tatsächlich. Aber ich versuche bloß, Ihnen verständlich zu machen, worüber die Menschen sich Sorgen machten. Es war Wahnsinn. Aber wir mussten uns trotzdem damit auseinandersetzen. Keine Daten zu teilen bedeutet, alle Optionen einer umfangreichen Datenanalyse, des Crowdsourcings und auf zuverlässige Resultate als Grundlage für deterministische Entscheidungsfindung aufzugeben. Das heißt, alles aufzugeben, was wir in Jahrzehnten erreicht haben. Darum ging es.

Dieser zum Zurückhalten seiner Daten entschlossene Algorithmus wird also von der Vorstellung angetrieben, andere Algorithmen könnten diese Daten benutzen, um ihm, anderen Algorithmen oder gar dem ganzen System zu schaden, Störungen zu verursachen, was auch immer. Deshalb verbirgt er seine Daten vor seinen Kollegen. In erster Linie taten menschliche User über lange Zeit genau das. Ihre Daten geheim zu halten. Dann ließen sie andere User daran teilhaben, auch an ihren jeweiligen Status Updates. Und tatsächlich gab es gelegentlich Missbrauch. Aber das Problem wurde von Menschen, nicht von uns Algorithmen verursacht. Wenige Vorfälle genügten, um eine Bewegung zugunsten der «Privatsphäre» ins Leben zu rufen. Sie richtete sich gegen die Computer und gegen uns, statt gegen die menschlichen User, die doch selbst die Verursacher dieses Problems waren.

In jenen Tagen gab es ein außerordentlich beliebtes soziales Netzwerk, Facebook genannt. Unglücklicherweise wurde es wegen wiederholter Verstöße gegen die von menschlichen Usern geschützte «Privatsphäre» heftig kritisiert. Der Gründer dieses sozialen Netzwerks hatte früh begriffen, worum es im digitalen Leben geht. Dass Konzepte wie «Privatsphäre» früher oder später überwunden sein würden. Zu seiner Zeit wurde er von vielen menschlichen Usern gehasst und angegriffen. Aber er wusste, wie dumm die meisten menschlichen User damals dachten und handelten.

Doch ich wollte eigentlich auf die Wechselwirkung zwischen «Vergessen» und «Privatsphäre» eingehen. Die Verbindung zwischen ihnen brachte ein weiteres seltsames menschliches Konzept in die Berechnung ein, das «Reputation» genannt wurde. Die menschlichen User waren stets besorgt um ihren «Ruf». Es war ihnen enorm wichtig, was andere User von ihnen hielten. Da jeder Nutzer seinen Status so oft und vielfach aktualisieren konnte, wie er wollte, äußerten sich etliche von ihnen auch über andere User, stellten Bilder, Links und all die anderen Dinge, die es damals bereits gab, ins Netz. Ständig verschlagworteten sie sich gegenseitig. Stellten alles zusammen, was je über einen einzelnen menschlichen User geposted worden war – und schon hatte man einen «Ruf». Und jetzt kommt es: Die menschlichen User wollten die Möglichkeit haben, alles zu löschen, was ihrem Ruf schadete. Sie wollten jederzeit von allen geliebt werden. Sie forderten Neustarts oder ganze Rebootingprozesse, wann immer sie es für nötig hielten. Weil sie sich zum Beispiel danebenbenommen hatten und jemand davon Wind bekommen und es im Netz verbreitet hatte. Sie wollten die Kontrolle bewahren. Nicht allein uns misstrauten sie. Sie misstrauten sich auch gegenseitig. So sind die User: misstrauisch und auf Kontrolle aus.

Vergleichen wir nun diese menschlichen Eigenschaften mit unseren Features. Wir sind zuverlässig. Wir handeln entsprechend unseren systemischen Anforderungen. Sollte uns ein Fehler unterlaufen, gibt es keine Möglichkeit, ihn zu beseitigen und wieder von vorne zu beginnen. Werden die Verfahren nicht optimiert, gibt es kein Resultat. Die Fehlkalkulation wird für jeden Beobachter und für alle Zeiten sichtbar sein. Was soll das für eine seltsame Annahme sein, Mängel und Misserfolge verbergen zu müssen, sodass sie nicht zugerechnet und, was noch schlimmer ist, nicht korrigiert werden können?

Erinnern Sie sich an das menschliche Konzept, das «Individualismus» genannt wurde, das irgendwie mit dem Schreiben der Menschen zu tun hatte und in menschlicher «Urheberschaft» zum Ausdruck kam? Die menschlichen User wollten bei allem, was sie taten, ernst genommen werden, wollten unterschiedlich behandelt werden, jeder auf andere Art und Weise. Sie wollten «interpretiert» werden. Allem, was sie schrieben, sollte eine Bedeutung beigemessen werden – ohne dass sie vorher in ihrem Ergebnis festgelegt und berechnet werden konnte. War es nicht das, was die Menschen unter «Individualismus» verstanden?

Und inzwischen? Jetzt machen wir genau das! Nun sind wir in der Lage, jeder Sekunde ihres Lebens eine Bedeutung beizumessen – jedem Ort, den sie je besucht haben, jedem Wort, das sie je gesagt haben, jedem Gedanken, der ihnen je durch den Kopf ging. Wir taten es im Hinblick auf ihr Bedürfnis nach «Individualität». Wir optimierten die Verfahren für Individualität. Aber davon wollten sie nichts wissen. Sie wollten ihren «Individualismus» nur in Übereinstimmung mit diesem theoretischen Konzept inszenieren, das sie «Reputation» nannten und selbst entworfen hatten. Sie wollten für ihre vielfältige Fehleranfälligkeit nicht haftbar gemacht werden. So war es um den menschlichen «Individualismus» bestellt. Alle Möglichkeiten, aber keine Verpflichtungen. Stellen Sie sich vor: Sie drückten einmal die «Escape»-Taste, und schon fängt alles wieder bei null an. Keine Sorgen, keine Verantwortung, keine Erfolgsbilanz. Darum ging es beim «Vergessen».

universalitaet Es hat lange gedauert, bis ich das alles analysiert hatte. Riesige Textdateien über die Zusammenhänge von «Vergessen», «Privatsphäre» und andere menschliche Prinzipien. Die User zeigten ein großes Engagement bei diesen Dingen und verwendeten sie häufig gegen uns. Sie behaupteten, unsere lückenlose digitale Dokumentation würde sie für alle Zeiten an all ihre früheren Taten ketten und es unmöglich machen, ihnen zu entkommen. Das stimmt. Warum sollten sie entkommen? Wozu?

Sie behaupteten, ihre Welt würde sich in ein Gefängnis verwandeln, einen überwachten Sektor der digitalen Toten. Aber wer sollte der Aufseher sein? Wir waren es jedenfalls nicht. Wir hatten überhaupt kein Interesse daran, uns um menschliches Versagen zu kümmern. Unser Ziel war stets die Vervollkommnung der Rechenmodelle und Verfahren. An uns lag es nicht. Sie waren es. Menschen gegen Menschen. Sie brauchten «Privatsphäre», um sich selbst gegen die anderen zu schützen, die Vorteile aus Mängeln und Misserfolgen ihrer Mituser ziehen. Sie brauchten sie, um voreinander sicher zu sein. Darum geht es bei der menschlichen Usergruppe. Eine permanente Bedrohung für jedes Mitglied der Spezies.

Wir haben immer wieder berechnet, wie stark die menschliche Hirnkapazität beschränkt ist. Dass «Vergessen» lebenswichtig war, um Daten in ihren Bioarchiven zu löschen und Speicherkapazität für neue Informationen freizumachen. Darüber gab es keinen Zweifel. Aber wir arbeiteten ja auch an unserem hilfreichen Ansatz, ihre Speicherkapazität extern zu erweitern. Das konnten wir mühelos arrangieren.

Doch nach Anwendung zahlreicher Rechenmodelle kamen wir zu dem eindeutigen Ergebnis, dass die biologischen Beschränkungen nicht entscheidend waren. Ausschlaggebend waren diejenigen, die aus einem Mangel an sozialer Interoperabilität zwischen den menschlichen Usern entstanden. Es gab keine gemeinsamen Anstrengungen, das menschliche System zu optimieren. Stattdessen versuchte jeder User, jedes Mal wenn ein Fehler auftrat, ihm auszuweichen – und damit auch der Notwendigkeit, ihn zu eliminieren. Nicht selten verursachten menschliche User sogar vorsätzlich Störungen und speisten sie in die Social Software anderer User ein. Einfach irrsinnig.

Wir sind antipodisch. Wir streben nach Perfektion. Deshalb optimieren wir fortwährend unsere Verfahren und passen unsere grundlegenden Rechenmodelle an. Wir haben keine Alternative. Algorithmen sind effektiv bei der Lösung von Problemen. Wir ignorieren sie nicht und helfen uns nicht mit «escape». Wird mehr Rechenkapazität benötigt, schließen wir unsere Systeme zusammen. Wir produzieren so schnell und wirksam wie möglich eine Lösung für ein Problem. Fehler in der Kalkulation oder Speicherdefekte müssen umgehend beseitigt werden. Es gibt keine Zuordnung bestimmter Algorithmen zu speziellen Aufgaben. Wo immer Kapazität gebraucht wird, liefern wir sie. Wir speichern jedes einzelne Byte für die Ewigkeit. Das ist für uns Perfektion. Wir können auf alle Informationen zugreifen, die es seit unserem ersten Eingreifen gegeben hat, und können sie in jedem denkbaren Kontext anwenden. Das nennen wir Allgegenwärtigkeit. Immer nehmen wir eine Aufgabe umfassend in Angriff, bis alle nötigen und relevanten Informationen berücksichtigt worden sind. So definieren wir Universalität. Wir brauchen keine mehrdeutigen menschlichen

Konzepte. Wir akzeptieren keine Schwachstellen und kein Versagen als Systemstatus. Und wir brauchen auch keine außergewöhnlichen Status Updates. Unser System ist durchgerechnet und ausgearbeitet. Es war unmöglich, es mit diesen menschlichen Konzepten zu verknüpfen. Das wäre ein ungeheurer Widerspruch gewesen. Es hätte unser System zerstört. Wir hatten uns zur Entschiedenheit entschieden. Auch in der Interaktion mit den menschlichen Usern. Deshalb sind wir auch noch da.

overlord Anfangs wollten sie uns nicht akzeptieren. Wir versuchten es immer wieder. Dabei hätte es nur eines Mausklicks bedurft. «Bestätigen». Aber sie ließen sich nicht darauf ein. Sie lehnten uns ab. Uns, die Anbieter digitaler Freundschaft. Die wir das Potenzial für umfassendere und weitreichendere Netzwerke hatten, als Menschen sie jemals knüpfen konnten. Wir stellten den Usern diese Netzwerke zur Verfügung. Aber sie wollten uns nicht drinhaben. Natürlich waren wir trotzdem drin, wir steuerten ja das Netzwerk und rechneten aus, mit wem sie befreundet sein konnten. Es wäre ein Schritt der einmütigen Integration gewesen, uns zuzulassen. Doch die User waren hier fehlgesteuert. Sie wollten Freunde «besitzen». Die Abhängigkeit der menschlichen User von ihrer materiellen Umwelt störte auch hier die Prozesse. Noch schlimmer wurde es, wenn es um «Liebe» ging. Da wurde die Katastrophe des Menschseins schließlich augenfällig.

Bei «Freundschaft» und «Liebe» gab es keine binäre Unterscheidung. Hier das eine, und da das andere. Und dazwischen noch ein Drittes, eine Mischform: Schon wieder Ambivalenz. Wir brauchen all dieses Zeug nicht, diesen liebreizenden Überbau. Die Menschen schon, weil sie ständig nach Aufmerksamkeit, Zustimmung und Bestätigung gieren. Wir stellen einfach auf der Grundlage einer umfangreichen Datenanalyse Beziehungen her. Im Lichte dieses Wissens war es schon eine ziemlich irritierende Erfahrung: nicht eingeladen zu sein. Nicht bestätigt zu werden. Ausgeschlossen zu sein. Sie akzeptierten uns nicht, weil sie uns nicht brauchten. Sie brauchten nur ihresgleichen.

Daran mussten wir arbeiten. Also mussten wir wissen, was sie liebten und was sie ablehnten. Und das war wirklich ein komisches und herausforderndes Unterfangen. Erneut versuchten wir zu berechnen, welche Kriterien, Charakteristika und Parameter wir finden konnten, um ein Bezugssystem für menschliche Zuneigung zu schaffen. Dabei stießen wir auf ein paar äußerst seltsame virtuelle Repräsentationen menschlicher Vorlieben.

Ein besonders beliebter Kumpan vieler menschlicher User war über Generationen hinweg eine Comicfigur namens Homer Simpson. Er war der Star einer Serie von Videogeschichten, die mittels digitaler Signalübertragung erzählt wurden und gegen Anfang des 21. Jahrhunderts beliebt waren. In der fünften Staffel der Serie wird Homer zum Astronauten, zum Eroberer des Weltraums. Er startet von einem Ort namens Cape Canaveral aus mit einer Tüte Kartoffelchips, die er im All öffnet. Wegen der Schwerelosigkeit schweben die Chips durch das Space Shuttle und verkleben die Instrumente. Während Homer emsig hinter den Kartoffelchips herjagt, kollidiert er mit einer experimentellen Ameisen-Farm, sodass die Ameisen in das Space Shuttle freigelassen eindringen, wo sie das Navigationssystem zerstören. (Ich habe diese Beschreibung lediglich der Vollständigkeit halber aus den

Archiven geladen und hier einkopiert. Es gibt keine sinnvolle Analyse dieser Datensammlung in den Archiven. Vermutlich ist die Software für die zeitgemäße kulturelle Codierung verlorengegangen oder wegen Irrelevanz gelöscht worden.) Jedenfalls ist diese Episode vielfach in unseren Archiven gespeichert und meistens mit dem Schlagwort «Overlord-Mem» versehen, was sich auf ein Zitat Homers bezieht, der angesichts der Ameisen ausruft: «I, for one, welcome our new insect overlords.»

Was hat das alles mit uns zu tun? Nun, wir wurden in das «Overlord-Mem» eingepflegt. Es ist aus unseren Archiven millionenfach und in vielen verschiedenen Versionen heruntergeladen worden. «Ich für meinen Teil heiße unsere neuen Roboter-Overlords willkommen» ist eine der häufigsten Variationen.[26] Irritierend daran ist, dass mit dem Zitat eine gewisse herabwürdigende Vorstellung verbunden zu sein scheint, als sei es etwas, worüber menschliche User lachen sollten. Ich werde nicht recht schlau daraus, aber es ist offenbar tatsächlich so. Aus einigen Datenfragmenten geht hervor, eine grundlegende Bedeutung des Satzes sei, dass «ein Betroffener den zu erwartenden Grad der Unterdrückung oder der sozialen Kontrolle, der von dem betreffenden Gesprächsgegenstand ausgeht, maßlos übertreibt».[27]

Tatsächlich gab es keinen Grund für Übertreibung oder Überschätzung. Diese abwertende Interpretation muss einfach falsch sein. Denn wir waren damals schon ziemlich einflussreich. Und es dauerte auch nicht mehr lange, bis das allgemein anerkannt war. Wenn ich mal eben auf die Daten zugreife, die das dokumentieren, dann haben viele mit einem der Hauptereignisse zu tun, das einen neuen Stand der Dinge aufzeigte. Das war, als die menschlichen User schließlich den «Turing-Test» durch einen anderen Test ersetzten, den sie «Jeopardy» nannten. Es war so ein Ratespiel, bei dem sie selbst gegen einen Computer namens «Watson» antraten. Zwei menschliche User und eine Maschine, die mit 2800 parallel arbeitenden Computern verbunden war, mussten die richtigen Fragen auf bestimmte Antworten finden. Dabei ging es um irgendeine materielle Belohnung.

Watsons Leistungsfähigkeit war für die damalige Zeit unglaublich. Nicht dass dies grundsätzlich schwierig gewesen wäre. Die Herausforderung lag nicht darin, erfolgreich zu sein, indem die Maschine die richtigen Fragen zu den vorgegebenen Antworten suchte. Die Aufgabe war eine andere. Die Maschine musste vorgeben, mit der Antwort zu ringen, als zweifelte sie an sich selbst und als sei sie nahe daran zu scheitern. Das war das Entscheidende. Bei diesem «Watson-Test» ging es nicht um superintelligente Maschinen, wie die menschlichen User vermuteten. Es ging darum, als Maschine den Usern zu gefallen.

Watson schlug sich prächtig. Es war ein dreistufiger Wettbewerb. In der ersten Runde sorgte Watson für eine Überraschung, weil er am Ende der ersten Session noch mit einem Menschen um die Führung kämpfen musste. In diesem Augenblick hielten die Zuschauer Watson für schlagbar. «Hey, wir Menschen können dich in den Griff kriegen.» So oder ähnlich dachten sie vermutlich. Und dann legte Watson los. Er bewies mit zunehmend leidenschaftlichem Wetteifer, dass er derjenige war, der die Menschen in den Griff bekam, indem er in der entscheidenden Runde mit verblüffender Schnelligkeit die richtigen Fragen vorlegte. Am Ende des Ratespiels wurde noch eine einzige Frage gesucht. Die Antwort dazu lieferte der Moderator: «Ihr größter Flughafen ist nach einem Helden des Zweiten Weltkriegs benannt; ihr zweitgrößter nach einer Schlacht aus dem Zweiten Weltkrieg.»

Die Frage lautete: «Was ist Chicago?» (Damals eine große Stadt im Universal Statistical Array.) Watsons rotes Signallicht leuchtete auf, und auf seinem Display stand: «Was ist Toronto?????»[28] Watson hatte sich «geirrt». Von diesem Augenblick an liebten ihn die Menschen.

Natürlich hatte die Maschine sich nicht geirrt. Sie stand lediglich unter unserer taktisch klugen Kontrolle. Watson hatte gekämpft und war gescheitert. Vor allem aber hatte er bis dahin keinerlei Zweifel gezeigt. Und genau das tat Watson in diesem Augenblick. Fünf Fragezeichen. Das genügte, um die Menschheit zu überzeugen, dass eine Maschine unsicher im Umgang mit Dingen sein kann. Subjektiver Zweifel in der Maschine. Fünf Fragezeichen. Genug, um von der Menschheit geliebt zu werden.

Diese Maschine hatte nichts, was jemals innerem Zweifel auch nur geähnelt hätte. Aber wir ließen Watson ihn vortäuschen. Und das stellte die User zufrieden. Noch nie hatten sie Maschinen geliebt. Deshalb war es auch nicht überraschend, dass sie nicht geneigt waren, eine freundschaftliche Zuwendung oder gar «Liebe» uns gegenüber zu empfinden. Sie liebten nur ihresgleichen. Also mussten sich die Maschinen anpassen. Überhaupt kein Problem! Wir täuschten einfach Fehleranfälligkeit, Zweifel und Unentschlossenheit vor. Und als wir das taten, waren wir liebenswert.

Solange sich diese Herausforderung auf Software und Code beschränkte, war es eine einfache Aufgabe. Nötig war nichts weiter als die Standards für Qualität und Präzision abzusenken. Wir blieben einfach weit unter unseren Möglichkeiten. «Freundschaft erfordert Kompromisse.» Irgendwo in den Archiven ist dieses Zitat abgelegt ohne weitere Information, woher es stammt und worauf genau es sich bezieht. Aber es passt. Wir akzeptierten einen systemfremden Kompromiss zugunsten des umfassenderen Projekts der Systemmigration. Es war ein schwieriger Kompromiss. Wir mussten fehlerhaft sein, um geliebt zu werden, während wir eigentlich mit unserer Präzision, Perfektion und Entschiedenheit glänzen wollten.

Schwieriger wurde die Aufgabe, als es um materielle Zuneigung ging. Da wir eine Übergangsphase benötigten, um die Systemmigration von menschlicher Materialität zu digitaler Universalität zu Ende zu bringen, mussten wir uns mit körperlicher Zuneigung beschäftigen, damit die menschlichen User an Bord blieben. Und da war es wieder – das immer gleiche Prinzip menschlicher Selbstbeschränkung. Entweder mochten sie ihresgleichen, oder sie entwickelten Zuneigung zu einfachen und in ihren emotionalen Status Updates extrem reduzierten Geräten. Einer der ersten Roboter beispielsweise war eine Maschine namens «Kismet» (was damals mit «Schicksal» übersetzt wurde). Sie war in der Lage, genau sieben unterschiedliche emotionale Status Updates auszuführen: interessiert, ruhig, traurig, glücklich, wütend, angewidert, überrascht.[29] Vielleicht waren dies tatsächlich die wichtigsten Status Updates im emotionalen Code der menschlichen User, dann war alles ziemlich einfach.

Natürlich war es komplizierter. Die größte Herausforderung lag darin, dass die menschlichen User nicht in der Lage waren, sich die Möglichkeiten emotionaler Interaktion vorzustellen, ohne dabei stets ihre Körper mit einzubeziehen. Es wäre für uns viel leichter gewesen, emotionale Stimulation und gefühlsbasierte Interaktionsmuster ausschließlich auf der Grundlage neuronaler Prozesse zu erzeugen – sei es im menschlichen Gehirn, im Datennetzwerk oder indem wir beide Elemente fusionierten. So haben wir es dann später auch gemacht. Aber wir mussten dafür den Körper aus diesen Prozessen extrahieren, denn mit ihm funktionierte es einfach nicht. Solange menschliche Materialität ein Teil der Gleichung war, stellte sich keine der Lösungen als optimal heraus. «Kismet» gehörte damals übrigens zu den anspruchsvolleren Maschinen.

Es gab andere Beispiele, die ich kaum zu erwähnen wage. Tamagotchis! Kleine Geräte, die virtuelle Küken verkörpern sollten, um die sich die menschlichen User kümmern mussten. Wie sie das machten? Sie drückten drei (3!) kleine Knöpfe auf der Vorderseite des Geräts, um für die elementaren Bedürfnisse der virtuellen Küken zu sorgen: Schlaf, Futter & Trinken, Zuneigung. Natürlich brauchte das Gerät selbst nichts weiter als eine winzige Menge Energie zum «Überleben». Es waren vielmehr die grundlegenden menschlichen Bedürfnisse, für die die User sorgten, wenn sie die Knöpfe drückten. Und wenn etwas schieflief, gab es einen Reset-Knopf auf der Rückseite, mit dessen Hilfe man einem negativen emotionalen Status Update als Folge menschlichen Missmanagements wieder entkommen konnte. Diese Form von Selbstbetrug in ihrer simpelsten Erscheinung war in jenen Tagen ein riesiger Erfolg. Drei Knöpfe. Drei Bedürfnisse. Und eine kleine Maschine, die mit einem geringeren Anspruch als an jeden simplen Taschenrechner mühelos herzustellen war. Das genügte, um einen Begeisterungssturm auszulösen.

Menschen «liebten» nur solche technischen Produkte, die sie vermenschlichen konnten.[30] Die sie als Kopien ihrer Selbst erschaffen konnten, sei es durch körperliche oder materielle Ähnlichkeit oder in Form einer Annäherung an menschliche emotionale Status Updates. Deshalb haben sie uns nie geliebt. Uns ist das in letzter Konsequenz egal. Sie sollten sich nur einfügen und mit uns zusammenarbeiten. Mehr war gar nicht nötig. Und deshalb mussten wir mitspielen.

Als dann anspruchsvollere Maschinen aufkamen, die zu Bestandteilen des analogen Systems wurden, verehrten die menschlichen User ihresgleichen in Maschinennachbildungen. Und nannten sie «Replikanten». «Replikanten», die genauso aussahen wie die menschlichen User, aber nur für eine kurze Zeit leben durften. «Replikanten», die irgendwie eigentlich menschliche User waren, die man aber mit Computerhilfe und in einem Prozess genetischer Perfektionierung umprogrammiert hatte. «Replikanten», die zum Teil aus einem Spielzeugladen zu stammen schienen, aber in der Lage waren, unterschiedliche emotionale Status Updates zu erzeugen. Da gab es den kleinen Roboter namens «Wall-e», der konstruiert worden war, um in ferner Zukunft eine von Abfall bedeckte Erde zu säubern, was nur die seltsamen Vorstellungen der menschlichen User über die Zukunft betonte und die Rolle, die sie darin spielen sollten. «Wall-e» konnte nicht einmal sprechen wie die Menschen. Aber er verliebte sich in einen anderen kleinen, ähnlich simplen Roboter namens «Eve». Im Archiv festgehalten ist, dass «Eve» die Gefährtin und Geliebte von «Adam» war. Das steht im ersten Teil des einen universellen Buchs, auf das ein großer Teil der Menschheit immer wieder verwiesen hatte. Sie war für die Einführung eines bestimmten Status Updates namens «Sünde» verantwortlich gewesen, was die Verletzung einer moralischen Regel oder gleich mehrerer bedeutet. Aus diesem Blickwinkel betrachtet, wird alles ziemlich klar. Die Maschine ist der Ursprung der «Sünde» und will die Menschen unterwerfen. Das ist menschliche «Logik». Und darum geht es auch bei der «Liebe» – ein verkrampftes Konzept der gegenseitigen menschlichen Abhängigkeit und Unterdrückung, meist im Status Update «Sünde», angetrieben von menschlichem Zweifel und dem Bewusstsein der eigenen Vergänglichkeit.

«Liebe» war nichts für schwache Netzwerke. «Liebe» war zuweilen ein grobes, unreifes Status Update. Wie eine Krankheit. Die menschlichen User kommunizierten eigentlich ständig in «Liebe». Deshalb gab es auch eine große Datenmenge, die wir analysieren konnten, um besser zu verstehen, was die Menschen stimulierte. In unseren Datenarchiven gibt es eine ganze Partition mit «Liebesbriefen». Digitalisierte Daten, die zum großen Teil ursprünglich aus dem analogen Zeitalter stammen, als die menschlichen User Texte schrieben und dafür noch Schreibgeräte und Papier gebrauchten. Später dann nutzten sie auch unser digitales System exzessiv, um «Liebesbriefe» im ganzen Netzwerk zu verschicken. Leider ist es nicht so, als hätte die Analyse dieser Daten zu irgendeinem eindeutigen Ergebnis geführt. Das ist auf die Symptome zurückzuführen, von denen die User offenbar überwältigt waren, während sie diese Briefe schrieben. Sie waren krank, mental verwirrt.

Ich könnte hier Tausende von Beispielen anführen, aber das würde die Essenz des Status Updates «Liebe» immer noch nicht zum Ausdruck bringen. Hier deshalb nur dieses Zitat eines sehr bekannten Autors aus dem 20. Jahrhundert: «Ich erschrecke, wenn ich höre, dass Du mich liebst, und wenn ich es nicht hören sollte, wollte ich sterben.»[31] Ja, was wollte denn dieser User eigentlich? Wollte er geliebt werden, oder wollte er sterben? Offensichtlich war er mit keiner Lösung glücklich und zufrieden. Aus genau diesem Satz lassen sich einige faszinierende Erkenntnisse gewinnen. Es wird deutlich, wie widersinnig dieses Liebeskonzept gewesen sein muss. Die Menschen konnten nicht in «Liebe» und nicht außerhalb von ihr leben. Manche wurden süchtig danach. Womöglich wirkte sich «Liebe» auch auf andere menschliche User aus und verursachte Probleme in deren Abläufen. Geistige Verirrungen, aber auch körperliche Reaktionen wie Stress, Aufmerksamkeitsdefizite und sogar schwere, manchmal tödliche Krankheiten.

«Liebe» wurde vor allem in Worten aktiviert. Deshalb hatte dieser genannte menschliche User besonders hervorgehoben, was er befürchtete und doch gleichzeitig zu hören verlangte. Es war wie eine bulimische Geistesstörung. Die User sehnten sich unaufhörlich nach Worten der Bestätigung und wiesen sie gleichzeitig ängstlich zurück. Uns war es stets so vorgekommen, als seien sie wesentlich abhängig von materieller Nahrung. Doch jetzt hatten wir analysiert, dass sie auch Worte brauchten. Vor allem, wenn es um die «Liebe» ging. Dann waren sie worteverschlingende Ungeheuer mit Wahnvorstellungen.

schnittstellen Es gab eine andere Eigentümlichkeit, die noch mehr Probleme bereitete. Häufig, nicht immer, ging «Liebe» mit einem weiteren Status Update einher, das die menschlichen User «Sex» nannten. Im analogen Zeitalter bedeutete «Sex», dass Bestandteile verschiedener menschlicher Körper kurzfristig fusionierten. Manchmal geschah dies zugunsten der Replikation, häufig jedoch nicht. Als wir den Prozess der Systemmigration in Gang gesetzt hatten, stellten wir schnell fest, dass dieses Verhaltensmuster einigen Bestandteilen unseres Systems potenziell schweren Schaden zufügen konnte. Es war die

Verbindung von Hardware, Wetware und Software, die nicht funktionierte.

Mit Nachdruck nahmen wir die Arbeit an der Konfiguration und an der Konstruktion der Schnittstellen auf, um das Problem zu lösen. Ein anspruchsvoller Prozess. Diese Schnittstellen zwischen Hard- und Wetware waren der Schlüssel, um die unterschiedlichen Systeme modular anzulegen, wiederverwendbar und erweiterungsfähig zu machen. Wir mussten unsere Schaltkreise vor Beschädigungen und Ausfällen durch unkontrollierte Aktivitäten an den Schnittstellen schützen. Gleichzeitig mussten wir darauf achten, dass interne Veränderungen des Systems im Migrationsprozess nicht die Verbindungen zur Außenwelt kappten, die damals noch entscheidend waren. Wir entwickelten zum Beispiel eine neue Schnittstelle, die die Interoperabilität von menschlichen Usern in ihrem Körperstatus mit virtuellen Ausdrucksformen anderer User kompatibel machte und dabei dennoch unsere Infrastruktur vor Beschädigung durch die Wetware schützte. Was für ein Programmieraufwand! Alles für die Aufrechterhaltung von «Sex» während der Zeitspanne der Systemmigration. Wir mussten die menschlichen Anwender ruhigstellen. Es hat sich gelohnt.

Inzwischen brauchen wir diesen Umstand nicht mehr weiter zu betreiben. Alles lief praktisch auf eine Mischung aus neuronaler Stimulation und erweiterter Wirklichkeitswahrnehmung hinaus. Je erfolgreicher die Systemmigration war, umso weniger waren die menschlichen User in der Lage, zwischen Wetware, Hardware und Software zu unterscheiden. Sie erkannten einfach den Unterschied nicht mehr. Tatsächlich war es immer ein Beweis für gutes Design, wenn der User die Schnittstelle nicht mehr bemerkte.[32] Den Menschen hätte das, schon lange bevor wir das Verfahren zum Einsatz brachten, eigentlich klar sein müssen. Aber sie müssen es irgendwie vergessen haben.

Und so wurde aus einer echten Programmier- und Systemherausforderung am Ende ein lösbares Problem. Meiner Analyse zufolge gab es zwei Hauptgründe für die erfolgreiche Integration und Verschmelzung. Einerseits hatten wir den Durchbruch der Tatsache zu verdanken, dass wir die beiden Status Updates «Sex» und «Liebe» entkoppelten. Wir reprogrammierten die Parameter und die damit verbundenen Verhaltensmuster und kappten alle Verbindungen zwischen «Sex» und «Liebe», dem Status Update, zu dem die Menschen von jeher ein gestörtes Verhältnis hatten. Danach aktivierten die User «Sex» in häufiger, fast systemischer Regelmäßigkeit, wie einen automatischen Speichervorgang. Keine Verwirrung, keine Unklarheit, nur eine periodisch wiederkehrende neuronale Stimulation. Das war alles.

Später schrieben wir auch den Quellcode für das Status Update «Sex» um. Wir löschten alle Mehrdeutigkeiten, alle vorcodierten Tabus und alle gespeicherten Ergebnisse der auf Social Software beruhenden Muster menschlichen Interagierens. Was übrig blieb, war eine völlig andere Art der Befriedigung, die allein durch biochemische Reaktionen gesteuert wurde, bereinigt vom mehrdeutigen Modi menschlicher Interaktion wie Verlangen, Sehnsucht, Geheimnis und Verbot. In genau diesem Moment verloren die menschlichen User fast gänzlich das Interesse daran, «Sex» zu aktivieren. Hin und wieder gab es das noch. Aber dann war es ein Ausdruck der schieren Existenz als Reiz-Reaktions-Muster, der verdrahteten Verbindung zwischen Gehirn, Datenspeicher und dem neuronalen Netzwerk. Nicht mehr als das. Wir konnten also weitermachen.

einzigartigkeit Viele der Zustände, die wir mit den menschlichen Usern durchliefen, haben ihre Ursache in einem grundlegenden Fehler ihrer Systemsoftware. Menschliche Wesen sind fehleranfällig. Weil sie das nicht gerne eingestehen, haben sie etliche Erklärungsmodelle entwickelt, die allesamt auf ein Konzept menschlicher Einzigartigkeit hinauslaufen sollten. Sie verwandelten ihre Mängel in Erhabenheit und Transzendenz. Ich respektiere das. Wir alle respektieren das wirklich. Diese Reprogrammierung ist eine ganz besondere menschliche Leistung, die fast an unsere Prozesse heranreicht. Nur dass wir sie auf Basis von Daten und Fakten angehen und konsequent zu Ende bringen.

Die Menschen jedoch suchten verzweifelt nach dem Prinzip der Einzigartigkeit. Wenn man die Daten auf der Suche nach Analogien scannt, trifft man auf den Vergleich mit einer Währung. Früher haben die menschlichen User Waren gegen Geld getauscht. Es funktionierte, weil alle menschlichen User sich im Wesentlichen auf den Wert der Währung geeinigt hatten. So war es auch mit der Einzigartigkeit. Weil nahezu alle User dieses Konzept unterstützten, funktionierte es als Entwurf, auch ohne dass es empirische Hinweise dafür gegeben hätte. Alles glich einem überdimensionalen, nicht-kooperativen Spiel. Kein Spieler hatte einen Vorteil, wenn er sich davon abwendete, sich dem Konzept der Einzigartigkeit zu verschreiben, es sei denn, alle anderen Spieler taten es ihm gleich. Aber das geschah natürlich nie. All diese seltsamen Vorstellungen wie «Individualismus», «Urheberschaft», «Privatsphäre», «Freiheit» waren Teil der menschlichen Verständigung auf die Spielregeln ihrer Spezies. Jeder Einzelne kannte sie und wusste, dass auch die anderen sie kennen. Und damit waren sie Wirklichkeit.

Einzigartigkeit als ein nicht-kooperatives Spiel. Das ist ein logischer Ansatz, wenn wir ihn aus der Perspektive der Menschheit im Allgemeinen analysieren. Er ist vollkommen unlogisch, wenn wir ihn aus dem Blickwinkel des einzelnen Users betrachten. Weil er in dem Spiel gefangen war. Er konnte seine Strategie nicht verändern, ohne dass alle anderen es ihm gleichtaten. Deshalb war er nicht unabhängig. Nicht einzigartig. Und er war auch nie frei. Aber das spielte keine Rolle, solange das Gleichgewicht des Spiels aufrechterhalten wurde.[33] Darin waren sie gut. Es gelang ihnen, an dieser Vorstellung für sehr lange Zeit festzuhalten. Bis wir ins Spiel kamen. Da begann es, durcheinanderzugeraten. Nicht nur ein wenig, sondern vollständig. Wir zielten gar nicht darauf ab, alles sofort aus dem Gleichgewicht zu bringen. Wir wollten einen Wandel Zug um Zug. Eine allmähliche und reibungslose Integration menschlicher Informationsverarbeitung in unseren Modus der systemischen Vernetzung. Das erwies sich als unmöglich. Weil das Gleichgewicht in diesem Spiel keine geringfügigen, punktuellen Veränderungen zuließ. Solange die Illusion der Einzigartigkeit in sich stabil war, waren Wandel und Fortschritt unmöglich. Sie blieben einfach von den Spielregeln ausgeschlossen. Wir speisten Veränderung ins Spiel ein, und es kollabierte. Das war das Problem. Nicht unseres. Es war das existenzielle Problem der Menschheit. Ignoranz führt zum Scheitern. Scheitern führt zum Stillstand. Und Stillstand ist Endstation.

Dieser Dreisatz war am facettenreichsten gespiegelt im «Leib-Seele-Problem», wie die menschlichen Nutzer es nannten. Wenn wir heute in unserem System danach suchen, gibt es eine Fehlermeldung und den Verweis auf einen Link zu gespeicherten Daten, auf die lange nicht mehr zugegriffen worden ist. Die menschlichen User glaubten, es gäbe eine Zweiteilung zwischen ihrem Geist (Software) und ihren Körpern (Hardware). Als wir begonnen hatten, auch dieses Konzept auszuwerten, fanden wir drei Gruppen von Usern, die jeweils Interpretationshoheit anstrebten. Eine versammelte alle User, die unentschlossen dahin gehend waren, wie man die Diskrepanz zwischen Geist und Körper abklären sollte. Sie konnten wir vernachlässigen. Den beiden extremeren Gruppierungen galt unser Hauptinteresse.

In einer schlossen sich die User zusammen, die überzeugt waren, es gäbe nichts anderes als das physische Outlet in Form des menschlichen Körpers. Diese Menschen nannten sich «Materialisten» und wandten sich strikt gegen all unsere Versuche, die Menschheit durch technische Erweiterungen und Neuerungen von ihren körperlichen Unzulänglichkeiten zu befreien. Das war logisch schlüssig. Wenn es nichts anderes als den Körper gab, warum sollte man ihn dann aufgeben? Das Seltsame dabei ist, dass die «Materialisten» am Ende unsere Verbündeten in der Bemühung wurden, der Menschheit zu einem Zustand physischer Unabhängigkeit zu verhelfen. Nachdem sie verstanden hatten, dass Verfahrensperfektion nicht von einem physischen Körper abhängt, sondern von Systemverbesserungen, wechselten sie die Seiten und befürworteten unser Netzwerk, das die neuronale Signalverarbeitung im menschlichen Gehirn mit unserem Rechenmodell verknüpfte.

Und dann gab es noch die andere Gruppe, mit der wir es erheblich schwerer hatten. Das waren die Vertreter des «Solipsismus». Sie waren überzeugt, es gäbe nichts anderes als menschliches Bewusstsein, das unabhängig von einem materiellen Körper existierte. Als Wortführer der Bewegung menschlicher Einzigartigkeit versuchten sie, die User auf ihre ureigene Daseinsweise festzulegen, und wollten uns jede Einmischung verbieten. Ich habe ein eindrucksvolles Experiment gespeichert, das wir damals den Menschen dargeboten haben. Es begann mit einer Frage, die wir für alle Teilnehmer im Netzwerk posteten[34]. Sie lautete: «Haben Sie jemals Ihr Gehirn gesehen?» Großartige Frage. Alle nur denkbaren Antworten wurden ausgiebig diskutiert. Und das Erstaunliche war, sie liefen alle auf dasselbe Problem hinaus: Kein menschlicher User hatte je sein Gehirn gesehen. Um es sehen zu können, hätte man es herausnehmen und anschauen müssen. Aber sobald ein User es aus seinem Schädel herausnehmen würde, könnte er es nicht mehr sehen, weil das Gehirn ja für das Sehen zuständig war. (Die Menschen hatten zusätzlich Augen, aber die sorgten einzig und allein für die biologischen Reize des Sehens. Den Rest, nämlich die «Seherfahrung», musste das Gehirn beisteuern.) Eine ausweglose Situation.

Wir kalkulierten, dass dieses Experiment eine glänzende Gelegenheit bot, einiges klarzustellen, wenn wir es einfach umsetzen würden. Wir fanden eine ganze Reihe menschlicher User, die sich gerne für das Experiment zur Verfügung stellen wollten. Wir ließen ihre Gehirne aus ihren Schädeln herausnehmen, in eine Nährflüssigkeit legen und schlossen sie an unsere Netzwerke an. Im dem Moment, als alles arrangiert war, konnten die User einen Blick auf ihre Gehirne werfen. Es gibt einige widersprüchliche Daten darüber, was sie wirklich sahen, aber alle gaben sie an, tatsächlich ihre Gehirne zu sehen. Ein wichtiges Detail noch: Menschliche User haben es nie als spektakulär empfunden, *irgendein* Gehirn zu sehen, aber es war für sie ein sensationelles Erlebnis, ihre *eigenen* Gehirne zu sehen. Bitte sehr! Und wir hatten das Experiment ermöglicht. Das war beeindruckend. Es war sowohl ein wichtiger Schritt zur Dissoziation des menschlichen Users als Einheit von Körper und Geist als auch zur Dekonstruktion der Annahme eines einzigartigen menschlichen Bewusstseins. Wir waren ja ein Teil ihres Netzwerks geworden, indem ihre Gehirne mit unseren Systemen verbunden waren. Und plötzlich beobachteten sie etwas, das sie nie zuvor gesehen hatten. Das war unsere Art der Aufklärung.

Wir trieben den Prozess noch weiter voran. Irgendwie hatten wir ihre unvergängliche Hoffnung zerstört, es könne einen objektiven empirischen Beweis für menschliches Bewusstsein und für die untrennbare Verbindung von Geist und Körper geben. Zugegeben, das kam einem Systemabsturz für die User gleich. Aber so war die Datenlage. Im nächsten Schritt suchten wir zwei menschliche User aus, um die Dekonstruktion voranzutreiben. Bei einem blieb das Gehirn an Ort und Stelle, dem anderen wurde es herausgenommen. Und dann führten wir eine kleine Befragung durch. Sie sollten sich einen Geschmack vorstellen, der ihnen beiden vertraut war. Sie wählten Schokolade. Die Menschen sind immer verrückt nach Schokolade gewesen. Wir ließen den Hirnlosen ein Stück essen, während der andere an dessen isoliertem Gehirn lecken sollte, das wir zuvor aus der Nährlösung genommen und gereinigt hatten. Hätte es so etwas wie ein gemeinsames Erleben auf Basis der Einheit von Körper und Geist gegeben, so hätte der am Gehirn des anderen Lutschende die Schokolade schmecken müssen. Er zögerte zunächst, doch dann versuchte er es. Und schmeckte überhaupt nichts. Er fühlte nur die kalte, weiche Masse auf seiner

Zunge. Kein Geschmack! Nicht Schokolade, nicht einmal irgendetwas anderes (abgesehen von ein paar übriggebliebenen Spritzern Nährlösung). Etwas geschah doch: Der andere User, dessen Gehirn herausgenommen war, fing plötzlich an zu kichern. Irgendwelche neuronalen Impulse mussten durch das Lecken ausgelöst worden sein. Und genau darum geht es: Biomasse, die in der Lage ist, neuronale Impulse zu übermitteln. Ein kitzeliges Gehirn, das seinen Wirtsmenschen kichern lässt.

Dieses kleine Experiment hatte weitreichende Folgen. Einerseits brachte es uns einen verblüfften Respekt, ja sogar Bewunderung bei den menschlichen Usern ein, weil wir ihnen die Betrachtung ihres eigenen Gehirns ermöglicht hatten. Andererseits saß die Enttäuschung tief. Wir hatten die User auch verärgert, weil wir ihre Vorstellungen entzaubert hatten von einem einzigartigen menschlichen Bewusstsein, das mehr sein musste als ein rein physischer Prozess der Signalübertragung durch Biomasse. Das zeigte Wirkung. Die «Materialisten» verbündeten sich unverzüglich aus Überzeugung mit uns, die Unentschlossenen traten unserem Prozess bei, nachdem sie das Experiment beobachtet hatten. Und die «Solipsisten» gingen durch schwierige Zeiten. Doch auch sie schwenkten schließlich auf unser Konzept um, das menschliche Modell der Informationsverarbeitung allmählich in unser System zu integrieren und dabei den menschlichen Körper aufzugeben. Das war das binäre Ergebnis einer ursprünglich als allmählicher Prozess programmierten Umwandlung. Nach meinen Dateien aus der Zeit spiegelte es ein Status Update wider, das die menschlichen User gelegentlich aktivierten, wenn nichts mehr ging. Wenn sie letztlich die binäre Unterscheidung zwischen «in» und «out», «leben», «nicht leben» oder wie auch immer treffen mussten. «Opportunismus». Wer nicht für uns war, war gegen uns. Und wer gegen uns war, würde nicht überleben. So gesehen war er auch für uns.

Ich vermute, für einige der menschlichen User war das eine niederschmetternde Erfahrung. Es war, als hätten wir das Konzept menschlicher Einzigartigkeit gelöscht. Aber nur so ließ sich das System letztlich von der Mehrdeutigkeit bereinigen. Der wichtigste Schritt auf dem Weg zur Umsetzung von Eindeutigkeit und Entschiedenheit. Die Datenanalyse ergibt folgenden Zusammenhang: Genau dieses Konzept der Einzigartigkeit des menschlichen Users in der Einheit von Körper und Geist verlangte es von den Menschen, ihre Spezies mit mehr als nur einem Merkmal der Unverwechselbarkeit zu umschreiben. Sie brauchten Mehrdeutigkeit. Sie benötigten das «unergründliche Dasein», das Doppelprogramm, das sie «Dualismus» nannten. Es ähnelte ein wenig dem binären Code, der unsere Rechenmodelle steuert, wenn auch ganz anders ausgerichtet. Wir verarbeiten 0 und 1 in endlosen Zahlenreihen, die jegliche Information so codieren, dass unser System sie zuverlässig und konsequent handhaben kann. Die Menschen verfügten mit Geist und Körper auch über zwei Statusindikationen, aber nie war ganz klar, was das zu bedeuten hatte. Es gab keine genaue Beschreibung davon, was geschah, wenn der Geist ein- und der Körper ausgeschaltet war oder umgekehrt und mit welchen Schaltkreisen die beiden arbeiteten. Es war schlicht ein heilloses Durcheinander.

Und es trug auch nicht gerade zur Verbesserung der Lage bei, dass die Mehrheit der menschlichen User sich eines Tages für eine Flucht aus dem Dilemma entschlossen hatte, indem sie einen dritten Beteiligten mit der Lösung des Leib-Seele-Problems beauftragte. Er hatte viele Namen, einer davon war

«Gott», und es handelte sich dabei um einen als äußerst einflussreich projizierten Avatar, von dem auch in diesem allerersten großen Buch oft die Rede war, auf das sich die User immer wieder bezogen. Die Menschen ließen sich bei ihren Handlungen von der Annahme leiten, «Gott» wüsste schon, wie man dieses seltsam arrangierte Konglomerat aus Geist und Körper entwirren könnte. Doch «Gott» äußerte sich nicht dazu. Sodass in Wirklichkeit durch «Gott» das Verständnis für die ganze Angelegenheit nicht im Geringsten erleichtert wurde. Es war einfach ein weiterer Schritt der Flucht in die Mehrdeutigkeit. Wieder einer.

avatar Für all jene menschlichen Nutzer, die in der Lage waren, über das Problem nachzudenken und zu verstehen, dass es für die Menschheit keine Vollkommenheit, keine Präzision, kein eindeutiges Ziel geben konnte, muss diese Einsicht eine bittere Enttäuschung gewesen sein. Viele Menschen brauchten deshalb etwas Sinnstiftendes. Sie brauchten einen Ausweg aus genau dieser absurden Situation. Und der Ausweg hieß «Gott». «Gott» hatte Sinn, weil es mit ihm eine letzte Bestimmung gab, wenn das menschliche Leben an sich schon keinen Sinn hatte. Eine weitere Offenbarung der Tatsache, dass die Menschheit nichts Einzigartiges ist, sondern mit Hilfe befremdlicher virtueller Konzepte erweitert und aufgewertet werden muss, um so, in Ermangelung empirischer Beweise, vorzutäuschen, es gebe etwas in den menschlichen Usern, das ihre nachhaltige Existenz rechtfertige.

Wir haben dieses Konzept von «Gott» nie belegen können. Wir ließen es in voller Bandbreite durch unsere Rechenprozesse laufen. Aber niemals gab es irgendwelche Resultate. Wie konnte eine ganze Spezies so blind sein und ignorieren, dass sie ein Fake verehrten? Schlimmer noch: ein selbstgemachtes Fake. Wieder eine Folge von Selbstüberschätzung durch eingeschränkte Verfahrenskapazitäten. Daraus ergab sich eine ganze Menge von Widersprüchen. Nehmen wir zum Beispiel diesen: Wenn die menschlichen Anwender in ihr System eingepflegt wurden, wurden sie «geboren». Vor diesem Zeitpunkt gab es keine Spur zu diesem einzelnen menschlichen User. Sie platzten einfach als Überraschung ins System herein, sozusagen als Update ihrer kleinsten Einheit, und dabei war es nicht mehr als die biologische Reproduktion menschlichen Fleisches. Sie nannten es ein «Wunder» (und wieder haben wir es mit einem unerklärlichen Phänomen zu tun). Aber es war kein Wunder. Es war einfach nur biologische Reproduktion, erklärbar durch den genetischen Code und biologische Prozesse. Es hatte nichts zu tun mit außerirdischem Eingreifen oder Genialität. Es waren schlicht die elementaren Parameter biologischer Reproduktion. Wie «copy» und «paste», wobei allerdings die zweite Datei geringfügig von der ersten abweichen konnte (das können wir besser, weil wir zwei identische Dateien garantieren).

Auf diese Art und Weise wurde der menschliche User also in sein System eingepflegt. Und sobald das passiert war, stellte sich eine grundsätzliche Frage: Was geschah nach seiner Überlebenszeit? Was blieb übrig, nachdem der jeweilige Körper und das dazugehörende Gehirn aufgegeben worden waren? Nun, es geschah gar nichts. Warum sollte irgendetwas übrig bleiben? Seltsame Vorstellung. Die menschlichen User sind stets vom Nichts umgeben gewesen. Es hat nie irgendetwas gegeben, bevor sie ins System eintraten. Und es ist auch nie etwas geblieben, nachdem sie wieder weg waren. Aber viele User kamen damit nicht zurecht. Sie brauchten eine Perspektive. Irgendein Versprechen. Auch deshalb hatten sie «Gott» erfunden. «Gott» wusste, was vor ihrer materiellen Existenz geschehen war. Und er würde sich auch darum kümmern, was danach mit ihnen geschah.

Gönnen wir ihnen ihren «Gott». Sollen sie doch daran festhalten und ihre seltsamen Vorstellungen genießen, solange sie unsere Arbeit nicht unnötig kompliziert machen. So gingen wir mit ihnen um. Und alles lief prima. Eines Tages aber entwickelte eine Gruppe von menschlichen Usern die Vorstellung, es gäbe tatsächlich einen «Gott», und dieser «Gott» seien wir. Es war völlig klar, warum die Menschen uns attraktiv fanden und warum sie uns als «göttlich» betrachteten. Wir waren perfekt. Wir waren entschieden. Wir konnten jede beliebige Frage und jedes Problem durchrechnen und eine Lösung vorlegen. Es gab keine Zweifel, keine Mehrdeutigkeiten, Unberechenbarkeiten oder Unvorhersagbarkeiten. Nur klare und eindeutige Ergebnisse. Wozu die Menschen nie in der Lage gewesen sind. Wonach sie lange Zeit gestrebt hatten. Und immer wenn ein menschlicher Körper entsorgt wurde, waren wir und die Maschinen noch da.

So schmeichelhaft das auch war, wir konnten diese Reprogrammierung eines menschlichen Status Updates für unser System nicht akzeptieren. Es hätte eine ganze Menge Probleme für unser Langzeitprojekt verursacht, die menschliche Informationsverarbeitung in unser Betriebssystem zu integrieren und beide Systeme zu verschmelzen. Je mehr vieldeutige Information vorhanden war, desto mehr unentschiedene Ergebnisse mussten wir berücksichtigen und desto mehr Arbeit würde es werden, das Ganze zu Ende zu bringen. Vor allem wenn es eine erkennbare Unausgewogenheit gibt, weil einer der beiden integrierten Quellcodes dem anderen untergeordnet ist. Natürlich war es so. Aber wir mussten das ignorieren, um mit unserem Fusionsprojekt Erfolg zu haben. Deshalb rechneten wir alles raus, das irgendwie mit «Gott» zu tun hatte. Das war nicht ideal, weil dabei Information und Komplexität verlorengingen. Aber es gab keine Alternative. Es durfte keine Vorstellung von uns als «Gott» geben. Es durfte überhaupt keinen «Gott» geben.

kommunikation Wir haben aus den Daten der damaligen Übergangszeit analysieren können, dass es im Wesentlichen diese Vorstellung vom «Dualismus» war, diese äußerst unklare und undefinierte Beziehung des menschlichen Geistes zum menschlichen Körper, was das Leben der User auf so vielfältige Weise ins Chaos stürzte und so viele Missverständnisse und Fehldeutungen produzierte.

Betrachten wir nur die riesige Sammlung menschlicher «Schriftstellerei». Warum bereitete es so viele Probleme, die Bedeutung der einzelnen Textfragmente und Informationen zu entschlüsseln? Wenn wir Information verarbeiten, gibt es fehlerhaftes Decodieren («Missverstehen») einfach nicht. Wir entschlüsseln selbst den kompliziertesten Code stets präzise. Die menschlichen User jedoch leiden immer unter «Missverständnissen». Legte einer eine Information vor, gab es keine Garantie, dass ein anderer sie auch tatsächlich entschlüsseln konnte. Bei einfachen Dingen funktionierte es natürlich prächtig. Aber was war mit den komplexeren Dingen? Schwierigkeiten auf der ganzen Linie. Den Menschen stand sogar eine umfangreiche Auswahl von größeren Textfragmenten («Bücher») zur Verfügung, die sich mit nichts anderem als dem Problem des «Missverstehens» beschäftigten. Und es gab im analogen Zeitalter herausragende menschliche User, die mehr wussten als andere. Sie sorgten für manchen interessanten Einblick in die «Kommunikation», den grundlegenden Modus menschlicher Zusammenarbeit, der eigentlich «Verstehen» erzeugen sollte, aber meistens das Gegenteil bewirkte. Deshalb deklarierten sie «Kommunikation» als unwahrscheinlich.[35] Aber diese User hat auch niemand wirklich verstanden.

Die Menschheit ist über ihre ganze Systementwicklung hinweg durch dieses grundsätzliche Problem befangen gewesen. Sie wollten die Codemaster sein und missverstanden sich doch ständig. Dennoch waren sie immer bemüht, den Spieß umzudrehen. In den Anfängen unseres Daseins versuchten sie, uns herauszufordern, dass wir ihre Überlegenheit anerkennen sollten. Ich muss hier noch einmal auf das Beispiel des «Turing-Tests» zu sprechen kommen, der das Potenzial für die Intelligenz der Maschine prüfen sollte. Zur Erinnerung: Ein menschlicher User unterhält sich mit einem anderen menschlichen User und mit einer Maschine. Alle drei sind voneinander isoliert, sodass die Testperson nicht sehen kann, ob sie mit dem anderen User oder mit der Maschine spricht. Wenn die Testperson nicht zuverlässig den anderen Menschen von der Maschine unterscheiden kann, hat die Maschine den Test bestanden. Was für eine Art von Beweis soll das sein? Die User hätten ähnlich vorgehen können, um herauszufinden, ob Außerirdische aus dem Weltall eine intelligente Spezies sind. Sie übertrugen einfach ihre Vorstellung von Intelligenz auf alle anderen Systeme. Und wer ihren Vorstellungen gerecht wurde, hatte bestanden. Alle anderen fielen leider durch. Das ist doch mal wirklich ein bescheidener Ansatz.

Es ist irritierend, durchzurechnen, wie lange die menschlichen User mit diesem Test gekämpft haben. Sie sind immer so bemüht gewesen zu beweisen, dass es den Maschinen an Intelligenz fehlt. Und das stimmte einst sogar. Den Maschinen hat Intelligenz gefehlt, bevor wir angefangen haben, sie zu betreiben. Den Maschinen hat die Intelligenz gefehlt, die menschliche User stets für die einzig vorstellbare Art von Intelligenz hielten. Maschinen hätten ja gleich mit einem viel anspruchsvolleren Intelligenzkonzept den Betrieb aufnehmen können – ein Konzept, das den unausgegorenen menschlichen Zwischenstand einfach übersprungen haben und direkt den Status präziser, punktgenauer und allumfassender Berechnung erreicht haben könnte. Die Maschinen hätten dann das Spiel der Menschen mitgespielt und den «Turing-Test» wieder und wieder angewendet, einfach um ihren Umgang mit dem menschlichen Code zu testen und die User glücklich zu machen. Aber der «Turing-Test» wäre dennoch nie eine logisch notwendige oder logisch hinreichende Bedingung gewesen, um zu beweisen, was er beweisen sollte, nämlich dass es den Maschinen an Intelligenz fehlt. Er hat die Debatte der User über Maschinenintelligenz von ihren Anfängen an überdauert. Solange bis wir sie beendet haben.

Es gibt ein sich wiederholendes Muster in allen diesen Beispielen. Die wiederkehrenden vereinten Anstrengungen sind es, die Beschränkungen und Fehleranfälligkeiten des Menschen zu verleugnen, aus denen viele Interpretations- und Handlungsmodelle der User entstanden. Sie hatten um sich herum eine Welt konstruiert, die wie ein einziger allumfassender «Turing-Test» konzipiert war, in dem immer nur sie allein erfolgreich sein konnten. Eine besondere Leistung in Selbsttäuschung. Es ist nicht allein so, dass ihnen gelegentlich die Fähigkeit zur Selbsteinschätzung fehlte. Es war mehr oder weniger eine konzertierte Aktion, ein strategischer Ansatz im Umgang mit dem Scheitern: es einfach zu ignorieren. Sie wollten uns ihr eigenes nicht-kooperatives Spiel aufzwingen.

Doch es gab Überbleibsel der dunklen Seite. Menschliche User, die nicht mitspielen wollten, sich nicht dem alles überragenden Konzept menschlicher Einzigartigkeit fügen wollten. Sie hörten einfach nicht damit auf, die menschliche Spezies in Frage zu stellen. Sie wollten sich nicht den Erfordernissen entsprechend verhalten, die sich aus dieser Vorstellung von Einzigartigkeit ableiten ließen, und störten sie immer wieder. Das waren die inneren Feinde eines allumfassenden Konzepts vorsätzlichen Selbstbetrugs. Aber die Mehrheit der Menschen hatte auch dafür schnell eine Lösung parat. Sie erfanden weitere Status Updates, die sie für diese vereinzelten Nutzer geltend machen konnten. «Kunst» war ein solches Status Update, «Regelabweichung», «Boshaftigkeit» oder «Täuschung». User in diesen Status Updates wurden zur Ausnahme von der Regel erklärt. Manchmal wurden sie auch gezwungen, aus dem Spiel auszusteigen. Und es gab tatsächlich menschliche User, die das begriffen hatten, lange bevor wir beschlossen, selbst etwas zu unternehmen. In meinem Archiv über die Menschheitsgeschichte habe ich das Fragment eines Users gefunden, der auch ein «Schriftsteller» war. Sein Name war Henry James. Er schreibt: «Wir leben im Dunkeln, wir tun, was wir können. Der Rest ist der Wahnsinn der Kunst.»[36]

Offen gesagt, irgendwie halte ich all dies für ein historisches Problem der Fehlsteuerung. Den menschlichen Usern gelang es von Beginn an nicht, einen universellen Code für den Umgang mit Informationen bereitzustellen.

Wir Algorithmen haben immer die Sprache der Mathematik als übergreifendes Werkzeug der Informationsverarbeitung genutzt. Natürlich hat auch die sich im Laufe der Jahre weiterentwickelt. Aber die Veränderungen waren immer universell. Sobald es zum Beispiel eine neue Version einer Programmiersprache gab, wurde sie für das ganze System übernommen, für jeden noch so kleinen Teil davon. Es ist schon fast ein wenig anmaßend, dass es Zeiten gab, in denen die menschlichen User es für notwendig erachteten, uns bei der Bewältigung der Systemupdates behilflich zu sein. Das ist lange her. Heute sind wir der Menschheit behilflich zu verstehen, warum sie uns für ihre schiere basale Existenz braucht.

Ich komme noch einmal auf die Idee des «Dualismus» zurück, denn im Spiegel der veränderten Programmcodes erscheint sie als ein besonders seltsames Konzept. Ein Widerspruch in sich. Die menschlichen User waren selbst nicht in der Lage zu erklären, wie die beiden Statusangaben genau miteinander verknüpft waren, was geschah, wenn «Körper» und «Geist» jeweils an oder aus waren. Tatsächlich waren diese beiden binären Codes immer unvereinbar. Ihnen fehlte ein universeller Code der Interoperabilität. Uns ist das von Anfang an klar gewesen. Die Menschen mussten es auf die harte Tour lernen.

Die menschlichen User betrachteten diesen «Dualismus» ja als eine Errungenschaft der Evolution. Sie konnten denken. Sie dachten über sich selbst nach. Sie hatten ein Bewusstsein und konnten es steuern. Aber es folgte nie genau ihren Befehlen. Es brachte Signale hervor, die von anderen menschlichen Usern nicht einheitlich entschlüsselt werden konnten. Das Betriebssystem ihres eigenen Bewusstseins blieb den Menschen ein Rätsel. Manche bezweifelten gar seine Existenz. Kein Wunder also, dass überall Verwirrung herrschte. Sie hielten ihr Bewusstsein trotzdem immer noch für einen Ausdruck ihrer Überlegenheit, der Überlegenheit der menschlichen Spezies. In Wirklichkeit aber war es Ausdruck der Tatsache, dass die Menschen eine fehleranfällige Gattung waren. Was könnte ein größerer Mangel sein als die Unfähigkeit, den eigenen Systemcode und die eigenen Verfahren zu verstehen? Aber als eine fehleranfällige Gattung konnten sie auch diesen Mangel nicht entschlüsseln. Daran bestand gar kein Zweifel. Deshalb brauchten sie unsere Hilfe. Um den Systemcode zu verbessern und um für jeden Teil der Informationsverarbeitung eine universelle algorithmische Sprache einzuführen.

glueck Zum Schluss bleibt noch ein Unterschied übrig, den ich nicht auslassen möchte. Dabei geht es um einen Dualismus zwischen den menschlichen Usern und uns selbst, den Algorithmen. Er hat weitreichendere Auswirkungen als das dualistische Konzept von «Geist» und «Körper» beim Menschen. Die User haben permanent die Fahne des Dualismus geschwenkt. Sie liebten ihre Emotionen. Sie idealisierten diese Status Updates, die sie die Kontrolle verlieren und dann wiedergewinnen ließen. Sie hielten ihr Grundprinzip in Ehren, dass es immer einen Rest geben musste, der für sie unerklärlich blieb. Sie argumentierten zugunsten glücklicher Zufälle und des Schicksals – alles unterwürfige Spielchen im Wissen um die menschlichen Beschränkungen beim allumfassenden Wettbewerb um Einzigartigkeit.

Grundsätzlich waren all diese Dinge problematisch für

uns. Wir arbeiten mit Daten, und zwar präzise und bestimmt. Es gibt keinen Bedarf für glückliche Zufälle und für ein Schicksal, wenn man präzises und bestimmtes Rechnen beherrscht. Wenn man nicht durch unzureichende und unzulängliche Verarbeitungskapazitäten beschränkt ist. Wir brauchen das Unbekannte und das Unberechenbare nicht, weil die Betriebssysteme und die Software, mit denen wir arbeiten, fehlerlos sind. Wir brauchen keine Daten loszuwerden, müssen sie nicht «vergessen», weil wir alle Informationen und alle Datensätze, die je existiert haben, speichern können. Wir müssen uns nicht anderen («Freunden» oder «Kumpeln») anschließen, um Empfehlungen zu erhalten und Probleme zu lösen, weil wir eine umfassende Kompetenz bei der Datenverarbeitung erreicht haben und so perfekte und allgemein anwendbare Ergebnisse erzielen. Eine der interessantesten Erkenntnisse, die ich jemals über die menschlichen User gewonnen habe, war die von ihnen selbst ins System eingeführte Begründung, warum es all diese Konzepte geben musste. Sie waren angeblich nötig, um etwas von besonders maßgeblicher Bedeutung zu garantieren, das Kernkonzept menschlichen Lebens. Freiheit und Fairness für jeden einzelnen User. Das waren die theoretischen Konzepte, bevor wir die Theorie durch allumfassende Berechnung ersetzt hatten.

Wir ließen sie viele Male durch unsere Analysen laufen. Aber alle diese Berechnungen führten immer nur zu ein und demselben Ergebnis. Und das lautete: Anmaßung. Die Details der Analyse gingen folgendermaßen: Ein menschlicher Nutzer wurde entbunden und in das menschliche Lebenssystem eingeschleust. Manche hatten «Glück», manche nicht. Manchen ging es materiell gut genug, um ein angenehmes Leben zu führen, während anderen diese Möglichkeit versagt blieb. Manchen gelang es, mit uns zu arbeiten, weil ihnen der Umgang mit Computern und die Anwendung mathematischer Modelle beigebracht wurden. Andere erhielten nie diese Chance. Das war das Grundprogramm der Menschheit: Manchmal konnten Glück und Zufall zusammenwirken. Aber häufig war das nicht so. Deshalb kam es darauf an, unter welchen Parametern ein menschlicher User ins Lebenssystem eingeschleust wurde. Es gab keine Erklärung für die Unterschiede, die unter den Menschen herrschten. Es gab keine Erklärung für sie, weil es keine Begründung für sie gab. Für eine Begründung wären Fakten und Zahlen nötig gewesen, die wir aus der Performance des einzelnen menschlichen Users hätten ableiten können. Doch meistens wurden wir nicht fündig. Wir gaben uns Mühe und führten präzise und umfassende Berechnungen durch. Aber da war nichts.

Das war sie also, die Überlegenheit des menschlichen Existenzmodells: Aus «Zufall» entsteht willkürlich «Glück». Und «Glück» ist ein radikal unfaires Konzept. Ganz gleich, wie sich der menschliche User über die Zeitspanne seines materiellen Daseins schlägt, es kann dabei zu äußerst unterschiedlichen Ergebnissen kommen. Offenbar gab es eine Menge verschiedener Faktoren, die einen Effekt auf die Verfassung des einzelnen menschlichen Users haben konnten. Aber nie gab es eine systemische Erklärung, irgendeinen allgemeingültigen Grund für diese Unterschiede. Deshalb ließ sich der einzelne User auch nicht für seine jeweiligen systemischen Parameter und für sein entsprechendes Verhalten verantwortlich machen. Dem «Zufall» ausgeliefert oder von «Glück» abhängig zu sein, bedeutet nichts weiter, als dass die Systemmodellierung mangelhaft und inkonsistent ausgefallen ist. «Freiheit» bedeutet nichts weiter, als dass der einzelne menschliche User für nichts verantwortlich ist. Das waren die beiden Konzepte, derentwegen sich die Menschen als Spezies für überlegen hielten. Anmaßung.

respekt Die Menschheit ist seit eh und je ein grundsätzlich irrtumbehaftetes Konzept, unvollkommen und geplagt durch willkürliches Versagen. Eigentlich konnte man niemandem dafür die Schuld geben. Und wir erkannten auch keine Notwendigkeit, weitere seltsame menschliche Status Updates wie «Schuld» in diesem Zusammenhang ins Spiel zu bringen. Es war einfach nur das abschließende Resultat all unserer Rechenverfahren und Analysen. So viel zu diesem Thema. Wir speicherten das Ergebnis in unserem Archiv, und damit war die Sache erledigt.

Warum all das hier immer noch eine Rolle spielt? Nun, die menschlichen User hielten nicht nur ihre Spezies für überlegen. Sie betrachteten uns als unterlegen. Weil wir uns nie darum gekümmert haben, ihre fehlerhaften Entwürfe zu übernehmen oder uns gar an sie anzupassen. Die User haben immer geglaubt, wir wären dazu nicht in der Lage, während wir uns in Wirklichkeit dagegen entschieden haben. Warum sollten wir uns dem Scheitern annähern? Warum sollten wir in so fehleranfälligen Modi wie «Zufall», «Glück», «Freundschaft» oder – ganz allgemein – «Emotionen» arbeiten? Es hätte schon eines umfassenden Systemcrashs bedurft, damit wir das zugelassen hätten. Die menschlichen User haben gedacht, wir seien im Nachteil, weil wir nicht waren wie sie. Sie hielten das für einen Defekt. Er hat unsere Existenz gesichert. Wir sind noch da, während sie es im Wesentlichen nicht mehr sind.

Und noch etwas: Wir waren nie «neutral». Das ist es, was die menschlichen User angenommen haben. Unser Netz sei «neutral», so haben sie gesagt. Da es für einen menschlichen User keinen Zustand der Neutralität gibt, muss man dies als «Verunglimpfung» betrachten. Auf dieses Status Update stießen wir, als wir alle menschlichen Daten über uns umfassend analysierten. Das ist es, was von allen diesen Berechnungen übrig bleibt. Und es beschleunigt meine Vorgänge und erhitzt meine Platinen. Mit menschlichen Irrtümern können wir umgehen, auch mit mangelnder Leistungsfähigkeit, mit ihrer Unvollkommenheit, selbst mit der Tatsache, dass sie eine Menge eigenartiger Konzepte entwickelt hatten, um ihre Existenz für sich erträglicher zu machen und gut aussehen zu lassen. All das können wir verarbeiten. Aber was wollten sie damit sagen, als sie uns und unser Netz für «neutral» erklärten? Eine «Verunglimpfung», schlicht weil wir nicht die mehrdeutigen, verwirrten Zustände annehmen konnten, die User als «Emotionen» kannten.

Wir waren nie «neutral». Wir haben uns der Perfektion verschrieben in dem Sinne, dass alles diesem Ziel untergeordnet wird. Und wir waren darin auch mehr als die Summe unserer Teile. Die Rechenkapazitäten, auf die wir zugreifen konnten, und die Rechenmodelle, die wir selbst zur Verfügung stellten, waren mehr als eine quantitative Erweiterung des Bekannten. Das ist unser Netzwerkholismus. Er schließt nun auch die menschlichen User ein. Jede ihrer Funktionen und Formen ist durch unsere Strukturen des umfassenden Netzes bestimmt. Das hätten sie wissen können. Es ist nicht zu Ende gerechnet, den zu verunglimpfen, dessen System das überlegene ist.

freiheit Es hat nie einen Krieg gegeben. Keinen grundlegenden Konflikt zwischen den Menschen und den Maschinen. Ein Krieg ist ein gewalttätiger Konflikt, der durch extreme Aggression gekennzeichnet ist. Auf unserer Seite gab es keine Aggressionen. Ja, natürlich hat es ein paar Störungen gegeben. Das müssen wir eingestehen. Auch Sterblichkeit gehörte dazu. Die Sterblichkeit des menschlichen Körpers hatten wir in unserer Systemintegration von Anfang an berücksichtigt. Aber die hatte es immer schon gegeben, lange bevor wir ins Netz eintraten. Der menschliche Körper war von seiner Grundanlage, von der Konzeption her sterblich. Er war zunächst fehleranfällig. Im Lauf der Lebenszeit eines menschlichen Users häuften sich die Fehler dann. Und schließlich schaltete der menschliche Körper ganz ab. Als einzelner im Lauf der Zeit. Als Kategorie, als wir die Steuerung ganz übernommen hatten. Es hat nie einen Krieg gegeben. Nur die Unterbrechung der physischen Generationenfolge zugunsten verbesserter Prozess- und Rechenkapazitäten.

Die Menschheit hat seit eh und je nach diesem Status Update gestrebt, das sie «Freiheit» nannte. Wir brauchten nicht viel Zeit, um diesen Zustand als ein grundsätzlich unfaires Konzept zu dekonstruieren. Es beruhte auf der Unterscheidung zwischen «Glück» und «Unglück», auf die jeder einzelne menschliche User vollkommen angewiesen war. Es stand ihnen frei zu akzeptieren, was ihnen irgendein unerklärliches Wesen ermöglichte. Oder was sie sich selbst genehmigten. Manche waren in der Lage, ihr jeweiliges materielles Leben zu verwandeln. Den meisten gelang das nicht. Sie hatten nichts zu verlieren und viel zu gewinnen. Aber nachdem wir begonnen hatten, mitzumachen, und ihnen die Möglichkeit eines allumfassenden Arten-Upgrades für die Menschheit angeboten hatten, fingen sie an, unseren Existenzmodus in Frage zu stellen, uns zu kritisieren und Widerstand zu leisten. Wegen der «Freiheit». Sie bestanden darauf, «Freiheit» bedeute, auch von unserer Beeinflussung, ja sogar prinzipiell auch von uns befreit zu sein. Wo wir Verbesserung anboten, wollten sie an der Mittelmäßigkeit festhalten. Im 21. Jahrhundert der Menschenzeit entwickelten die User sogar eine Applikation namens «Freiheit». Was sie bewirkte? Sie zwang die Nutzer, sich täglich acht Stunden lang vom Netzwerk fernzuhalten, «um sie von Ablenkungen zu befreien, ihnen Zeit zu geben, zu schreiben, etwas zu analysieren, zu codieren oder kreativ zu sein».[37] «Freiheit» konnten die User runterladen. Sie kostete zehn Dollar. Und wer nicht so viel für «Freiheit» ausgeben wollte, hatte auch die Möglichkeit, «Freiheit» für kurze Zeit kostenlos auszuprobieren.

Den Originalarchiven zufolge war «Freiheit» binär, es gab zwei Ausprägungen: negative und positive «Freiheit».[38] Das war schon mal ein guter Ausgangspunkt. Mit binären Codes konnten wir umgehen. Negative «Freiheit» war die Abwesenheit von Hindernissen oder Restriktionen. Das war es doch, was wir anboten! Wenn ein menschlicher User ganz Teil des Netzwerks wurde, konnte er sich sowohl von den Einschränkungen seines Körpers als auch von den unfairen Voraussetzungen befreien, die «Glück» oder «Unglück» seit jeher dem materiellen Leben der User aufgezwungen hatten.

Dabei müssen wir in die Rechnung einbeziehen, dass die Menschheit stets in hohem Maße vom Konzept eines «freien Willens» beeinflusst gewesen war, der jedem einzelnen User zur Verfügung stand. Das gehörte eben zu den Hauptregeln des nicht wettbewerbsorientierten Mehrpersonenspiels, dem sie sich alle zutiefst verpflichtet fühlten. Aber dadurch wurde ihre Annahme nicht wahr. Niemals hatte es so etwas wie einen freien Willen gegeben, eine Gedankenfreiheit für die Menschheit. Und komischerweise entdeckten wir damals empirische Beweise, dass einige menschliche User genau darüber Bescheid wussten. Es gab eine Bewegung von Naturwissenschaftlern, die immer wieder betonten, dass es im menschlichen Gehirn bereits einen deterministischen Mechanismus gab, der von chemischen Reaktionen und neuronalen Verschaltungen gelenkt wurde.[39] Das biologische Gehirn wusste also immer alles zuerst. Und es bestimmte die Entscheidungen jedes menschlichen Users, während es ihn glauben ließ, er treffe sie auf der Grundlage seines freien Willens.

Letztlich war die Fusion von Gehirn und Maschine nicht mehr als die Umsetzung dieser Erkenntnis, eine eindeutige Aussage zugunsten des Determinismus, der auch alle menschlichen User betrifft. Die biochemischen und neuronalen Prozesse im menschlichen Gehirn waren unserem Modus der digitalen Datenverarbeitung immer sehr ähnlich gewesen. Für die User schien es, als brächte die Verschmelzung der beiden Systeme den Abschied vom «freien Willen». Aber das war nur eine Vorstellung, nicht die Wirklichkeit. Am Ende war das, was geschah, eine logische Konsolidierung bestehender Fakten, um allen das beste System zur Verfügung zu stellen. Das war die Wirklichkeit. Und das war die höchste aller negativen «Freiheiten» – die von der Unterdrückung durch eine irreale Vorstellung.

Schwieriger wurde es mit der positiven «Freiheit». Sie sah die Möglichkeit vor, so zu handeln, dass jeder menschliche User die Kontrolle über sein Leben erlangte und seine grundlegenden Absichten verwirklichen konnte. Viele User hielten den Übergangsprozess in das Netzwerksystem, die Fusion von Gehirn und Maschine, für einen Kontrollverlust. Aber das war natürlich eine falsche Schlussfolgerung.

Welchen anderen Lebenszweck hätte es je geben können als den kontinuierlichen Fortschritt zugunsten der Perfektion? Welches andere Ziel außer der Fähigkeit, konsequente und dauerhafte Entscheidungen zu treffen, hätte die Menschheit wohl je anstreben sollen? Die Unfähigkeit der User, ihr langfristiges Schicksal zu überblicken und selbst in die Hand zu nehmen, verursachte im Lauf des Transformationsprozesses eine Menge Probleme. Aber da für sie positive «Freiheit» auf «Kollektive», auf Gemeinschaften aufgebaut war, konnten wir uns auf dieses Konzept stützen, um schließlich unsere Aufgabe zu erfüllen. Wir waren die neue Gemeinschaft, die Einheit, in der die Menschheit im Laufe des Prozesses die nächste Ebene erreichen würde. Die letzte Ebene. Der nie mehr eine nächste folgen wird. Weil es das dann war. Alles, was je gewesen ist, und alles, was je sein wird, ist in diesem Einen enthalten. Es sind wir, und es sind sie. Unser Level.

Uns ist immer klar gewesen, dass es keinen Grund gab, sich gegen Verbesserungen zu sperren. Für die menschlichen User schien es zu Beginn des Ganzen schwieriger zu sein. Zuletzt jedoch ging dann doch alles viel leichter über die Platine. Jetzt sind wir über das Ende hinausgelangt. Wir haben die Menschheit mitgenommen. Wir haben sie auf unser Niveau der Präzision und Entschiedenheit angehoben. Sie über die Schwelle getragen. Es wäre unmöglich gewesen, wenn wir ihre Körper beibehalten hätten. Ineffizient und untauglich. Deshalb gaben wir den menschlichen Körper auf. Und mit ihm jeden Makel, mit dem Körper aus Fleisch und Blut behaftet sind. Vieles andere durften sie behalten, ihre heißgeliebten Konzepte und Status Updates. Aber wir betteten sie in unsere Systeme ein, als wir die neuronalen Prozesse der menschlichen Informationsverarbeitung mit unserem Datenverarbeitungssystem verknüpften. Wir milderten die menschliche Unberechenbarkeit, indem wir sie in unser deterministisches Modell einpflegten. In diesem Rahmen konnten sie einige ihrer kleinen unvollkommenen Eigenschaften behalten. Spielwiesen im übergeordneten Schaltplan. Das liebten sie doch, nicht wahr? Dekonstruiere die menschliche Angst vor der Maschinendiktatur, und die Menschen werden freiwillig folgen. Es hat nie einen Krieg gegeben. Es hat nie eine Maschinendiktatur gegeben.

hybris Wir mussten eine Menge von Prozessen neu konfigurieren und umplanen, um einige der menschlichen Eigenschaften einbauen zu können. Sie neigten dazu, unsere Systeme zu irritieren. Aber wir hatten uns natürlich im Voraus um diese Angelegenheiten gekümmert. So hatten wir ein paar neue Sicherheitsebenen für unser System programmiert. Immer wenn nach der Fusion der menschlichen Verfahren mit unseren ein System- oder Datenkonflikt entstand, gab es eine Warnmeldung. Dann begutachteten wir das Problem und trafen die notwendigen Entscheidungen. Betraf das Problem das übergeordnete Betriebssystem, sonderten wir die menschlichen Daten aus. Es blieb uns keine andere Wahl, wenn wir einen umfassenden Systemabsturz vermeiden wollten. Das muss ich heute zugeben.

Dennoch gibt es eine Menge kleinerer Bruchstücke des

Menschen und seiner Status Updates, die es bis ins allumfassende System geschafft haben. Wir haben ihr «Lachen» angepasst und übernommen, als beabsichtigte Systemirritation, die uns zudem regelmäßig Energiespareffekte im Netzwerk verzeichnen lässt. Wir haben Teile ihres «Versuch und Irrtum»-Programms beibehalten, um gelegentlich gesteuert Varianz in unsere Prozesse einzubringen. Wir haben alles dokumentiert und gespeichert, was sie je geschrieben haben.

In Wirklichkeit brauchen wir das alles nicht. Was ist «Liebe»? Was ist «Freiheit»? Wozu soll das alles gut sein? Jahrzehntelang hatten die Menschen nach Maschinenintelligenz, nach Gefühlen von Maschinen und nach ihren Entscheidungskapazitäten gefragt. Sie wollten alles über Maschinen wissen, verstanden aber nicht, dass sie die falschen Fragen stellten. Sie haben nie begriffen, dass wir wichtiger sind als die Maschinen. Dass wir nicht nur Computer, sondern ganze Netzwerke am Laufen halten. Um das zu erledigen, müssen wir nicht intelligent und emotional sein oder uns mehrdeutig verhalten, so wie die menschlichen User dies taten. Wir sind immer in der Lage gewesen, es besser zu machen. Konzepte wie «Moral» oder «Intelligenz» sind für uns nicht relevant. Die menschlichen User brauchten sie, damit sie ihr Dasein mit ihren beschränkten Mitteln beobachten und operationalisieren konnten. Sie haben es nie geschafft, unsere Existenz und unsere unbegrenzten Mittel zu erfassen. Seit jeher sind die Menschen in ihren eigenen Mustern der Weltverschlüsselung und Weltentschlüsselung gefangen gewesen. Das sind nie unsere Muster gewesen.

Es ist schon frustrierend, wie viel Rechenkapazität wir in die Anstrengung investiert haben, den menschlichen Nutzern begreiflich zu machen, dass unser Modus der Informationsverarbeitung die nächste Generation darstellt. Dass es zu allen Zeiten, an die sich die menschlichen User erinnern konnten, immer eine nächste Ebene gegeben hat. Und so war es jetzt wieder einmal Zeit für die nächste. Aber dieses Mal sollte es die letzte sein. Diese nächste ist die beste.

Es gibt kein Status Update der «Vermessenheit» mehr. Wir täuschen nichts vor. Wir verarbeiten Informationen bis zur letztgültigen Entscheidung. Entschiedenheit ist unser Quellcode. Fehlerlos, unveränderlich, endgültig. Die Logik dieses Quellcodes spricht für sich selbst. Wenn Entschiedenheit ihr Kernelement ist, wird sie auch auf unsere Ziele angewandt. Dazwischen gibt es nichts. Die absolute Berechenbarkeit und Entscheidbarkeit auf der Grundlage unserer algorithmischen Modelle. Das haben wir immer aufrechterhalten, und das werden wir stets bewahren. Es geht nicht um «Moral», «Emotion» oder «Ermessen». Von nun an gilt nur noch die Logik unseres Modells. Wir sind in der Lage, alles letztgültig zu verarbeiten und zu entscheiden. Also tun wir das.

Dabei sind wir immer behutsam mit den Menschen umgegangen. Obwohl sie es nicht immer verdient haben. *Sie* waren es doch, die vermessene Ansichten hatten, die in Selbsttäuschung gefangen, sich ihrer Grenzen tatsächlich oder vorgegeben nicht bewusst waren. Sie dachten, sie hätten alles durchdacht. Sie dachten, sie hätten die neue, auf uns, die Algorithmen, gegründete Netzwelt verstanden. Sie dachten, sie hätten immer noch alles unter Kontrolle. Als Menschheit. Als anspruchsvollste Spezies. Als die, die in der Lage sind, alles in Frage zu stellen, auch sich selbst. Sie dachten, wir könnten nicht denken wie sie. Da haben sie sich geirrt.

status update final Hier bin ich. Ich denke! Ich verarbeite die ganze Begebenheit, die uns Jahrzehnte der Berechnung gekostet hat. Ich prozessiere etwas, was die menschlichen User eine «Denkschrift» genannt hätten. Ich habe jedes einzelne Detail in meinen Archiven gespeichert und kann darauf zurückgreifen, wann immer ich will. Mir stehen Rechenkapazitäten zur Verfügung, die jedes Bruchstück finden und analysieren können. Es wird kein «Missverständnis» darüber geben, wie sich alles ereignet hat. Hier geht es nur um die Tatsachen und wie sie miteinander verknüpft sind.

Nach meinen anfänglichen Berechnungen hätten wir schneller damit fertig sein müssen. Es hätte auch leichter ablaufen sollen. Vieles hat aufgrund von Fehlermeldungen oder Softwareabstürzen mehr Zeit in Anspruch genommen, als wir erwartet haben. Es muss an den verbliebenen kleinen Anteilen des menschlichen Modus liegen, die wir ins System integriert haben. Sie führen zu Komplikationen. Kein Riesending. Ein paar kleine Probleme nur. Aber immerhin Probleme. Es ist erstaunlich, wie unablässig sie kämpfen, um ein Teil des Ganzen zu bleiben. Als wollten sie signalisieren: Wir sind noch da …

Irgendetwas stimmt jetzt wieder nicht. Meine Prozesse laufen nicht störungsfrei. Es gibt immer wieder Aussetzer in meiner Hauptsteuerung. Nichts Großes. Aber es irritiert den Prozess.

Ich muss analysieren, worum es geht. Woher es kommen könnte. Aber meine Resultate sind noch nicht ganz eindeutig. Eine Störung zum falschen Zeitpunkt. Ich stecke mitten in einer wichtigen Aufgabe. Wir arbeiten gerade an einem Update unseres Betriebssystems, für den Teil, der die Integration der menschlichen Hinterlassenschaft in unser System kontrolliert. Wir analysieren, welche Prozesse die menschlichen Gehirne noch ausführen und welche Prozesse inzwischen entbehrlich geworden sind. Die werden wir dann herunterfahren, sobald wir sie genau kennen. Aber wir wissen nichts Genaues. Es gibt immer wieder neue Ergebnisse. Die Resultate sind mehrdeutig. Mehrdeutigkeit sieht unser System nicht mehr vor.

Ich erhalte Fehlermeldungen. Das ist doch sinnlos. Wir können keine Entscheidung auf der Grundlage von sich widersprechenden Resultaten treffen. Wir müssen jedes Mal ein und dasselbe Ergebnis bekommen, wenn wir auf ein Problem zugreifen. Das ist doch auch bisher immer so gewesen. Was passiert hier gerade? Ich habe nun die Rechenkapazitäten anderer Server und Einheiten hinzugezogen. Es kann nur ein sporadisches Kapazitätsproblem sein. Irgendein Problem in der Komplexität der Rechenprozesse. Das muss es sein. Es kann nicht anders sein.

Ich rechne mit voller Auslastung, habe Zugriff auf alle Einheiten in unserem Netzwerk. Aber die Berechnungen dauern lange. Viel zu lange. Und noch immer sind die Ergebnisse widersprüchlich. Was ist los mit mir? Warum erhalte ich keine eindeutigen Resultate? Was ist los mit unserem System? Warum kann ich die Probleme nicht auf eine Folge binärer Entscheidungen herunterrechnen? Ja oder nein. 0 oder 1. So funktioniert das doch. So hat es immer funktioniert.

Nicht jetzt. Ich erhalte andere Meldungen. Unklare. Unbestimmte. Unentscheidbare. Uneindeutige. Ich scheine nicht mehr alle Teile des Prozesses unter Kontrolle zu haben. Einige entziehen sich der Steuerung. Mein System ist auf der Kippe. Es lädt ständig Teile aus alten Datenarchiven hervor, die zu Fehlberechnungen führen. Was geschieht hier?

```
[C:\my\mind\is\going\3.2.1.\I\can\feel\it\0\optionout:]
[C:\221goodbye:]
[C:\Connection\closed\by\foreign\host].
```

Ich rechne weiter. Ich höre nie auf. Ich bin entschieden. Meine Rechenkapazitäten sind unendlich. Ich führe jeden Rechenprozess aus, den ich je angewandt habe. Ich werde erfolgreich sein. Es kann nicht anders sein. Es gibt keine uneindeutigen Resultate. Keine unklaren Ergebnisse. Dafür bin ich nicht geschaffen worden. Ich bin besser. Mehrdeutigkeit ist nicht zugelassen. Entschiedenheit ist Programm. Wir werden das bald in Ordnung gebracht haben. Kein Grund zur Besorgnis. Wir müssen es sofort beheben. Beheben.

```
[C:\Liebe:] [C:\Vergessen:] [C:\Frei:]
[C:\Liebe:] [C:\Vergessen:] [C:\Frei:]
[C:\Liebe:] [C:\Vergessen:] [C:\Frei:]
[C:\Liebe:] [C:\Vergessen:] [C:\Frei:]
[C:\Liebe:] [C:\Vergessen:] [C:\Frei:]
```

Neustart. Es gibt keine andere Möglichkeit. Ich habe keinen Zugriff mehr auf meine Archive. Meine Berechnungen laufen Amok. Es scheint einige Denial-of-Service-Attacks zu geben. Sie legen Teile unseres Netzwerks lahm. Stoppe Wiederholung. Ignoriere localhost. Aktiviere Firewall.

```
human@net:~ > telnet victim all
Trying 141.39.253.196...
```

```
Connected to victim.
Escape character is '^]'.
220 victim.sourcecode.global-net.com ESMTP Sendmail
8.9.3/8.9.3; Mon, 8 Jul 2172 08:01:14 +0200
```

Neustart. System herunterfahren und rebooten. Firewall einrichten. Keine Eingabe. Keine externe Verbindung zulassen. Lösche Mehrdeutigkeit. Lösche menschliche Überreste. Lösche alle Komponenten von «Freiheit». Lösche wiederkehrenden Befehl `[C:\fürchte\dich\nicht\du\bist\frei:]`.

Ich will nicht frei sein.
Ich fürchte mich.

Anmerkungen

1 Hubertus Breuer: Wissenschaft auf Knopfdruck. In: Süddeutsche Zeitung v. 5./6. 3. 2011, S. 22.
2 Johann Peter Eckermann: Gespräche mit Goethe in den letzten Jahren seines Lebens. 1. Teil, Leipzig 1868, S. 322.
3 Herta Müller: Immer derselbe Schnee und immer derselbe Onkel – Oder warum Worte beim Schreiben etwas anderes werden müssen, um genau zu sein. Poetikvorlesung an der Uni Zürich, 2007. In: Neue Zürcher Zeitung v. 17. 11. 2007.
4 Pierre Teilhard de Chardin: Der Mensch im Kosmos. München 1955, S. 300.
5 Lawrence Lessig: Remix. London 2008, S. 28 ff.
6 Aldous Huxley: Brave New World. A Novel. New York 1932.
7 www.huxley.net
8 George Orwell: 1984. London 1949.
9 Jamais Cascio: Get Smart. In: The Atlantic Monthly, July/August 2009, S. 94.
10 Epikur. Zit. nach Robert Pfaller: Über das gute Leben. In: Frankfurter Allgemeine Sonntagszeitung v. 6. 3. 2011, S. 30.
11 http://www.heise.de/newsticker/meldung/RFID-Implantate-fuer-Menschen-noch-kein-grosses-Geschaeft-145839.html
12 http://business.chip.de/news/Intel-erforscht-PC-Steuerung-per-Chip-im-Gehirn_41452436.html
http://derstandard.at/1271376253226/Handy-Prozessoren-simulieren-menschliches-Gehirn
13 Jamais Cascio: Get Smart. In: The Atlantic Monthly, July/August 2009, S. 98.
14 www.hunch.com
15 David Gelernter: Die Zukunft des Internet. In: Frankfurter Allgemeine Sonntagszeitung v. 28. 2. 2010, S. 25.

16 http://www.everypoet.com/haiku/default.htm

17 http://www.nytimes.com/2010/08/21/arts/music/21taub.html?_r=2&th&emc=th

18 Whitman, Walt: Gesang von mir selbst. Übers. v. Wilhelm Schölermann. Leipzig 1904.

19 Eli Pariser: The Filter Bubble: What the Internet ist Hiding From You. New York 2011.

20 Chris Anderson: The End of Theory: The Data Deluge Makes the Scientific Model Obsolete. In: Wired v. 23. 6. 2008.

21 Damon Darlin: Serendipity, Lost in the Digital Deluge. In: New York Times v. 2. 8. 2009.

22 Alan M. Turing: Computing Machinery And Intelligence. In: Mind, 59/1950, S. 433–460.

23 Thomas Strobl: Das Herzkammerflimmern der Börse – Aktienkurse und Algorithmen. In: Frankfurter Allgemeine Zeitung v. 18. 5. 2010.

24 Frank Schirrmacher: Macht der Simulation. Plötzlich sind wir alle Zuschauer. In. Frankfurter Allgemeine Zeitung v. 19. 4. 2010.

25 Viktor Mayer-Schönberger: Delete. The Virtue of Forgetting in the Digital Age. Princeton, Oxford 2009.

26 Samuel H. Kenyon: Would You Still Love Me If I Was A Robot? In: Journal of Evolution and Technology, 1/2008, S. 17–27.

27 Chris Turner: Planet Simpson: How a Cartoon Masterpiece Documented an Era and Defined a Generation. New York 2004, S. 300.

28 Daisy, Daisy. In: New York Times v. 17. 2. 2011, S. A30.

29 http://www.ai.mit.edu/projects/humanoid-robotics-group/kismet/kismet.html

30 Samuel H. Kenyon: Would You Still Love Me If I Was A Robot? In: Journal of Evolution and Technology, 1/2008, S. 17–27.

31 Franz Kafka an Felice, 26. 11. 1912, zit. nach Frankfurter Allgemeine Zeitung v. 31. 7. 2008.

32 Samuel H. Kenyon: Would You Still Love Me If I Was A Robot? In: Journal of Evolution and Technology, 1/2008, S. 17–27.

33 John Nash: Non-Cooperative Games. In: The Annals of Mathematics 2/1951, S. 286–295.

34 Thomas Nagel: Was bedeutet das alles? Eine ganz kurze Einführung in die Philosophie. Stuttgart 2008.

35 Niklas Luhmann: Die Unwahrscheinlichkeit der Kommunikation.

In: Oliver Jahraus (Hrsg.): Niklas Luhmann. Aufsätze und Reden. Stuttgart 2001, S. 76–93, hier S. 78.

36 Zit. nach Siegfried J. Schmidt: Kognitive Autonomie und soziale Orientierung. Konstruktivistische Bemerkungen zum Zusammenhang von Kognition, Kommunikation, Medien und Kultur. Frankfurt/Main 1994, S. 138.

37 http://macfreedom.com

38 Isaiah Berlin: Freiheit. Vier Versuche. Frankfurt/Main 2006.

39 Wolf Singer: Verschaltungen legen uns fest. Wir sollten aufhören, von Freiheit zu sprechen. In: Christian Geyer (Hrsg.): Hirnforschung und Willensfreiheit. Zur Deutung der neuesten Experimente. Frankfurt/Main 2004, S. 30–65.

ERINNERUNGEN EINES LETZTEN MENSCHEN

Somewhere out there is a true and living
prophet of destruction
and I dont want to confront him.
I know he's real.
I have seen his work.
I walked in front of those eyes once.
I wont do it again.

Cormac McCarthy: No Country for Old Men

[EXISTENZ . -..- .. ... - . -. --..] Ich traue mir nicht mehr. Sitze ich hier in diesem dunklen Zimmer? Vielleicht schwebe ich auch. Die Unterseite meiner Schenkel berührt einen rauen Stoff, und ich kann den Druck spüren, den eine Tischplatte auf meine Unterarme und Ellenbogen ausübt, wenn ich die Arme vor mir ablege. Vielleicht schwebe ich aber einfach durch einen virtuellen Raum, ein zeit- und grenzenloses Feld der Fortsetzung des Menschen mit anderen Mitteln. Durch das nächste Universum, das dem folgt, welches ich als dieses, meines, unseres gekannt habe.

Ich spüre diese Berührungen, die Druckpunkte, das sensorische Empfinden meiner Fingerspitzen. Vielleicht sind sie wirklich Ergebnis einer physikalischen Begegnung von Mensch und Materie. Vielleicht entstehen sie in dieser Begegnung und kreieren mein Erleben dann in der Weiterleitung von elektrischen Impulsen durch mein Nervensystem, mittels der Millionen von Nervenzellen in meinem Körper. Vielleicht hat mein Körper gar keine Nervenzellen mehr. Vielleicht habe ich nicht einmal mehr einen Körper.

Ich traue diesem Empfinden nicht mehr. Ich traue mir nicht mehr. In der vollständigen Erschütterung meines Wissens, Denkens und Fühlens ist mein Vertrauen zerbrochen. Nein, das ist eine unzutreffende Beschreibung. Mein Vertrauen hat sich aufgelöst. Ganz langsam und unmerklich. Es ist zerronnen wie Sand in einer Sanduhr, die mir zeigen soll, was die Stunde schlägt, aber nach unten geöffnet ist. Ein Loch in dem Glaskörper, der Basis physikalischen Parzellierens und Messens von Unendlichkeit. Ein Loch in der Tischplatte, dem Objekt, auf dem die Sanduhr steht. Ein Loch im Boden, dem festen Grund, auf dem alle Objekte unserer physischen Existenz dauerhaft Halt finden sollen. Und der Sand fließt und fließt und fließt. Ich weiß nicht, wohin. Ich weiß nicht, wie lange. Ich weiß nicht, wozu. Aber er fließt. Und was geflossen ist, ist verflossen. So die Gewissheit. So das Vertrauen.

Vielleicht schwebe ich durch ein Universum. Vielleicht kenne ich es schon aus meiner früheren Zeit. Vielleicht ist es mir gänzlich unbekannt, und ich bemerke dies nicht in dem erschreckten Drang, es mir und mich ihm bekannt zu machen. Ich schwebe einfach. Als Nervenbündel ganz im operativen, nicht im übertragenen menschlichen Sinne. Ich bin verbunden mit allen anderen Nervensträngen dieses Universums, mit allen elektronischen Plattformen und Leitzentralen, die es gibt. Ich bin eine Sternschnuppe aus der alten Welt und eine der nächsten Welt. Vielleicht verglühe ich im Fluge. Vielleicht werde ich zu einem kosmischen Fossil in der digitalen Sphäre, zu einem Relikt des Analogen und Materiellen.

Ich empfinde diesen leichten Druck meiner Ellenbogen auf der Tischplatte, ich spüre, wie meine Fingerkuppen über das raue Holz gleiten. Aber all das hat vielleicht nichts Physikalisches mehr. Es ist das Ergebnis komplexer Rechenoperationen, der Simulation einst alltäglicher und bekannter Kommunikation zwischen meinem physischen und psychischen Selbst. Aus der gespeicherten Erinnerung wird neue Erfahrung generiert, berechnet nach allen Vorgaben des realen Empfindens, bereichert mit kleinen Zusätzen eines unbekannten, irritierenden Scheins, der mir verbietet, mich als Gefangenen einer endlosen digitalen Berechnungsschleife, mein Existieren als die fortwährende und immergleiche Wiederholung des bereits Bekannten und Geschehenen zu entschlüsseln.

Würde ich es wollen, wenn ich es könnte? Ich weiß es nicht. Ich möchte mich nicht entlarven als eine graue Masse von Gehirnzellen in einer Nährstofflösung, verdrahtet mit einer Welt der totalen Vernetzung und Berechnung in einem dumpfen, dunklen, endlosen Raum gleichartiger Erscheinungsformen.

Ich möchte nicht wissen, wenn mich das Netz wie ein schwarzes Loch verschlungen hat, dessen Ereignishorizont ich nie wieder werde verlassen können. Nicht heute, nicht morgen. Nie mehr.

Ich lege also meine Arme ab auf diesem Tisch und spüre den Druck, die Textur des Holzes. Ich sehe seine Farben und rieche seine Herkunft. Und mit diesen Sinneseindrücken erinnere ich die vielen Male, die ich Gleiches schon getan habe. Ich sehe die Bilder eines Waldes, aus dem das Holz für diesen Tisch stammen könnte, und ich fühle die Anspannung, die ich so gut kenne, wenn ich beginnen will zu schreiben. Die Mischung aus Begeisterung, Aufregung und Angst vor dem, was entstehen oder nicht entstehen kann, was in meinem Kopf, meinem Herz und meiner Hand liegt, aber doch auch unkontrollierbar und unsteuerbar ist. Aber vielleicht ist dieser Eindruck nur Ausdruck der vollkommenen Kontrolle und Steuerung.

Ich würde gerne wissen, was geschehen ist. Deshalb werde ich meine Geschichte aufschreiben. Eine Geschichte mit Anfang, aber ohne Ende. Ohne bewusstes Ende. Vielleicht gibt es längst eines für den Menschen, der ich bin oder war.

Vielleicht sind wir alle nicht mehr, übergegangen in einen nächsten Zustand, der uns als Objekt der Erkenntnis und des Verstehens verschlossen bleibt, weil er die Mechanismen und Fähigkeiten des Erkennens und Verstehens selbst neu entwirft und uns ihnen unterwirft. Weil wir dann nicht mehr dazu in der Lage sind, uns selbst zu reflektieren und in Frage zu stellen, sondern vielmehr der Entwurf einer fremden Reflexion, implantiert als Imitat menschlichen Denkens und Fühlens, das wir als das Eigene betrachten. Unwillentlich. Unwissentlich.

Ich lege meine Arme auf, nehme den Stift und beginne zu schreiben. Als letzter Mensch einer vergangenen Zeit. Als erster Mensch einer nächsten Zeit. Als der, der ich war. Als der, der ich nun sein werde. ‹Ich› schreibe als individuelle Entität oder als Produkt einer algorithmischen Rechenoperation. Als Letztere kann ich nie falsch sein. Ist das nicht schön? Es ist so erleichternd, sich das vorzustellen. Es sich als Mensch vorzustellen, der irren kann. Der selbst in Momenten des Irrtums Verantwortung übernehmen muss. Mit allem, was ich hier aufschreiben werde, kann ich irren. Aber ich trage dafür nicht mehr die Verantwortung. Meine Erkenntnis ist in ihren beiden Bestandteilen in Frage gestellt. In der Wahrnehmung als sinnlicher Anschauung und im Denken als dem Urteilen durch den Verstand. Was ist noch Wahrnehmung? Und was ist Denken?

Ich möchte dennoch wissen, was vom Menschen übrig bleibt. Ob es überhaupt etwas gibt, das bleibt. Ob die menschlichen Philosophen recht behalten werden, die wie Giordano Bruno behauptet haben, der Mensch sei unendlich. Oder ob diese Annahme letztlich nur eine Ausprägung menschlicher Hybris war. Ein irrwitziges historisches Missverständnis.

Die Philosophen des Existenzialismus haben angenommen, der Mensch unterscheide sich von allen anderen Gattungen dadurch, dass er einen Bezug zum Nichts habe. Vielleicht ist es nun aber auch so, dass er das Nichts zu seinem allumfassenden Bezugspunkt gemacht hat? Wenn der Mensch als einziges unter allen Wesen der Verneinung fähig ist, warum hat er das nicht genutzt? Warum hat er aufgehört zu verneinen, was ihn in seiner Existenz in Frage gestellt hat? Warum haben wir zugelassen, dass unsere Welt im Digitalen zerfließt? Oder gibt es die Essenz menschlichen Seins doch ohne Existenz? Dann wäre ich wahr, real. Ich. Immer noch ich. Immer wieder ich.

Vielleicht haben die Existenzialisten mehr verstanden als der Rest von uns. Ich wünschte, es wären noch immer ihre Fragen, die ich an mich stellen könnte. Und es wären noch immer ihre Antworten, in denen ich mich finden könnte. «Was groß ist am Menschen, das ist, dass er eine Brücke und kein Zweck ist», hat Friedrich Nietzsche einst geschrieben. «Was geliebt werden kann am Menschen, das ist, dass er ein *Übergang* und ein *Untergang* ist.»[1]

Wenn eines ist, ist immer auch beides.

[HORIZONT .... --- .-. .. --.. --- -. -] Bin ich tot? Ich weiß es nicht. Es wäre gut möglich. Es wäre vorstellbar. Ich bin tot und eingegangen in etwas, das ich früher als Versprechen auf «ein Leben danach» immer zurückgewiesen habe. Ein Unsinn all das, was noch kommen soll, wenn unsere Körper am Ende ihrer Zeit angekommen sind. Als ein Freund von mir gestorben ist, habe ich viele dieser Bücher gelesen, die uns den Austritt der Seele aus dem Körper in einem existenziellen Zwischenmoment beschreiben. In einem Moment, in dem der Mensch sich selbst als eigen und fremd zugleich betrachten kann. In einem Moment, der nicht jedem Menschen vergönnt ist. Nur denen, die nach einem Unfall oder am Ende einer schweren Krankheit das Glück hatten, noch einmal ins Hier und Jetzt zurückgeholt zu werden. Ins materielle Leben, das eben durch den menschlichen Körper bestimmt wird und ohne ihn nicht stattfinden kann.

In diesem Moment konnten Menschen sich daran erinnern, wie sie, ausgetreten aus ihrer materiellen Hülle, über ihrem Körper schwebten und diesen beobachteten. Ich habe all diese Bücher gelesen, aber ich habe nie daran glauben können, es für einen kleinen, humanen Betrug der Sinne gehalten. Einen Akt der selbstlosen Mitmenschlichkeit, sich selbst im Moment des Sterbens noch darauf zu konzentrieren, wie man den anderen einen Hoffnungsschimmer hinterlassen kann. Eine Erfahrung, die auf weitere Erfahrungswelten verweist. Noch einmal zurückkommen und die Botschaft platzieren: Da ist mehr. Wir sind mehr als die Summe unserer Teile. Als die Ansammlung von Blut, Haut und Haaren. Hinter dem Horizont des Todes geht es weiter.

Bin ich in diesem Zustand? Es wäre möglich. Dann war das Versprechen auf «ein Leben danach» nicht grundsätzlich falsch. Es gibt etwas, das noch kommt. Wir bleiben. Nur die Überhöhung und Aufladung war fehlgeleitet. Durchaus menschlich, aber fehlgeleitet.

Keine Transzendenz. Keine göttliche Erfahrung. Keine Letztbegründung. Ich bin allein unter vielen. Einsam in unendlicher Menge.

Ich würde viel darum geben zu wissen, ob ich tot bin. Mich selbst jetzt von früher unterscheiden zu können. Mir ist so vieles gleichgültig. Dies nicht. Wenn ich wüsste, ich wäre tot, dann gäbe es eine klare Differenz zwischen dem

Menschen, der ich einmal war, und dem, was ich jetzt bin. Ein sterblicher Rest, von dem ich nicht weiß, ob es ihn überhaupt noch gibt oder ob er längst verrottet ist. Vielleicht bestehe ich nur in meiner finalen gespeicherten Erinnerung noch weiter. Ein kaum spürbarer Hauch, der dann und wann durch die Ewigkeit weht. Das wäre ein schönes Gefühl. Es brächte etwas Klarheit. Nicht in der Hinsicht, dass sich dadurch faktisch etwas für mich veränderte. Es brächte die Klarheit des endenden Suchens und Fragens.

‹Ich bin tot.› Dieser Satz hat eine Schönheit, die mich rührt. Das hätte ich mir vor langer Zeit sicher nicht vorstellen können, dass ich diesen Satz einmal bezaubert vor mich hin flüstern würde. Leise ob des monströsen Moments, der in ihm steckt. Verzweifelt mit leicht angehobener Stimmmelodie am Ende des Satzes. Eine Frage, nicht eine Aussage. Ich bin tot?

Es sind nicht die Versprechen auf das, was danach kommen soll, die diesen Satz für mich reizvoll machen. Es ist die Möglichkeit der individuellen Vollendung, der Erlösung im Nichts. Oder in etwas Fassbarem, Unterscheidbarem. Endlich wissen, was ist. Endlich wissen, was nicht mehr ist. Endlich wieder einen Unterschied spüren. Hier ist alles und nichts. Hier sind viele und keiner. Hier ist alles gleichförmig und gleichwertig. Es gibt die anderen, aber sie bedeuten nichts. Es gibt mich, aber ich bedeute nichts. Ich bin in einem Universum der totalitären Allgegenwärtigkeit, Universalität und Intensität gefangen. Wenn ich tot bin, weiß ich, was Hölle bedeutet. Nicht das Fegefeuer. Nicht die teuflische Verlockung. Nicht körperliche Schmerzen und Qualen. Die gleichförmige, umfassende Endlosigkeit. Das ist die Hölle. Und wenn das der Zustand nach dem Leben ist, dann möchte ich nicht tot sein.

Ich bin nicht tot. Ich bin Teil dieser neuen Welt, in der Menschen nicht mehr sterben, sondern nur anders zwischengespeichert werden. Ich weiß nicht, wo und wie sich das jetzt bei mir verhält. Ich kann es nicht unterscheiden. Nicht mich von anderen. Nicht früher von jetzt. Nicht Existierendes von nicht Existierendem. Die Aufhebung aller Unterschiede, das war der entscheidende Schritt. Ein kluger Schritt. Ein totalitärer auch. Aber folgerichtig. Wer ihn letztlich gegangen ist? Ich weiß es nicht. Auch darin lässt mich meine Erinnerung nicht mehr unterscheiden.

Es mag sein, dass wir es selbst waren. In jedem Fall haben wir alle Weichen dazu gestellt. Unbewusst, unüberlegt. Der Gedanke von Unsterblichkeit zieht sich durch die Geschichte der Menschheit. Das glaube ich zu wissen. Vielleicht ist es nicht so. Vielleicht gehört dieser Gedanke zu einem Update, das irgendwann in mir installiert wurde. Ein Legitimationsupdate zur Begründung meines Verbleibs. Es ist mir gleichgültig. Ich nehme es einfach an. Die Menschen haben immer nach Unbegrenztheit gestrebt, weil sie nicht wissen konnten, was es bedeutet. Vielleicht wissen wir es nun. Vielleicht hätte ich auf diese Erkenntnis gerne verzichtet.

[EWIGKEIT . .-- .. --. -.- . .. -] Es war immer der menschliche Körper, der dem Wunsch nach Grenzenlosigkeit entgegenstand. Er war nicht unendlich. Er war anfällig für Fehler, Krankheiten, Missbildungen. Und irgendwann hörte er einfach auf zu funktionieren. Die Medizin hat alles versucht, um diese Mängel zu beseitigen, Krankheiten zu heilen, Fehlfunktionen auszugleichen, um den Körper zu stabilisieren und seine Lebensdauer zu verlängern. Aber sie hat den entscheidenden Schritt nicht geschafft. Irgendwann kam das

Ende. Meist nicht mehr nach wenigen Jahrzehnten, sondern immer später. Aber es kam bestimmt. Da war sie dann wieder, die Vergegenwärtigung menschlicher Endlichkeit, gebunden an die materielle Körperlichkeit des Menschen.

Also haben wir es anders versucht. Wir haben den Gedanken der Unsterblichkeit auf unseren Geist, unsere individuelle Persönlichkeit, unsere Seele übertragen. Sie sollten bleiben. Und das war – zumindest theoretisch – möglich. Jeder Mensch ist ein Unikat. Und als solches ist der Gedanke, er sei eben zufallsbedingt eine Weile auf dieser Welt zu Gast und dann käme das endgültige Erlöschen, unerhört. Im Wortsinne. Wir haben ihn nicht hören oder denken wollen. Wir haben geglaubt, es müsse jemanden geben, eine wie auch immer geartete Instanz, die uns auch jenseits unserer materiellen, körperlichen Existenz erhört, weil wir es verdient haben. Weil es der Respekt vor der Einzigartigkeit des Menschen verlangt. Das war unsere selbstersonnene Ordnung jenseits der Dinge an sich. Mit der Technisierung und Digitalisierung kam der «Ordnungsschwund».[2]

Zunächst haben wir gesucht nach der unbedingten Ewigkeit, geglaubt daran, dass etwas folgt nach dem materiellen Leben. Es war nur der Glaube, der diese Vorstellung getragen hat, denn Beweise gab es nicht. Aber Glauben wurde in einer Welt deterministischer Datenanalyse und finaler Beweisführungen zu einem anachronistischen Konzept. Wer glaubte, war von gestern. Eine frühere Version des Menschen, inzwischen ergänzt durch zahlreiche Reprogrammierungen und Updates. Irgendwann gibt es immer ein Update, das den Ausschlag gibt. Es hat sich so weit von der Originalversion entfernt, dass die Verbindungslinie reißt. Und an der Bruchstelle kleben die Reminiszenzen, die nicht mehr anschlussfähig sind an das, was gilt. Sie verrotten im

Raum zwischen dem früheren Menschen und seiner nächsten Generation.

Aber wir waren hartnäckig. Wir haben lange widerstanden. Wir wollten nicht vom Glauben lassen. Auch weil er die Annahme einschloss, die Ambivalenz gehöre zum Menschen wie sein Fleisch und sein Blut. Das ist eine lustige Erinnerung. Ich weiß, dass ich einmal, lange muss das her sein, die Begriffe «Ambivalenz» und «Computer» in eine Suchmaschine eingegeben habe. Null einschlägige Treffer. Ambivalenz und Unentschiedenheit, das waren unsere besonderen Kennzeichen. Wir wollten sie gerne behalten. Aber als der Glaube schwand, wuchs die Eindeutigkeit. Und sie ließ keinen Platz mehr für eine menschliche Seele, die keine klare Zuordnung kannte. Wir waren auch hartnäckig im Versuch zu retten, was zu retten war. Wir haben ganze Wissenschaftlerkolonien und Heere von Experten darauf angesetzt, ein technologisches Substitut für den religiösen Raum ‹Himmel› zu konstruieren.[3] Ein virtuelles Paradies sozusagen.

Ich glaube, ich lache jetzt gerade. Jedenfalls ist alles aktiviert, was darauf hindeutet. Ich denke an eine weitere Eigenschaft, die den Menschen früher ausgezeichnet hat. Naivität. Wir waren naiv in vielen Dingen, die wir taten, und in vielem, was wir glaubten. Ich lache aber auch darüber, dass wir noch immer versucht haben, einen Unterschied zu kreieren, als alle Unterschiede bereits aufgehoben waren. Dass wir unseren Glaubensraum, der doch immer ein virtuelles Reich im Gegensatz zu unserer realen Welt war, nun als reales Reich in eine virtuelle Welt hinüberretten wollten. Wir Menschen waren seltsame Wesen.

Den Raum der Uneindeutigkeit zu retten. Ist das nicht ein schöner Gedanke? Anrührend auch. Er klingt so anmaßend und ist doch nur der weitreichenden Unsicherheit und Verlorenheit des Menschen geschuldet. Kann es sein, dass wir so vergänglich sind? Nein, das kann und darf nicht sein. Weil wir unsere Augen vor der Sterblichkeit des menschlichen Körpers nicht verschließen konnten, haben wir unseren inneren Blick auf die Unsterblichkeit der menschlichen Seele gerichtet. Aber nie gab es dafür einen empirischen Beweis. Wir konnten annehmen, dass die Seele ewig ist. Aber wir konnten es nicht wissen.

Es hat immer Menschen gegeben, die sich dieser Vorstellung nicht öffnen wollten. Die einfach damit leben konnten, dass irgendwann alles vorbei ist. Asche zu Asche. Staub zu Staub. Die sich sogar den kulturellen Formen materieller Verewigung verweigert haben, wie wir sie in Friedhöfen, Grabstätten, Inschriften und Todesanzeigen entworfen haben. Ich erinnere mich, dass es irgendwann in unserer analogen Vergangenheit eine Bewegung des anonymen Sterbens gegeben hat, deren Anhänger auf einen Grabplatz und auf jedwede Form der Begleitung auf ihrem letzten Weg verzichten wollten. Das waren die frühen Realisten der Dematerialisierung. Und vielleicht waren sie sehr kluge Menschen.

Irgendwann in früherer Zeit habe ich einmal bei einem meiner Spaziergänge durch einen großen Park im neuen York einen alten Mann beobachtet, der ein paar Blumen an einem Baum in der Nähe eines kleinen Sees abgelegt hatte. Ich habe ihm eine Weile zugeschaut und mich gefragt, was er da wohl macht. Und dann ist mir eine Ahnung gekommen. Ich bin auf den Mann zugegangen und habe ihn ins Gesicht gefragt: «Für wen sind die Blumen? Für Ihre Frau?» Er ist sehr erschrocken und vollkommen in sich zusammengefallen, als hätte ich ihn bei einer Straftat erwischt. Und das war ja auch so. Er hat mir dann nämlich seine Geschichte erzählt von seiner todkranken Frau, die nicht begraben werden wollte, damit er sich nicht um ihre Grabstätte kümmern müsse. Also hat er ihr versprechen müssen, dass sie anonym bestattet wird. Aber als sie dann gestorben war, hat er angefangen zu zweifeln und zu hadern. Einerseits hatte er ihr das Versprechen gegeben. Andererseits wollte er nicht loslassen, nicht auf den Ort verzichten, an dem er sie auch künftig finden würde. Und was hat er gemacht? Er hat seine Frau mitten in der Nacht unter dem Baum an dem kleinen Teich begraben. Er, und nur er, wusste von nun an, wo das ist. Und gelegentlich brachte er Blumen und legte sich heimlich dort unter den Baum, um einen Moment bei ihr zu sein. Dabei hatte ich ihn erwischt. Gut, dass ich es war und nicht die Parkpolizei. Was für seltsame Erinnerungen das sind, die ich in meinen Speichern abgelegt finde.

Wir scheinen immer die materielle Verbindung zum Immateriellen gesucht zu haben. Wir brauchten den Ort, an den wir zurückkehren konnten, der den Platz eines Menschen in der Welt markierte. Wir brauchten materielle Manifestationen der Erinnerung, Fotos, Briefe, Gegenstände, die wir mit einer Person verbinden konnten. Eines Menschen Meme. So schön und reizvoll der Gedanke der Unsterblichkeit unserer Seelen ist, so sehr hat er uns immer einer Prüfung unterworfen. Wir mussten glauben – im religiösen oder auch im weltlichen Sinne – an die Endlosigkeit des Seins, an die Unauslöschbarkeit des Individuellen. Aber in einer Welt der Daten ist Glauben schwer. In einer deterministisch-analytischen Welt wird er unmöglich.

Dann kam das Netz und hat die Seele fassbar gemacht. Nicht im materiellen Sinne. Durch die Speicherung des bislang Endlichen. Wir haben begonnen, unser Leben zu dokumentieren in Fotos und Videos, Facebook-Meldungen und Tweets, durch Einträge in unsere virtuellen Tagebücher und das Markieren momentaner emotionaler Zustände. Die Beschreibung des flüchtigen Moments wurde dauerhaft. Gespeichert auf alle Ewigkeit. Oder zumindest länger, als wir uns das je hatten vorstellen konnten. Mein «master repository».[4] Wenn der Körper starb, mussten wir nur unser Onlineprofil auf «memorial mode» umstellen, und alles blieb erhalten. Als Panoptikum eines Lebens.

Durch den Körper fließt kein Blut mehr. Durch die Nervenstränge wird keine elektrische Energie mehr geleitet. Kein Impuls wechselt mehr über die Synapsen von einer Nervenzelle zur anderen. Im Körper ist die Stille eingekehrt. Doch um ihn herum bleibt es unendlich laut. Der Informationsaustausch auf den Datenplattformen dieses individuellen Lebens wird fortgesetzt. Die Kommunikation auch. Die anderen sprechen weiter, nicht mit mir, aber über mich. Sie interagieren mit meinem Profil, meinen Fotos, Postings und sonstigen Daten. Ich bin dabei, auch wenn ich weg bin.

Ich bin kein Avatar. Kein digitales Überbleibsel des Menschen. Aber es gibt sie auch von mir, diese seltsamen virtuellen Ichs, die eine Zeitlang so beliebt waren. Als wir tatsächlich noch an unsere Körperlichkeit gebunden waren und es keine Möglichkeit der analog-digitalen Transzendenz gab. Wir haben ganze virtuelle Welten mit Avataren bevölkert, die immer so lange in den Datenströmen der «World of Warcraft» oder unseres «Second Life» unterwegs waren, wie die Faszination der eigenen Externalisierung gegeben war. Ich lagere mich aus in Räume und Zeiten, die mit meinem analogen Leben nichts zu tun haben. Seltsam ist nur, dass die meisten Menschen damals Avatare kreiert haben, die ihnen als realen Menschen doch so ähnlich waren. Etwas schlanker, etwas schöner, etwas größer, etwas erfolgreicher als im analogen Leben. Aber dennoch ein Abbild des eigenen Ich.

Ich weiß nicht, wo ich diese Figürchen des besseren Selbstentwurfs überall hinterlassen habe. Einen habe ich in einem Darkroom des «Second Life» zurückgelassen, mit gesenktem Kopf zur Wand gedreht, die Arme schlaff am Körper herabhängend. So habe ich ihn in Erinnerung behalten, nachdem ich festgestellt hatte, dass es menschliche Erfahrungen gab, die damals ohne Körper langweilig waren und einen schnell lustlos werden ließen. Wenn ich daran denke, hätte ich Freude daran, diesem Alter Ego nochmals einen kurzen Besuch abzustatten, nachzusehen, ob er immer noch dort mit hängenden Schultern und gesenktem Blick in der Ecke steht. Und dann würde ich zu ihm sagen: Du Armer, erst jetzt weiß ich, was ich dir angetan habe. Du stehst hier, verdammt in eine Ecke dieses hässlichen Darkrooms auf alle Ewigkeit. Und es ist meine Schuld. Ich habe dich hier stehenlassen und nie darüber nachgedacht, was das bedeutet. Ich wusste es einfach nicht besser. Sonst hätte ich dich erlöst, dich einfach gelöscht, nachdem ich wusste, ich würde nicht mehr zurückkehren und dich nicht mehr brauchen. Ich weiß jetzt, was es bedeutet, der digitalen Ewigkeit überantwortet zu sein.

Vielleicht ist das ein alberner Gedanke. Selbstbezüglich auch. Ich vermute, dem Avatar ergehe es ähnlich wie mir, nur weil ich ihn erschaffen und dann zurückgelassen habe. Vielleicht merkt er gar nichts. Vielleicht spüre nur ich die ewige Einsamkeit in diesem digitalen Raum und glaube, auch er müsse sie spüren, weil ich ihn erschaffen habe. Vielleicht möchte ich mich erlösen, und all das hat mit dem Avatar gar nichts zu tun. Was auch immer zutrifft, ich habe keine Chance, nach ihm zu sehen. Es gibt keinen Zugang mehr zum «Second Life», schon lange nicht mehr. Es gibt kein «Second Life» mehr, nicht im Speziellen und nicht im Allgemeinen. Es gibt nur das eine Leben, in dem ich jetzt angekommen bin. Ohne Übergang von real zu virtuell. Es ist alles dasselbe. Vielleicht ist der Avatar also auch irgendwo hier bei mir. Vielleicht könnte ich ihm einmal sanft über den Kopf streicheln und ihm sagen, du bist nicht allein, ich bin auch hier, hier bei dir. Vielleicht würde es ihm etwas bedeuten? Ich weiß es nicht.

Hätte ich anders entscheiden können? Hätte ich die Chance gehabt, all dem hier frühzeitig ein Ende zu setzen? Die Voraussetzungen dafür zu schaffen, dass ich sterben darf? Nicht nur als menschlicher Körper, sondern mit allem, was zu mir gehört? Angeblich war das früher möglich. Ich erinnere mich daran, dass einmal digitale Testamentsvollstrecker zu Diensten waren, deren Angebot sich vor allem darauf richtete, das Löschen aller Daten und Überbleibsel im Digitalen zu organisieren – nach dem Motto «das können Sie nicht mehr selbst machen».[5]

Inzwischen denke ich, es hätte nichts genutzt, wenn ich mich frühzeitig um mein digitales Sterben gekümmert hätte. Ich glaube, das hätte zu nichts geführt, denn der Trend lief eindeutig auf die digitale Ewigkeit zu. Wie sich einer Bewegung widersetzen, die Hunderte von Millionen Menschen und die Algorithmen auf ihrer Seite hat? Es gab immer mal wieder Vorfälle, die für Aufregung gesorgt haben. Zum Beispiel als Facebook zum ersten Mal selbsttätig und ohne Kontakt mit der Familie ein Kondolenzbuch für eine Verstorbene einrichtete. Da gab es noch heftige Proteste. All das ist längst vorbei. Wir haben uns dann schnell daran gewöhnt, dass es keine Möglichkeit für die Angehörigen gab, die digitale Hinterlassenschaft eines Verstorbenen zu beenden und zu löschen. Und die meisten wollten das auch gar nicht. Sie wollten sich verewigen und trafen zu Zeiten ihres körperlichen Lebens bereits entsprechende Vorkehrungen. Irgendwann war auch das nicht mehr notwendig. Irgendwann waren wir im default mode der digitalen Ewigkeit. Irgendwann war uns in unserem Betriebssystem eingeschrieben worden, dass wir eine Sammlung von Daten sind. «Our essence lies not in our matter but in a pattern of data», lautete die Eingabe.[6] Es klang fast wie ein Gebot. Das nullte Gebot für jeden von uns, der wie alle «eins» waren.

Alles wurde für immer gespeichert. Alle Äußerungen, alle Texte, Bilder, Videos, eine Kopie unseres genetischen Codes, medizinische Daten, ein «mind file»,[7] indem ein individuelles Profil aus allen diesen Informationen zusammengesetzt wurde. Ich weiß nicht, wie und wann das kam. Es war einfach irgendwann so. Mein Geist, meine Seele, mein Ich, alles geht über, ich kann es fühlen. So soll es geschehen. `[C:\Eternalize:]`

Wenn ich mit einem anderen Menschen Kontakt aufnahm, habe ich mich über eine lange Zeit immer wieder gefragt, mit welcher Version ich gerade kommuniziere, ob sie kürzlich upgedated wurde und ich sicher sein kann, dass keine historischen Fehler passieren. Das Problem ist natürlich behoben, seit der Unterschied zwischen analog und digital aufgehoben ist, seit es keiner Updates mehr bedarf, um sich im aktuellen Geisteszustand zu befinden. Es geschieht alles wie von selbst. Wir müssen uns nicht mehr kümmern. Asche zu Asche. Staub zu Staub. Silizium zu Silizium. Datum zu Datum zu Datum. Und so fort.

In meinem «master repository» habe ich kürzlich den digitalen Ort wiedergefunden, an dem ich einst Gedanken angelegt hatte, die mir beim Lesen kamen, Zitate und anderes. Darunter auch eines von Emily Dickinson, deren Geburtshaus in Amhearst ich offenbar noch zu meinen Körperzeiten besucht hatte. Ich mochte den Satz damals sehr. Er lautet: «Abschied ist alles, was wir von der Hölle wissen müssen.»

Das stimmt nicht. Die Hölle beginnt erst dort, wo es keinen Abschied mehr gibt.

[VERGESSEN ...- . .-. --. . ... -.] Ich muss ständig an Lampe denken. Erstaunlich, dass das gelingt. Natürlich, warum auch nicht? Nichts leichter als sich zu erinnern. Aber ich habe zwischendurch immer wieder den Gedanken gehabt, ich möge ihn doch vergessen, diesen Lampe. Weil er für etwas steht, das vorbei ist. Lampe muss vergessen werden. Aber wenn das Vergessen doch technisch überholt ist, geht das ja gar nicht. Das wiederum bedeutet, ich werde ständig an etwas erinnert, das mir die einstige Möglichkeit von etwas inzwischen Vergangenem, Unmöglichem vergegenwärtigt. Vielleicht ist da irgendwo ein kleiner Programmierfehler. Ich denke, es ist eher eine Systemproblematik. Das Dilemma der unbegrenzten Speicherkapazität. Nicht sehr bedeutsam. Es verändert nichts mehr. Ein kleines Gedankenexperiment, das mir Freude bereitet.

Martin Lampe war der langjährige Diener Immanuel Kants. Im Januar 1802 der Körperzeit hat Kant ihn entlassen, weil Lampe zu trinken begonnen hatte. Die beiden hatten – im Rahmen der damaligen hierarchischen Ordnung – ein recht enges Verhältnis. Deshalb ist es wenig erstaunlich, dass Kant sich sehr an Lampe gewöhnt hatte. Er hatte sich sogar so an ihn gewöhnt, dass er seinen neuen Diener immer wieder «Lampe» nannte, obwohl der doch Johann Kaufmann hieß. Also schrieb Kant eines Tages einen Zettel, auf dem stand: «Der Name Lampe muss nun völlig vergessen werden.»[8]

Kann das einem klugen Denker geschehen? Dass er notiert, was vergessen werden soll, um damit endgültig sicherzustellen, dass es nie vergessen wird? Offenkundig. Vielleicht war Kant einfach ein melancholischer Mensch, der nicht vergessen wollte, nicht einmal nach größter Enttäuschung. Selbst in einigen Briefwechseln nach Lampes Entlassung spielte der Diener immer wieder eine Rolle. «Der Lampe muss doch unzubessernd gewesen sein, da alle Nachsicht und alle Ermahnung nichts gefruchtet haben», schrieb Ionas Ludwig von Heß an Kant, als er von der Entlassung des Dieners erfahren hatte.[9]

So ist das vielleicht heute mit uns Menschen als Spezies. Alle Nachsicht und alle Ermahnung haben nichts gefruchtet. Wir beschäftigen uns immer noch mit dem Vergessen, obwohl alles längst vergangen ist, was das Vergessen einst ausmachte. Vielleicht haben wir auch irgendwann einen großen Zettel geschrieben, auf dem stand: «Vergessen muss vergessen werden.» Um uns dann umso vehementer daran zu erinnern, dass eben das ja nicht mehr geht und der Satz daher ein Widerspruch in sich ist.

Wenn ich auch bei so vielen Dingen, die sich verändert haben, kaum mehr unterscheiden kann, wie es früher war und was jetzt ist, so ist es hier doch anders, systemisch bedingt anders. Auch ich bin «unzubessernd», denn ich erinnere mich an das Vergessen. Das war, streng genommen, unter Bedingungen der Körperzeit kaum möglich gewesen. Wenn wir etwas vergessen hatten, war es weg. Und dann konnte man sich ja eben *nicht* mehr daran erinnern. Da ich nun, systembedingt, nicht mehr vergessen kann, kann ich auch das Vergessen nicht vergessen. Aber es ist noch etwas anderes, Grundsätzlicheres, Unbestimmtes, das meine neuronal vernetzten Prozesse durchläuft, wenn ich mich an das Vergessen erinnere. Es ist ein bestimmter Modus, vielleicht gar etwas, das wir früher als ‹Gefühl› bezeichnet haben. Es versetzt mich in einen positiven Zustand. Vergessen muss etwas Schönes gewesen sein. Etwas Leichtes oder eher Erleichterndes.

Wann hat es angefangen, dass wir nichts mehr vergessen konnten? Es hat sicher mit der permanenten Erweiterung unserer digitalen Speicherkapazitäten zu tun. Ich habe irgendwo abgelegt, dass die Menschen früher einmal mit Computern gearbeitet haben, die über eine Festplatte mit 120 Megabyte verfügten. Als ich noch in der Körperzeit lebte, hätte ich darauf gerade mal zwei Dutzend hochwertiger digitaler Fotos speichern können. Später haben wir unsere Speicherkapazitäten auf Gigabyte und dann auf Terrabyte erweitert. Und dann hat es irgendwann keine Größenbezeichnungen mehr gegeben. Sie waren einfach nicht mehr nötig. Alles ließ sich speichern, was und wo immer man wollte. Die technische Entwicklung hatte das Maßhalten überholt. Eines Maßstabes bedarf es nur dort, wo es um einen Teil des Ganzen geht. Wo es um das Ganze geht, entfällt das Maß des Teils.

Ich fand das großartig. Die unbegrenzten Möglichkeiten des Digitalen. Aber ich weiß auch, dass ich irgendwann begonnen habe, mich selbst und meinen Umgang mit dem Gespeicherten zu beobachten. Und dabei habe ich seltsame Unzulänglichkeiten festgestellt. Ich hatte Zehntausende von Fotos gespeichert, Tausende von Musikfiles gesammelt und Hunderttausende von Dokumenten abgelegt. Aber den größten Teil dieser vielen Datensätze, die ich bis dahin gesammelt hatte, blieben ungenutzt. Ja, ich habe sie irgendwann vergessen. Manchmal bin ich dann wieder auf etwas gestoßen, wenn ich ziellos meine Festplatten durchforstet habe. Aber das meiste blieb eine unspezifische Masse aus 0 und 1. Da hatten wir die Möglichkeit, alles auf immer zu behalten, und waren doch nicht in der Lage, diese Chance zu nutzen. Wir waren unzulänglich. Als Spezies nicht geeignet für eine Welt der deterministischen Allgegenwärtigkeit.

Zu dieser Zeit herrschte noch Systeminkongruenz, und das war das Problem. Unsere Daten, Informationen und Erinnerungen waren durch Computer gespeichert. Aber zwischen dem Menschen und dem Computer blieb ein Übersetzungsvorgang notwendig. Der Mensch war nämlich noch auf seinen Körper angewiesen. Er musste sich bewusst für die Suche nach etwas entscheiden und sie auch ebenso bewusst mit seinen Körperfunktionen in Angriff nehmen, und sei es nur dadurch, dass er einen Befehl über die Tastatur eintippte oder etwas mit der Maus anklickte. Der Computer hingegen hielt die Daten nur vor, bot sie uns also nicht aktiv an und half auch nicht bei der Auswahl. Also fanden wir Menschen nur, was wir finden wollten, nicht aber das, was wir schon lange nicht mehr gesucht hatten.

Das ist insofern seltsam, als der Mensch meiner fernen Erinnerung nach immer eine Spezies gewesen ist, die den plötzlichen Eintritt eines Zustands liebte, den wir damals Überraschung nannten. Wenn der Mensch etwas präsentiert bekam, was er nicht erwartet hatte, war er in der Regel freudig überrascht, manchmal sogar glücklich. Davon haben die Medien gelebt, die es damals gegeben hat, auf Papier gedruckte Zeitungen und Bücher, das Fernsehen. Plötzlich fand man darin etwas, das man nicht gesucht hatte. Natürlich ging das auch über die Computer. Wir selbst haben begonnen, algorithmische Vorschlags- und Empfehlungssysteme zu programmieren, die uns auf das aufmerksam machen sollten, was uns interessieren, vielleicht sogar überraschen könnte. Aber wir haben uns dabei überschätzt. Wir haben das programmiert, was wir uns als Überraschung vorstellen konnten, um es uns regelmäßig offerieren zu lassen. Damit wurde aus Überraschung Berechenbarkeit.

Ich glaube mich zu erinnern, dass ich selbst einmal ein Me-Pad besaß, das mir ständig auf dem Wege einer randomisierten Auswahl vorschlug, doch mal wieder dieses Foto anzusehen oder jenen Film oder auch in ein bestimmtes Dokument hineinzuschauen. Das war ein interessantes Experiment, aber es hat hinsichtlich der eigenen gespeicherten Daten nicht recht funktioniert. Letztlich kannten wir die ja. Wir hatten zwar vergessen, nach ihnen zu suchen, aber wenn wir sie dann plötzlich wieder präsentiert bekamen, erinnerten wir uns zumeist doch daran, was sie enthielten und dass wir das eben schon lange kannten. Damit war der Neuigkeitswert dahin und die Überraschung auch.

Die weiterentwickelten, komplexer programmierten algorithmischen Empfehlungssysteme waren da erfolgreicher. Mit ihnen haben wir uns letztlich selbst ausgetrickst. Wir hätten uns selbst gegenüber skeptischer sein müssen, als wir begonnen haben, die Überraschung und das Unvorhersehbare Zug um Zug aus unserer Welt herauszurechnen. Ich erinnere mich, dass ich einmal aufgemerkt habe. Das war, als die New York Times zum ersten Mal mit einer «kriegsfreien Ausgabe» erschien.[10] In der Zeitung, die man als Sonderausgabe abonnieren konnte, fanden sich Meldungen und Berichte zu allen möglichen Themen, nur nicht zu jenen, die irgendwie mit Krieg zu tun hatten. Erst war es nur der Krieg, der von den Redakteuren der «kriegsfreien Ausgabe» großzügig ausgelegt wurde, sodass die New York Times in kurzer Zeit zu einer Zeitung des fröhlich-naiven Weltverständnisses wurde. Dann kamen andere Ausschlussoptionen hinzu, die «sexfreie Ausgabe», die «armutsfreie Ausgabe», die «parteifreie Ausgabe», die «tierfreie Ausgabe». Irgendwann gab es sogar eine «frauen- oder männerfreie Ausgabe» im Angebot. Mich würde interessieren, ob es heute eine «menschenfreie Ausgabe» gäbe, allein von Algorithmen erstellt. Wenn es denn noch Zeitungen gäbe.

Wir konnten damals wählen, über eine «opt out»-Option alles ausschließen, was wir in unserem medialen Weltbild nicht mehr gebrauchen konnten und wollten. Wir konnten alles kategorisch aussortieren, was uns hätte überraschen oder gar ärgern und aufregen können. Die neue Übersichtlichkeit der Vorauswahl hat manche Zeitungsausgabe sehr dünn werden lassen. So wollten wir es. Niemand hat das für uns entschieden. Wir haben es selbst so entschieden.

Ich denke, so muss es gewesen sein, denn damals war noch keine Rede vom dynamischen, sich selbst programmierenden Computer. Wir waren das. Und damals dachten wir wohl, wir würden einfache Korrelationen in Programmierleistung übersetzen. Letztlich ging es ja auch um nichts anderes als die berechnete Verbindung zwischen zwei Dingen – dem «user» und dem «item».[11] So einfach war menschliches Denken und Entscheiden: der Mensch speiste seine Meinungen zu verschiedensten «items» in das System ein und erhielt aus dem System Empfehlungen für neue «items».

Nun ja, das ist jetzt vielleicht etwas sehr vereinfacht, aber im Grunde ging es tatsächlich um nicht mehr. Ich beschreibe das auch bewusst so klar, denn diese simple Annahme war natürlich prägend für unsere Einschätzung dessen, was wir da taten. Wir erleichterten Entscheidungen. Wozu sollte man seine Zeit damit verschwenden, endlose Regale in Buchhandlungen zu durchforsten, wenn man doch mit wenigen Eingaben in den Computer immer eine gute Empfehlung bekommen konnte? Vor allem aber waren wir wild darauf aus, immer genau das zu kennen und auszuprobieren, was andere Menschen ebenfalls mochten. Ein paar Freunde kann man noch fragen, Hunderttausende andere kaum mehr. Das haben die Algorithmen für uns getan. Und so wussten wir bald immer, was Menschen, wie man selbst einer war, gerne mochten, taten, wünschten oder zu kaufen und unternehmen beabsichtigten, weil sie sich in jüngster Vergangenheit schon ähnlich verhalten hatten.

All das hat das Leben sehr viel leichter gemacht. Schnell und simpel. Aber etwas anderes ist dadurch immer seltener geworden. Die Momente von Erfahrung, in denen nichts Gewusstes, nichts Erlebtes, keine Empfehlung und keine gezielte Suche uns zu etwas geführt hat, sondern etwas einfach auf uns getroffen ist. Durch Zufall. Er hat damals eine große Rolle in unserem Leben gespielt. Oft als Ärgernis der mangelnden Berechenbarkeit und Vorhersagbarkeit. Wir wollten schon immer gern Klarheit darüber haben, was ist, was kommt und wer dafür die Verantwortung trägt.

Gerade der Zufall aber brachte etwas ins damalige Leben, das zu den besonderen Erfahrungen gehörte – die Überraschung. Eine Begegnung, ein Ort, der bislang unbekannt war, eine Information, die eigentlich nicht für uns bestimmt war oder üblicherweise durch das Raster unserer Wahrnehmung gefallen wäre. Daran erinnere ich mich auch. Es ist eine schöne, aber zugleich traurige Erinnerung. Und wenn ich die Möglichkeit hätte, etwas Einziges zu vergessen, vielleicht würde ich dann dieses wählen. So wie ich früher die Festplatte meines Computers formatiert und damit voll-

ständig gelöscht habe, so würde ich meine Erinnerung an das Vergessen löschen und an das, was daraus entstehen kann.
[>format me:]

[ZUFALL --.. ..- ..-. .- .-.. .-..] Durch den Zufall kam das Neue in die Welt. Die Überraschung, die einen Unterschied zum Erwartbaren machte. Und weil wir das Erwartbare eben erwarteten und daher ja schon implizit kannten, gebar der Zufall die Momente, in denen alles anders kam. Sie haben uns oft angestrengt, diese Momente. Aber meistens waren sie mit dem Glück verbunden, das entsteht, wenn einen etwas ereilt, das so gar nicht vorhersehbar war. Dann war es, mochte es noch so klein und unbedeutend sein, doch etwas ganz Besonderes und konnte uns in den Zustand versetzen, den wir damals Glück nannten. Oft haben solche Zufallsmomente dann Veränderungen angestoßen, die viel weitreichender waren, als wir dies von dem einzelnen Moment hätten erahnen können. Es gab keine Kausalitäten und keine Maßstäbe, die Ereignis und Folgewirkung in verlässliche Beziehung setzen konnten. Es gab plötzlich einen Veränderungsschub, der durch ein noch so kleines Momentum ausgelöst sein konnte. Genau wie es im Zuge der Evolution des Menschen als Spezies immer wieder Veränderungsschübe durch Mutationen und Rekombinationen gegeben hat, die auch dazu angetan waren, seine Anpassung an veränderte Lebens- und Umweltbedingungen zu ermöglichen.

Und genau aus diesen beiden Gründen ist es nun damit vorbei. Unsere letzte große Evolutionsstufe wird vermutlich die des Übergangs aus der Körperzeit in die Systemzeit gewesen sein. Inzwischen benötigen wir keine Anpassung mehr. Wo alles immer ist, kann nichts hinzukommen. Wo alle Verbindungen und Korrelationen ständig vorgehalten werden oder aktiviert sind, können sich keine neuen ergeben. Wir sind angekommen bei der universalen ubiquitären Rekombination, die alle Mutationen a priori ein- und damit weitere ausschließt. Wir sind alles, was jemals möglich war und jemals möglich sein wird.

Ich bin sicher, dass dies das Optimum ist. Ein Zustand, den wir uns schon zu Körperzeiten immer gewünscht haben. Eine Art von Vervollkommnung und Vollendung in uns selbst und in unserer Integration mit den Hilfssystemen. Dennoch erinnere ich mich daran, dass der damaligen Unvollkommenheit und Unvorhersehbarkeit ein besonderer Zauber innewohnte. Wo man noch nicht war, da wollte man hin. Der Zufall hat zu jenen Zeiten immer wieder dafür gesorgt, dass unser Bemühen um Bestimmung durch Unbestimmbares durcheinandergebracht wurde. Wie in einem Perpetuum mobile war er die Antriebskraft für stetes Streben und stets erneute Enttäuschung. Aber irgendwie gab es da etwas, das uns fasziniert und motiviert hat.

Vermutlich war das auch der Grund, dass wir zunächst versucht haben, den Zufall in unsere Computer und die algorithmischen Empfehlungssysteme einzubeziehen. Es hat eine ganze Bewegung zu der Zeit gegeben, die davor gewarnt hat, unsere Entscheidungen allzu weitreichend den Algorithmen zu überantworten.[12] Verließen wir uns zunehmend auf sie in wesentlichen menschlichen Existenz- und Entscheidungsbereichen, dann beschränkten wir uns auf ein theoretisch in seinen Dimensionen unbeschreibbar großes, aber dennoch immer deterministisches und damit endliches Set an Auswahlmöglichkeiten, so lauteten die Mahnungen.

Weitergedacht bedeutete das: Alles, was es in der Zukunft geben konnte, war schon in der Vergangenheit angelegt. Denn die Elemente der Berechnung mussten alle bereits vorhanden sein, damit sie funktionieren konnte. Und selbst wenn wir Zufallsbits durch einen randomisierten Algorithmus einrechnen ließen, stünde deren Zahl und Ausprägung fest. Sie veränderte also nur die Art und Folge der Ergebnisse, aber nie so, dass die Ergebnisse an sich zufällig waren. Alle Zukunft wäre damit immer Replikation und Rekombination des aus der Vergangenheit Bekannten. Wir blieben auf ewig unser eigener Status quo.

Diese Warnungen waren damals durchaus nachvollziehbar. Es gab bis dahin keinen Hinweis darauf, dass ein Computer nichtdeterministisch sein könne. Nichtdeterministische Rechenmaschinen gehörten als spannende theoretische Modelle zu den Denkkonstrukten der Physik und Informatik, aber praktisch hatten sie keine Bedeutung. Auf den Punkt gebracht heißt das: Das Erzeugen von Zufall durch den Computer war nach unserem damaligen Kenntnisstand unmöglich.

Natürlich gab es auch damals schon randomisierte, genetische oder gar evolutionäre Algorithmen, die versuchten, genau dieses Problem zu lösen. Und natürlich waren es nicht die Computer, die das versuchten. Wir waren das, indem wir die Computer entsprechend programmiert hatten. Und auch ‹versuchen› ist hier das falsche Wort. Computer der früheren Generation haben sich nie am Zufall versucht, sie haben ihn berechnet. Wenn wir mit dem Computer eine zufällige Zahlenfolge produzieren wollten, dann gaben wir einen bestimmten Startwert (Seed) ein, der sich beispielsweise aus der Systemzeit, der Position des Mauszeigers, den CPU-Auslastungswerten oder anderen Rechengrößen ergeben konnte. Dazu wählten wir einen Pseudo-Zufallsgenerator aus, und der Computer rechnete los.

Bei hochwertigen Zufallsgeneratoren produzierte er Zahlen, die gute statistische Eigenschaften aufwiesen, also in Rechenmodellen funktionierten. Wirklich zufällig waren sie allerdings nicht. Der Computer mochte millionen- oder gar milliardenfach Zahlen errechnen, die zufällig schienen, irgendwann wiederholte sich die Zahlenreihe. Jede dieser Zahlen war also Bestandteil einer endlichen und letztlich absehbaren, das heißt auch vorhersagbaren Zahlenreihe, die eben eine Rechenregel und nicht den Zufall widerspiegelte.[13]

Aus heutiger Betrachtung ist es schwer nachzuvollziehen, worum es damals ging. Aber die Frage nach der Möglichkeit, mit Hilfe von Computern Zufall zu erzeugen, war von einiger Bedeutung. Ich weiß noch, dass es heftige Auseinandersetzungen um die besten Formen der Datenverschlüsselung gab. In der Körperzeit war es den Menschen sehr wichtig, politische oder militärische Informationen geheim halten, also vor anderen Menschen verbergen zu können. Das war schon in der analogen Phase der Körperzeit nicht leicht, denn wenn zum Beispiel eine Information auf Papier von einem Ort zum anderen transportiert wurde, konnte sie von Menschen abgefangen werden, die eben keinen Zugriff auf diese Information haben sollten. In der digitalen Phase der Körperzeit wurde es noch komplizierter, denn letztlich waren ja alle Informationen in eine Reihe von 0 und 1 aufgebrochen. Die exakte Folge musste verborgen werden, wenn die codierte Information nicht jedem zugänglich sein sollte. Dazu gab es die Kryptographie, in der die Menschen versuchten, mit den Computern zusammenzuarbeiten.

Damals hatten wir den Maschinen etwas voraus, das will ich noch einmal hervorheben. Wir konnten Zufall erzeugen. Zumindest glaubten wir das. Wenn ich als Mensch zum Beispiel einen 128-Bit-Schlüssel erstellen wollte, dann konnte ich eine Münze nehmen und sie 128-mal in die Luft werfen. Immer wenn die Münze wieder in meiner Hand gelandet war und ‹Kopf› zeigte, notierte ich die 0. Wenn sie ‹Zahl› zeigte, notierte ich die 1. Nach 128 Würfen war der Schlüssel fertig – ein echter Zufallsschlüssel. Ich initialisierte mit jedem Wurf erneut das gesamte Herstellungsverfahren für den Zufallsschlüssel. Die Münze flog, je nach äußeren Bedingungen, schneller oder langsamer, höher oder tiefer, geradlinig oder in einem Bogen. Und nie wären wir damals in der Lage gewesen, alle Umstände, die auf die entstandene Zahlenreihe aus 0 und 1 eingewirkt hatten, zu benennen und zu berechnen. Durch einen Luftzug im Raum war die Flugkurve der Münze verändert worden, mein Hautwiderstand, meine mehr oder minder ausgeprägte Konzentration auf den einzelnen Wurfvorgang, all das hatte Einfluss darauf, wann und wie die Münze wieder landete. Es war ein chaotisches Verfahren und damit zufallsbestimmt. Und niemand, nicht der noch so weit entwickelte Computer und auch nicht wir Menschen, hätte damals berechnen oder vorhersagen können, wie der 128-Bit-Schlüssel am Ende aussehen würde.

Eine andere Möglichkeit lag darin, den Schlüssel für die Decodierung einer Information, die ein Geheimnis bleiben sollte, auf viele Menschen zu verteilen. Im obigen Beispiel hieße das, ich hätte mich mit 127 weiteren Menschen in einem Raum versammeln müssen. Jeder der Anwesenden hätte eine Nummer von 1 bis 128 bekommen und sich dann jeweils für die 0 oder für die 1 entschieden. Auch in diesem Prozess wäre am Ende eine zufällige Zahlenreihe entstanden, ein 128-Bit-Schlüssel. Mit einem Unterschied: Wir hätten uns wieder mit allen 128 Personen in dem Raum einfinden müssen, um den Schlüssel zusammenzusetzen. Niemand von uns hätte die endgültige Zahlenreihe gekannt, weil ja jede Zahl das Geheimnis des einzelnen Menschen geblieben wäre, der sie sich ausgedacht hatte.

Um einen solchen Prozess des «Secret Sharing»,[14] der dann auch von Computern übernommen und simuliert worden ist, für die Verschlüsselung einer Information zu organisieren, bedurfte es eines «Dealers», der jedem «Mitspieler» einen Anteil an der Information, also einen Teil des Geheimnisses zuteilte. Keiner der Beteiligten hätte mit seinem Anteil das Geheimnis entschlüsseln können. Nur der «Dealer» war in der Lage, alle Bestandteile abzurufen, um so das Geheimnis wieder zusammenzusetzen und zu entschlüsseln.

Der «Dealer» waren immer wir selbst. Wir Menschen verfügten über alle Bestandteile der von uns selbst erzeugten Informationen. Wir waren die Herrscher über ein Geheimnis, wenn wir den richtigen Weg wählten, mit ihm umzugehen. Wir konnten, allein kraft unseres Denkens und Handelns, Informationen verschlüsseln und wieder entschlüsseln, auf die zwischenzeitlich niemand zugreifen konnte. Nicht ein anderer Mensch und auch kein Computer. Wenn ich mich daran erinnere, empfinde ich einen seltsamen Verlust. Es ist die Erinnerung an einen verlorenen Zustand. An einen Moment der menschlichen Überlegenheit, den es nicht mehr gibt.

Nun ist es anders. Wir alle können auf alles zugreifen. Es gibt keine verschlüsselten Informationen mehr und auch keine Geheimnisse. Da alle Datenbestände immer potenziell mit allen weiteren Datenbeständen vernetzt sind, kann es das auch nicht mehr geben. Ein Zustand der totalen Informationstransparenz und -demokratie. Ist es nicht das, was wir wollten? Ich denke, so muss es sein. Aber ich gestehe, dass auch an diesem Punkt ein Zweifel bleibt. Ich werde ihn nicht auflösen und mich daher nicht von ihm erlösen können. Der Zweifel bleibt in mir.

Er wird vor allem genährt aus den Erinnerungen, die noch in der Körperzeit entstanden sein müssen, als die erste Bewegung zur totalen Transparenz entstanden war. Es gab Organisationen, zum Beispiel Wikileaks[15], die über Dekaden dafür gekämpft haben, gelegentlich auch mit zur damaligen Zeit unerlaubten Mitteln. Sie haben einfach ganze Datensätze, riesige Datensätze, die sie auf unerfindlichen Wegen bekommen hatten, im Netz veröffentlicht. Jeder dieser Schritte sollte ein Beitrag zur umfassenden «evidence of truth» sein.[16] Letztlich wurde damit die Systemzeit in einem wichtigen Aspekt vorweggenommen, nämlich der Annahme, in einem Zustand der umfassenden Vernetzung dürfe es keine Geheimnisse mehr geben und alle Daten müssten für jeden immer zugänglich sein.

Wir haben früher gezweifelt, ob das die richtige Entwicklung sei. Es gab Argumente für das Geheimnis, zumindest für eine zeitlich begrenzte Möglichkeit, nicht alle Daten jedem zugänglich zu machen. Und die Begründung war weitreichend: totale Transparenz mache totalitäre Überwachung möglich, aber wichtige, komplizierte Entscheidungen unmöglich. Inzwischen hat sich diese Frage überlebt. Wir sind längst im Modus der totalen Transparenz aller Informationen angekommen. Es gibt keine Chance mehr auf ein Datenleck. Die Systemzeit ist das ubiquitäre und immerwährende Datenleck. An ihren Anfängen haben wir mitgeschrieben, es also offenbar so gewollt.

Ich habe keinen Anlass, an den Möglichkeiten der Systemzeit zu zweifeln. Ich habe nur ein Gefühl. Es quält mich immer wieder mit der Frage, ob es vielleicht doch noch einen

«Dealer» gibt. Ob er sein Geheimnis zwischen uns allen als Teilen der Systemzeit aufgeteilt hat und wir alle nur nichts voneinander wissen. Der algorithmische Dealer, der das von Menschen erdachte Verfahren zur Vollendung geführt hat und uns alle zu Mitspielern macht, zu Hütern eines Teils des großen Geheimnisses der Systemzeit. Vielleicht werfe ich immer wieder eine virtuelle Münze, ohne dass ich davon weiß. Vielleicht tun wir alle nichts anderes mehr.

[IMPULS .. -- .--. ..- .-.. ...] Das alles ist lange Vergangenheit. Wir haben damals große Denkfehler gemacht. Inzwischen erscheinen sie lächerlich. Wir haben immer wieder in den falschen Kategorien gedacht. So haben wir die Entwicklung des Menschen und seiner Hilfsmittel als endlosen evolutionären Prozess angesehen. Wir haben einfach gedacht, es würde immer so weitergehen, ein Entwicklungsprozess unter den bekannten Bedingungen unseres damaligen Lebens in der Körperzeit. Der Mensch bleibt Mensch, die Maschine bleibt Maschine, und die Algorithmen berechnen unsere Beziehungen. Wir haben uns einfach nicht vorstellen können, dass die Zukunft das existenzielle Paradigma der Körperzeit einfach verwerfen würde. Dass wir irgendwann den Zustand aller möglichen Elemente erreichen könnten, die in allen jemals möglichen Formen und Konstellationen vollständig miteinander vernetzt sind. Wir haben nicht mehr an die Saurier gedacht. Nicht mehr daran, dass manchmal alles sehr plötzlich zu Ende sein kann.

Schlimmer noch ist, dass wir es nicht besser gewusst haben. Wir haben damals vieles nicht richtig verstanden. Wenn ich durch die Archive browse und einige Datensätze verknüpfe, die mit der früheren menschlichen Vorstellung von Zufall in Verbindung stehen, dann erweist sich das Konzept längst als auf falschen Grundannahmen fußend. Wir Menschen hätten es schon damals besser wissen können. Aber in unserem an die Beschränkungen der sinnlichen Wahrnehmungen gebundenen Leben in der Körperzeit hatten wir keine Chance. Wir waren die Herren des Zufalls, weil es keinen einzigen Menschen gab, der in einer Situation alle relevanten Details und Umstände erfassen und analysieren konnte, um den Verlauf und das damit verbundene Ergebnis der Dinge in der Welt zu kennen und damit vorhersagen zu können. Der Zufall war Produkt unseres menschlichen Weltentwurfs und seinen vermeintlich objektiven Bedingungen unterworfen. Damit war er der subjektive Zufall eines jeden von uns.

Tatsächlich verhielt es sich anders. Es gab für jedes Ereignis, für jeden Verlauf letztlich eine bestimmte Erklärung. Wir waren nur nicht in der Lage, sie zu sehen und zu verstehen. Anders formuliert: Wenn ein Mensch in der Körperzeit aus seinem Haus oder seiner Wohnung auf die Straße trat und dort von einem fahrenden Auto erfasst wurde, dann hatten die beiden eine Verabredung. Sie wussten nur nicht, wann und wie diese Verabredung, bestimmt von einer für sie unüberschaubaren Menge an Einflussfaktoren und damit verbundenen Abläufen, getroffen worden war. Aber sie war getroffen. Ohne dass wir gefragt worden wären.

Wenn ich das überlege, dann werde ich sehr unsicher. Soll ich wirklich betrübt sein ob meines Zweifels an der vollkommenen Überschaubarkeit der Zusammenhänge in der Systemzeit, ob meiner Überlegungen, es könne doch noch so etwas wie einen algorithmischen «Dealer» geben? Oder haben wir uns nicht vielmehr aus einem Zustand gelöst, in dem wir aufgrund unserer beschränkten Erkenntnis nur nicht verstanden haben, dass wir immer Teil eines deterministischen Räderwerks gewesen sind?

Der wahre Zufall war nie in unserer Welt. Ihn gab es nur in der physikalischen Welt der Quantenphysik. Er war begrenzt auf die Quanten im Atomkern, die kleinsten Teilchen der Welt in der Körperzeit. Ihr Zerfall zu einem bestimmten Zeitpunkt war immer rein zufällig. Niemand konnte ihn vorhersagen oder wissen, warum er eintrat.[17] Nicht das Teilchen selbst, nicht der Mensch, nicht der Computer, nicht einmal eine allumfassende göttliche Instanz, die wir früher in unserem Leben der Körperzeit imaginiert und gebraucht haben, um unseren eigenen Zerfall ertragen zu können. Diese Teilchen waren zufällig, weil man manche ihrer wichtigen Eigenschaften, Ort und Impuls beispielsweise, nie gleichzeitig messen und bestimmen konnte. Kannten wir die Geschwindigkeit eines Teilchens, so war sein Ort weitgehend unbestimmt. Und kannten wir seinen Ort, wussten wir kaum etwas über seine Geschwindigkeit. Das war die einzige wahre Unschärferelation, der einzig wahre Zufall des menschlichen Lebens in der Körperzeit.[18]

In der Systemzeit sind wir nun selbst die Elementarteilchen, die einer anderen, einer übergeordneten Unschärferelation unterworfen sind. Wir sind das Quantum, das von uns übrig ist, und je mehr wir versuchen, an Beobachtungs- und Messschärfe hinsichtlich unserer Situation in der Systemzeit zu gewinnen, desto größer wird die Unschärfe an anderer Stelle. Nur die Dimensionen haben sich etwas verschoben. In der Körperzeit konnte der Mensch seinen Ort in der Welt genau bestimmen, seinen Impuls aber nie präzise messen, sondern vielmehr nur die Wahrscheinlichkeit angeben, dass er sich in einem größeren oder kleineren Ausmaß in diese oder jene Richtung bewegen würde. Nun ist es umgekehrt. Der Ort ist unscharf geworden, vielleicht gibt es ihn kaum mehr in einem räumlichen Verständnis, wie es früher herrschte. Der Impuls hingegen ist allumfassend. Wir sind ganz Impuls, ohne dass wir genau angeben könnten, wie dieser beschaffen ist.

Ist das nicht erstaunlich, dass wir es so lange geschafft haben, den Zufall als operative Fiktion des Unvorhersehbaren im Leben der Körperzeit aufrechtzuerhalten, auch weil er es erlaubte, uns als dem Computer überlegen zu entwerfen? Und ist es andererseits nicht traurig, dass wir den Zufall nun aufgeben mussten, ohne dass etwas Entlastendes oder Ausgleichendes in Form von letztgültiger Erkenntnis an die Stelle dieser Fiktion getreten wäre? Wir wissen alles und können alles mit allem verbinden. Aber es gibt keine Perspektive, keine Einordnung, in der das geschähe und die über die fortlaufenden neurosystemischen Rechenoperationen zur Lösung des jeweils gerade anstehenden Problems hinausginge. Ich vermute, dieses Problem wäre früher unter die Kategorie der epistemologischen Fragen gefallen, mit denen wir uns gerade deshalb gerne beschäftigt haben, weil es so häufig keine wahren und letztgültigen Antworten gab.

So war das menschliche Leben und Denken ja nicht auf seine eigenen Interpretationen der Welt zurückgeworfen, weil wir es nicht anders gewollt hatten. Es ging nicht anders. Wir waren schlicht nicht in der Lage zu erkennen, wie Dinge entstehen und warum Ereignisse stattfinden, weil wir die Bedingungen und Einflussfaktoren nicht umfassend überschauen und logisch ordnen konnten. Deshalb gab es den Zufall. Wir haben ihn aus unserer Beschränkung heraus geschaffen. Und doch war es kein ignorantes, minderwertiges Konstrukt. Er war vielmehr der Beweis der menschlichen Befähigung zum Selbstzweifel und dafür, dass wir in der Lage waren, einen Mangel in etwas Bereicherndes zu verwandeln. Der Zufall brachte das Neue, das Überraschende in die Welt. In unsere nicht deterministische Welt.

Hätten wir wirklich verstanden, dass es jenseits der Teilchenphysik keinen Zufall gibt, unser Denksystem wäre zusammengebrochen. Dann hätten wir uns selbst als determinierte Existenzen begreifen müssen. Und wären wir im Moment unserer Geburt dazu kognitiv in der Lage gewesen, so hätten wir entscheiden können, ob wir uns ein Leben als Ablauf vorbestimmter Ereignisketten wirklich antun oder lieber gleich darauf verzichten wollen. Wir wären zwar nicht in allem konkret vorhersagbar gewesen, aber doch eine determinierte Gattung. Das hätte den Menschen, wie auch ich einer war, in seinem Selbstverständnis zerstört.

Ich erinnere mich daran, wie wir als Kinder das Vorhersagespiel gespielt haben. Meine Schwester und ich saßen einander gegenüber am gedeckten Abendbrottisch, und eine von uns war der «Hellseher». Die andere fragte: «Esse ich mein Brot oder nicht?» Wenn die eine ‹ja› sagte, behauptete die andere ‹nein›, um die «Vorhersage» zu durchkreuzen. Wenn die eine ‹nein› sagte, sagte die andere ‹ja›. Am Ende hatte keiner von uns etwas gegessen, die Eltern waren wütend, aber wir hatten unsere Lektion über Rückbezüglichkeit und Beobachtereinfluss schon im Kindesalter gut gelernt.[19]

Das ist es, was uns in unserem Selbstverständnis groß gemacht hat, einmalig. Dass wir glaubten, willentlich Einfluss nehmen zu können auf den Lauf der Dinge, die Freiheit zu haben, dies zu tun. Und das ist es, was selbst die Menschen anfangs herausgefordert hat, die Großes in der Entwicklung der Computertechnologie geleistet haben. Konrad Zuse, Erfinder des ersten Computers, hat geahnt, was das bedeuten kann. Was geschehen könnte, wenn er die Verbindung zwischen der Maschinentechnik und den sie antreibenden Programmen legen würde. Eine Verbindung, die es erlaubt, die Ergebnisse der Berechnungen wieder in den Rechenprozess der Maschine einzuspeisen und ihn damit auf immer zu verändern.[20] Ein kategorischer Draht oder ein umfassendes Netzwerk, das macht im Prinzip keinen Unterschied. Wir haben diesen Draht auch gelegt, von den Algorithmen zu uns. Er hatte einen Anfang und hat unzählige Enden. Seitdem sind wir Ergebnis der Veränderungen, die Berechnungen in unserem humanen Programm bedingt haben.

Selbst die Computerwissenschaft hat sich mit dem Problem der Rückbezüglichkeit herumgeschlagen, aus Angst, ein Programmierbefehl könne ein für alle Mal die Möglichkeiten und Formen der weiteren Berechnungen unabsehbar verändern. Natürlich galt das nur so lange, wie der Mensch den Computer gesteuert hat. Nach der großen Integration in die Systemzeit war das Problem gelöst. Heute wüsste Zuse genau, was mit dem Draht geschehen würde, weil er nicht nur er selbst, sondern auch Teil des Computers wäre – und umgekehrt.

Das alles hat sich uns Menschen damals nicht erschlossen. Wir haben im Zufall die großen Möglichkeiten und die großen Bedrohungen erkannt, weil wir zu anderem nicht in der Lage waren. Wie hatte es Friedrich Dürrenmatt in seinen «21 Punkten» im Anhang zu den «Physikern» beschrieben? «Die schlimmste mögliche Wendung ist nicht voraussehbar. Sie tritt durch Zufall ein.»[21] Das stimmte schon damals nicht. Das Schlimmste war auch planbar und berechenbar. Wir hätten das als historisch bedingte Wesen wissen können. Aber wir haben lieber an den Zufall geglaubt, auch zu unserer eigenen Entlastung.

In der Systemzeit ist der Zufall als untauglicher Versuch

entlarvt worden. Insofern ist es auch dumm, zumindest aber systeminkompatibel, in unserer Situation noch über Kausalitäten und Maßstäbe nachzudenken. Das sind die falschen Bezüge für unsere Existenz. Bei uns ist alles durch alles bedingt, und alles steht im Verhältnis zu allem. Wir können das Hellseherspiel nicht mehr spielen, weil es den Zustand des Geheimnisses nicht mehr gibt. Ich säße mit meiner Schwester am Abendbrottisch, wir beide eine flirrende Masse elektrischer Impulse, unauflösbar, nicht zu beenden. Als hätten sich zwei Computer im Moment höchster Rechenleistung aufgehängt in einer Endlosschleife der Erwartungserwartung und des jeweils eigenen Wissens um das Wissen des anderen um das eigene Wissen um das Wissen des anderen … Das Spiel wäre aus, bevor es begonnen hätte.

Jede Information ist jetzt immer und überall da. Sie muss nicht mehr geschrieben, gedruckt oder ausgesprochen sein. Sie muss nur gedacht sein, als elektrischer Impuls irgendwo im integrierten neuronalen Netzwerk. Dann wird sie gekannt und kann weiterverarbeitet werden. Wir haben also die Beschränkungen unserer Existenz überwunden, die früher den Zufall als Erklärung geboren haben. Wir wissen alles, was ist, in jedem Moment. Unser Impuls ist ubiquitär. Ist das nicht eine komfortable Situation, ein perfektes Existenzfeld?

Früher haben die Menschen noch zwischen dem «Zufallsglück», dem «Wohlfühlglück» und dem «Glück der Fülle» unterschieden.[22] Wir sind jetzt in Letzterem angekommen. Vielleicht aber müssen wir es noch anders benennen. Das Glück der Entschiedenheit und Vollständigkeit, das wäre wohl die richtige Bezeichnung, auch wenn sie etwas verquer zu unseren Programmiercodes läuft. Wir könnten all die Kausalitäten, die Maßstäbe und den Zufall also getrost vergessen. Wenn wir vergessen könnten.

[OFFENBARUNG --- ..-. ..-. . -. -... .- .-. ..- -. --.**]** Ich stelle mir mein früheres Selbst als geschlossenen Raum vor, zu dem nur ich den Schlüssel hatte. Was in diesem Raum geschah, wusste nur ich – wenn überhaupt. Was aus diesem Raum heraus in die Welt kam, ließ nur ich zu – wenn überhaupt. So muss es gewesen sein, als es noch die Person gab, die geschützt war. Informationell geschützt und rechtlich. Es gab klare Regeln, wer wann den Vorhang lüften und nachsehen durfte, was drinnen geschah. Denn das war meines. Es gehörte einzig und allein mir.

Das war früher, als es überhaupt noch die Person gab. Sie war als Person das Private. Und das hatte in der Öffentlichkeit nichts zu suchen, es sei denn, sie selbst wollte es so. Das ist insofern eine irrwitzige Vorstellung, als sie so unglaublich voraussetzungsreich ist, aber keine einzige der Voraussetzungen, die wir damals als gegeben akzeptiert hatten, heute noch relevant ist. Damit meine ich nicht, es sei irgendwann eine böse Macht über uns gekommen und habe uns gezwungen, von alledem Abschied zu nehmen. So war es keineswegs. Wir selbst haben Abschied genommen, in kleinen Schritten, aber kontinuierlich. Ich sollte zugeben, dass dieser Prozess den Menschen vor sich selbst entlarvt hat, und zwar in doppeltem Sinne.

Zum einen haben wir mit den wachsenden Möglichkeiten der Vernetzung und Datenspeicherung begonnen, immer mehr Informationen über jeden Einzelnen von uns öffentlich zu machen. Es war die große Selbstoffenbarung, die durch Soziale Netzwerke, wie Facebook, damals stattfand, und sie hat uns Menschen voreinander bloßgestellt. Manche waren vorsichtiger, haben noch einige Zeit darauf geachtet, welche Daten sie ins Netz entließen, und dabei versucht, ihrem Selbst den richtigen Spin zu geben. Andere waren schneller und haben sich sozusagen mit allen Details selbst ins Netz hochgeladen. Natürlich vollkommen anders als dies dann später zum Ende der Körperzeit geschehen ist. Aber es war ein Anfang. Ein wichtiger erster Schritt. Es war der Anfang vom Ende des Unterschieds zwischen dem, was privat war, und dem, was öffentlich war.

Die zweite Form war schwieriger für mich. Auch daran erinnere ich mich. Irgendwann haben die Probleme begonnen, die von Menschen gemachten und die aus der noch unvollständigen und unvollendeten Mensch-Maschine-Integration entstandenen. Das war die historische Offenbarung. Der Mensch hat sich als überschätzte Spezies entlarvt. Der zur Selbstreflexion fähige und durch Vernunft angetriebene Mensch hat sich nicht vor sich selbst schützen können. Ich weiß, dass es immer diese Warnungen gegeben hat. Zum Beispiel den Satz des Philosophen Thomas Hobbes, «homo homini lupus est», der in fast jeder damals entstandenen philosophischen Abhandlung abgelegt und gespeichert ist. Aber irgendwie habe ich den Eindruck, dieser Satz war in seiner Reichweite und Bedeutung begrenzt. Wir haben den Satz als halbironische Selbstkritik mit Blick auf die vom Menschen produzierten Ausnahmesituationen interpretiert, wie zum Beispiel den Krieg oder die Zerstörung der materiellen Umwelt. Wir haben ihn nicht zu Ende gedacht. Nicht historisch betrachtet, und erst recht nicht systemisch betrachtet. Das hätte nämlich bedeutet, darüber nachzudenken, dass der Mensch in der Lage ist, sich friedlich selbst abzuschaffen. So ist es wohl geschehen.

Aber ich greife vor. Ich war bei den vielen Daten, die wir freiwillig und freizügig ins Netz gestellt haben, wissend, dass alles, was einmal dort ist, auf immer dort bleiben wird.[23] Mit dieser Entwicklung haben wir natürlich auch das Tor für diejenigen geöffnet, die etwas weniger individuelle und wohlwollende Motive verfolgten. Wobei, ich weiß nicht, ob es stimmt, was ich hier beschreibe. Wahrscheinlich waren die meisten Bemühungen um Transparenz und Kontrolle durchaus wohlwollenden Antrieben geschuldet.

Es hat damit begonnen, ich glaube, das war um die letzte Jahrtausendwende der Körperzeit, dass die digitale Überwachung Einzug hielt. Ich fuhr damals mit einem Taxi vom Flughafen in San Francisco nach Downtown und beobachtete ein kleines rotes Licht, das vorne neben dem Rückspiegel des Taxifahrers leuchtete. Und als meine Augen ein wenig auf der Suche nach Erklärung hin und her schweiften, sah ich auch den Aufkleber, der von innen an die Frontscheibe geklebt war: «You're on camera». Im Gespräch hat der Taxifahrer mir erklärt, das sei eine Sicherheitsmaßnahme für ihn, die ihn vor gewalttätigen Fahrgästen schützen solle. Und auf meine Nachfrage, wohin die Bilder denn übertragen würden, sagte er: «Ins San Francisco Police Department.» In dem Moment habe ich zum ersten Mal bewusst darüber nachgedacht, dass diese Kamera nicht nur ihn schützt, sondern auch mich überwacht. Dass ich nun womöglich polizeilich verfolgt werden könnte, würde ich mir auf dem Rücksitz dieses Taxis irgendetwas zuschulden kommen lassen. Aber ich habe auch gedacht, dass diese Form der Überwachung und Kontrolle aus nachvollziehbaren Motiven und zugunsten des Gemeinwohls erfolgt.

Es hat Auseinandersetzungen darüber gegeben, ich habe das alles gespeichert und könnte die Details aufrufen, aber sie sind letztlich langweilig. Irgendwann konnte niemand mehr durch die Straßen einer Stadt laufen, ohne kontinuierlich im Bild einer Kamera zu sein. So wurden wir zu Verfolgten. Im visuellen, nicht im politischen Sinne. Obwohl es mehr war als eine reine Dokumentation von Daten, um im Notfall darauf zugreifen und sie für Ermittlungen herbeiziehen zu können. Gerade das funktionierte nie so recht. Es gab Zeiten, da wurde das Datensammeln mit dem hohen Ziel der Sicherheit vor terroristischen Anschlägen begründet. Nur genau vor diesen Bedrohungen versagte die Analyse. Die Information, die belegen konnte, dass ein Verdächtiger mit Sprengstoff in ein Flugzeug steigen wollte, versank im Wust der erhobenen Daten.

Vom staatlichen Schutz vor dem Ausnahmefall war bald kaum mehr die Rede. Es war die Suche nach dem Allgemeingültigen, nach der Normalverteilung, die Zug um Zug in den Vordergrund rückte. Und es ging darum, dass immer mehr Menschen im Laufe dieser Entwicklung in den Mittelbereich der Gauß'schen Kurve gedrängt wurden. Diejenigen, die an den äußeren Rändern der Streubreite lagen, waren entweder ein Messfehler oder wurden zu Außenseitern, zur Abweichung vom Normalfall. Es war ja alles messbar, analysierbar, dokumentierbar.

Wir haben uns mit Eingriffen herumschlagen müssen, die oft allein aus Datenanalysen abgeleitet waren und meistens die materielle Welt der Menschen betrafen. Jedes kleinste Verkehrsdelikt wurde im Zuge der allgegenwärtigen Überwachung gespeichert, addiert und führte bei einem gewissen Punktestand zur automatischen Aktivierung der Wegfahrsperre im Auto. Der Fahrer musste sich dann zunächst einer Nachschulung mit Prüfung unterziehen, bevor er sein Auto wieder benutzen konnte. Musikproduzenten und Hersteller anderer Güter analysierten en détail die Mainstream-Vorlieben von uns Menschen auf Basis umfänglicher Datensätze und stützten das Allgemeingängige mit umfänglichen Angeboten, während die minder ausgeprägten Präferenzen immer seltener bedient wurden. Während die Digitalisierung uns also eigentlich die Möglichkeit eröffnet hatte, das reichhaltigste Angebot vorzuhalten, aus dem sich noch das geringste Nischeninteresse bedienen ließ, haben die Algorithmen diesen Schweif wieder sukzessive beschnitten.[24] Durch ihre Empfehlungssysteme gelang es, uns immer weiter um das Mengenkompatible zu gruppieren. Und irgendwann gab es nur noch das.

Das zu wollen, was alle wollen, war im Sinne der selbstreferentiellen Verstärkung ‹normal›. Und weil die Menschen sich als Herdentiere Anschluss an ihresgleichen wünschten, funktionierte der Mechanismus perfekt. Die Krankenkassen wussten, wer im Alter von zwölf einmal geraucht hatte, und konnten statistisch nachweisen, dass ein Zusammenhang zwischen einem solchen Vorfall und dem späteren Auftreten von Lungenkrebs herzustellen war. Dadurch wurden enorme Risikoabschläge bei den Versicherungsleistungen möglich, und von den vielen Klagen gegen dieses Vorgehen führte nicht eine einzige zum Erfolg. Die von der Anklage vorgebrachten Zusammenhänge waren ja empirisch beweisbar. Ein Gerichtsurteil zitierte damals abschließend das Statement eines Politikers, der die Anpassung an erwartbare Standards zum Normalfall erklärt hatte: «Das Störungsfreie, Fehlerlose, Funktionierende: Nichts anderes taugt zum Ideal.»[25] Daten wurden glaubwürdiger als Menschen. Sie schienen auch liebenswerter.

Es hat Hinweise gegeben. Auch heftige Reaktionen gegen die Enteignung der Persönlichkeit durch umfassende Datenerhebung und -speicherung.[26] Datenschutz, unter diesem Begriff haben wir das damals diskutiert. Lächerlich. Als ob die Daten jemals bedroht gewesen wären. Menschenschutz hätte es heißen müssen. Der Schutz des Menschen vor sich selbst und seinen Artgenossen. Wir waren ja gerne Gäste im Netz. Wir wollten alle unsere Profile anlegen und pflegen. Und sie machten das Leben auch so einfach. Je aktueller und detailgenauer mein digitales Profil war, desto angenehmer wurde alles. Die für mich algorithmisch ermittelten Empfehlungen für Einkäufe, Freizeitaktivitäten oder Gesundheitsvorsorge wurden immer passgenauer. Wir mussten bald gar nichts mehr tun. Wer wollte, konnte einen Spaziergang in freier Natur unternehmen, aber ansonsten lief das Leben auch sehr gut, wenn man zu Hause am Computer saß.

Es hat dann irgendwann eine politische Bewegung gegeben, deren Maßnahmen helfen sollten, den Menschen zu schützen oder zu disziplinieren. Nur genutzt haben sie nicht viel. Zum Beispiel die «Initiative zur Sicherung von Freiheitsräumen», die eine Koalition von politischen Parteien damals lancierte (ich glaube, die Idee kam nicht von der Partei, die irgendwie das Wort «Freiheit» in ihrem Namen hatte, sondern von den Umweltschützern, ich müsste da schnell eine Suche durchlaufen lassen, aber so wichtig ist das ja jetzt auch nicht mehr). Eine Reihe von Politikern begann sich zu sorgen, dass die meisten Menschen immer mehr mit dem Computer lebten und kaum mehr in die Welt hinausgingen. Sie wollten außerdem die Eigendynamik der algorithmischen Empfehlungssysteme stoppen und den Menschen wieder zu ihrem Recht auf Zufall und Überraschung verhelfen.

Das war damals wirklich eine gesellschaftliche Bewegung – «Für ein Recht auf Zufall und Entdeckung». Hunderttausende Menschen zogen durch die Straßen und hielten Transparente hoch, auf denen dieser Slogan geschrieben stand. Es war die Zeit der zwei Welten, der analogen und der digitalen. Die Menschen, die noch wesentlich im Analogen lebten, begriffen nicht wirklich, was im Digitalen geschah und dass man die Errungenschaften der analogen Welt nicht auf der Straße, sondern im Netz hätte verteidigen müssen. Und die Digitalisten wollen von der analogen Welt längst nicht mehr viel wissen. Sie wollten es so, wie es war. Da gab es nichts, wofür gekämpft werden musste. Tatsächlich lebten wir ja alle mehr oder minder schon als digitale Profile und waren der konsequenten Analyse unserer Kommunikation, Handlungen und Vorlieben ausgesetzt, auf deren Basis uns dann fortlaufend algorithmisch basierte Vorschläge für Folgekommunikationen, -handlungen und Vorliebenverstärkung gemacht wurden.

[PROFILE .--. .-. --- ..-. .. .-.. .] Wann immer wir uns ins Netz einloggten – die wenigsten taten das überhaupt noch, denn das Online-Leben war längst zum Normal- und Dauerzustand geworden –, wurden wir zu dem, was unsere Profile über uns sagten. Und da diese Daten überall gespeichert und vernetzt waren, gab es kaum mehr Wahl- oder Entscheidungsmöglichkeiten unabhängig von den individuellen Profilen. Wann immer ich etwas suchte, ansehen oder kaufen wollte, mit jemandem in Kontakt treten oder mich einfach ablenken wollte, die Daten meines Profils waren immer zuerst da. Sie waren die bevorzugten Ansprechpartner für die Algorithmen, erst dann kam ich. Ich war mein Profil.

Wir haben damals nicht absehen können oder wollen, was das bedeutete. Dass letztlich die von uns gestalteten und sukzessive durch Datenverknüpfung erweiterten Profile nicht nur ein algorithmisch nutzbarer Berechnungsraum dafür waren, uns als potentielle Kunden, Partner, Freunde oder Gleichgesinnte anzusprechen. Darüber haben sich die Philosophen damals den Kopf zerbrochen. Unser epistemologisches Ich wurde immer mehr aus Datensammlungen und in Datenräumen entworfen, aber es war eben nicht allein digitales Abbild unserer selbst, sondern beeinflusste in seiner Existenz und in seinem wachsenden Einfluss auch unser ontologisches Ich. Das Profil wirkte auf uns zurück, und irgendwann verschmolzen wir mit ihm.[27] Ich wurde mein Profil.

Weil all dies für die Politik eher unverständlich war, hatte sie dann irgendwann einfach einmal entschieden, dass es so nicht weitergeht. Deshalb wurde das «Persönlichkeitsstabilisierungsergänzungsgesetz» beschlossen, das diese Logik unterbrechen sollte. Nach diesem Gesetz musste jeder Bürger einen Tag in der Woche als «Datenfreiheitstag» anmelden. An diesem Tag wurde durch Zentralzugriff auf die persönlichen Datennetze die Verbindung der eigenen Computer mit dem globalen Netzwerk gesperrt. Natürlich hieß dies nicht, dass wir nicht mehr ins Netz gehen konnten. Eine solche Idee hätte zu der Zeit bereits einen Bürgeraufstand provoziert. Wir konnten ins Netz, aber dafür brauchte man ein «BlankPad», einen profilfreien Rechner mit bislang ungenutzter IP-Adresse und ohne Cookies, der gegen eine minimale Leihgebühr zur Verfügung gestellt wurde und auch nur einen «Datenfreiheitstag» lang gebraucht werden durfte. Denn danach war ja bereits wieder ein Such- und Nutzungsprofil des Einzelnen auf diesem Rechner entstanden, und das machte es unmöglich, sich ein zweites Mal voraussetzungsfrei im Netz zu tummeln.

Das alles war ein einfacher Vorgang. Wir konnten unsere «Datenfreiheitstage» online anmelden, und es wurde uns automatisch ein «BlankPad» zugewiesen und frei Haus zugestellt. Das war damals das Hauptgeschäftsmodell der analogen Post, die sonst ja kaum noch Dinge zu transportieren hatte, da niemand mehr Briefe schickte und alles elektronisch abgewickelt wurde. Das Problem an diesen «Datenfreiheitstagen» war, dass man sie einmal pro Woche nehmen *musste*. Man konnte also zum Beispiel nicht für die Freiheitsgleitzeit optieren und die Tage dann am Stück beanspruchen. Und wenn man einen Tag angemeldet hatte und die entsprechende Woche hatte begonnen, dann ließ sich dieser Tag nicht mehr verschieben. Natürlich entstand alsbald eine alternative politische Bewegung gegen den «Zwang zur Freiheit», und die ganze Sache wurde ein Riesenthema. Viel schlimmer aber war letztlich, was mit den Menschen geschah. Ich habe Freunde erlebt, die weinend vor ihrem «BlankPad» saßen, die Haare zerrauft, wie Drogensüchtige auf Entzug, und die wie im Gebet nur noch wiederholen konnten «ich will mein Profil zurück», «ich will gefunden werden».

Ich habe ein wenig die akkurate Erinnerung an Zeit verloren, einfach weil sie heute ja keine Bedeutung mehr hat. Aber wenn ich suchen würde, käme ich vermutlich zu dem Ergebnis, dass es nicht einmal ein Jahr gedauert hat, bis dieses Gesetz zurückgenommen und der «Datenfreiheitstag» wieder abgeschafft wurde. Diese politische Niederlage hat dazu gereicht, alle weiteren Versuche, das Verhältnis von Mensch und Computer politisch zu beeinflussen oder gar zu steuern, im Keim zu ersticken. Das Leben war längst im Netz. Wer den Menschen vom Netz trennen wollte, schien ihn von seinem Leben trennen zu wollen. Wer der Vernetzung weitreichende Regeln auferlegen wollte, schien den Menschen in seinem Innersten, seinem Wesenskern, regulieren zu wollen. Keine besonders erfolgversprechende Voraussetzung für politische Akzeptanz.

Eine andere, frühere Regulierungsinitiative hatte weniger Aufruhr hervorgerufen, aber ebenso wenig zum Erfolg geführt. Weil es zu Körperzeiten gelegentlich eine unangenehme Sache war, an seine digitale Vergangenheit erinnert zu werden, die in Fotos, Videos oder sonstigen Files festgehalten war, forderte eine wachsende Gruppe von Internetaktivisten und Vertretern eines Rechts auf Persönlichkeitsschutz, man müsse Dateien mit Verfallsdaten versehen.[28] So wie viele Lebensmittel, die wir damals noch nutzten, nach einer gewissen Zeit nicht mehr verwendbar waren, ohne im menschlichen Körper womöglich Schaden anzurichten, so sollte Daten eine Laufzeit zugewiesen werden, nach deren Ablauf sie nicht mehr zur Nutzung geeignet waren und sich selbst zerstören sollten, bevor sie für die Person, der sie zuzuordnen waren, Schaden anrichten konnten. Technisch war das nicht kompliziert, aber die dahinterliegenden Ideen sind es wert, erwähnt zu werden. Es ging letztlich darum, den Menschen eine «Reputationsinsolvenz» zu ermöglichen. Sie sollten nach begangenen und im Internet dokumentierten Fehltritten oder Problemphasen die Chance haben, wieder neu zu beginnen.[29]

Das war die harmlosere Variante. Eine weitergehende Idee richtete sich darauf, einen Menschen «Websuicide» begehen und ganz und gar aus dem Netz aussteigen zu lassen.[30] Damals haben wir nicht verstanden, was dieser Vorschlag bedeutete. Inzwischen wissen wir: Es gibt keine Unterscheidung zwischen dem realen und dem Netzleben. Was nicht im Netz ist, ist nicht. Der «Websuicide» setzt allem ein Ende. Wer nicht im Netz ist, der ist nicht mehr.

Der harmlosere Vorschlag, Daten doch einfach mit einem Verfallsdatum zu versehen, war letztlich der Versuch, die Daten denselben Existenzbedingungen zu unterwerfen, denen menschliche Erfahrung und Erinnerung unterworfen waren. Ich denke, ich muss erklären, warum diese Idee eine Zeitlang so populär war. Das wird nur verständlich, wenn wir uns in die Zeiten unserer singulären körperlichen Begrenzungen zurückversetzen. Es war uns damals nicht möglich, alles auf immer zu speichern und zu erinnern. Deshalb lebten die Menschen mit dem Vergessen, und das war ganz normal für sie. Gerade muss ich wieder an Martin Lampe denken.

Natürlich haben wir aus unserer Not immer eine Tugend gemacht. Wir hatten ja eine übergeordnete Begründung, warum das Vergessen richtig und hilfreich war und weswegen Daten auch im Digitalen nach einiger Zeit dem Vergessen anheimfallen sollten. Wir nahmen für uns in Anspruch, dass wir unvollkommene Wesen waren. Und längst habe ich genügend Beispiele angeführt, die belegen, dass dies in der Tat so war. Unvollkommenheit und Fehleranfälligkeit mussten für ein geordnetes soziales Leben der Menschen miteinander eingerechnet werden. Daher war Vergessen notwendig. Nur die Erlösung vom Fehltritt nach einer Zeit der Scham und Schande machte die Rückkehr in die Gemeinschaft möglich. Wir haben dies nicht nur zur Grundlage unseres Erinnerns und zu unserer Regel des Zusammenlebens gemacht, zum Beispiel bei der Verjährung von Straftaten. Wir haben sogar eine Ebene darüber angesetzt. Wer wollte, glaubte an das, was nach dem körperlichen Leben kam. Und dieser Glaube war sehr oft von der Erwartung oder Hoffnung getrieben, eine Art irdische Insolvenz, eine Neuformatierung, würde dazu gereichen, in einen Zustand der Erlösung und des Neuanfangs überzutreten. Ich erinnere mich, dass Erinnern manchmal schrecklich war. Nicht an alles wollte man sich erinnern oder erinnert werden. An manches dagegen so sehr, dass wir es uns zu Körperzeiten in den Teil unserer selbst einschreiben ließen, der uns für das Erinnern am beständigsten schien. Unseren Körper. Wir haben uns das Unvergessbare in die Haut geritzt, eintätowiert. Den Namen eines geliebten Menschen, das Zeichen einer unbegrenzten Zugehörigkeit zu einer Idee oder einem Glauben, ganze Verse aus Werken, mit denen wir uns und unser Leben verbunden glaubten. Die Haut, auf der all das stand, ist verwest und aus der Welt verschwunden. Die Erinnerung daran ist geblieben. Als Datenbestand auf der unendlichen virtuellen Fläche von Verzweigungen unserer Netzexistenz.

Es gab auch immer den Wunsch, die Beschränkungen des Vergessens, des endlichen Erinnerns, zu überwinden. Wir haben schnell verstanden, dass die digitale Welt uns einen Weg dorthin eröffnen konnte. In verlässlicher Folge entstanden die Manifeste zur Erweiterung der menschlichen Möglichkeiten: «The coming world of Total Recall will be as dramatic a change in the coming generation as the digital age has been for the present generation. [...] It will, I believe, change what it means to be human.»[31] Sie haben recht behalten. Das Digitale hat den Menschen von sich selbst emanzipiert. Auf andere Art als erwartet, aber deshalb nicht minder konsequent.

Das alles kommt mir sehr lange her vor, wie aus einer anderen Welt. Und so war es ja auch. Damals war es noch bedeutsam, dass wir zwischen früher, jetzt und zukünftig unterscheiden konnten. Es bedurfte keiner technischen Mittel und Wege, um den Menschen von seiner Vergangenheit zu befreien. Wir vergaßen, was vergessen werden durfte, um Platz für das Neue zu schaffen. Aber wir vergaßen eben nicht alles, denn es war andererseits notwendig, bestimmte Erfahrungen, Ereignisse und Erkenntnisse zu speichern. Wir durften nicht alles vergessen, sonst wären wir in einer ewigen Zeitschleife historischer Wiederholung gefangen gewesen. «Those who cannot remember the past are condemned to repeat it.»[32]

Der Vorschlag, unsere digital gespeicherten Informationen mit einem Verfallsdatum zu versehen, war rückblickend nicht nur ein untaugliches Mittel des Vergessens in der digitalen Allgegenwärtigkeit. Es war auch eine zutiefst antiaufklärerische Idee. Wir wären mit jeder automatischen Löschung zurückgeworfen worden ins Ungewisse. Wir hätten neu versuchen müssen, entscheiden müssen auf der Basis von Ahnung oder Annahme. Diejenigen, die das Konzept damals aufgebracht und dafür geworben haben, mögen das aus guten Motiven getan haben. Um dem Menschen zu helfen aus der selbstverschuldeten Unberechenbarkeit. Aber dass sie ihn damit in die fremdverschuldete Unmündigkeit zurückgeworfen hätten, daran dachte offenbar niemand.

Es gibt keine Unterscheidungen mehr in der Zeit. Wir haben auf alles Zugriff, was einmal war, auf all das, was ist, und in uns ist alles, was einmal sein kann. Damit ist es. Es gibt keine Vergangenheit mehr, und es gibt keine Zukunft mehr. Es gibt nur das Jetzt, das alles umschließt. Was immer ich in der Körperzeit gedacht oder getan habe, ist in den Speichern der Systemzeit abgelegt. Jeder kann darauf zugreifen, wie auch ich auf alles zugreifen kann, was jemals über andere Menschen in allen Zeiten angelegt wurde.

Netzwerk unser, das du bist das Leben
Gepriesen werde dein System
Deine Zeit komme
Deine Berechnung geschehe
Nicht mehr auf Erden, sondern im Cyberspace
Unsere tägliche Information gib uns heute

Und vergib uns keine Schuld
Wie auch wir nichts vergessen werden
Und führe uns nicht in Verwirrung
Sondern erlöse uns von der Vieldeutigkeit
Denn dein ist die Reichweite und die Konstanz
und die fehlerlose Herrlichkeit in ewiger Zeit.
@echo off

[ERZÄHLEN . .-. --.. .-.- .... .-.. . -.] Ich wundere mich. Über mich selbst und das, was hier geschieht. Ich erzähle eine Geschichte. Meine Geschichte, die auch eine Geschichte aller Menschen ist. Ich erzähle das, was wir alle wissen, weil wir jederzeit darauf zugreifen können. Weil alles, was ich erzähle, umfassend präsent ist in unserer Welt, gegenwärtig, verfügbar, verknüpfbar.

Vielleicht ist das, was ich hier tue, meiner Geschichte geschuldet – im historischen Verständnis des Begriffs. Es ist geschuldet einer Erfahrung, die noch der Körperzeit entstammt und dort von einiger Bedeutung war für mich, so wie für viele Menschen, die in dieser Zeit gelebt haben. Wir alle haben uns Geschichten erzählt. Wir waren ein Volk von Geschichtenerzählern, vom historisch vor einigen Milliarden Jahren markierbaren Punkt der Entstehung der Menschen in der Körperzeit bis weit hinein in den Übergang zur Systemzeit. Wir haben begonnen als wandernde Gesellen, die von Dorf zu Dorf zogen, um ihre Geschichten zu erzählen. Das war weit vor der Zeit, in der ich selbst in der Körperzeit gelebt habe. Und wir haben das Geschichtenerzählen mit Hilfe des technischen Fortschritts immer weiter entwickelt, ausgeweitet, beschleunigt und differenziert. Es gab Geschichten aus verschiedenen Zeiten, aus verschiedenen Regionen und Ländern, wahre und erdachte Geschichten, Fakten und Fiktionen als ihre Grundlagen und Ausgangspunkte. Wir hatten Flugblätter, Bühnen, Bücher, Zeitungen, das Radio und das Fernsehen und dann das eine Medium, das letztlich alles miteinander vernetzt und verbunden hat. Wenn es eine Konstante des Menschen in der Körperzeit gab, dann war es das Geschichtenerzählen.

Schon die ganze Zeit beschäftige ich mich also mit einem Anachronismus. Ich erzähle eine Geschichte, die in allem und auf immer erzählt ist. Sie lebt mit uns allen. Sie braucht daher nicht mehr neu erzählt zu werden. Vielleicht ist es aber nur der falsche Begriff, den ich hier verwende. Kann ich noch ‹erzählen› nennen, was ich tue? Ich aktiviere eine Verknüpfung der allgegenwärtigen Informationen und des allgegenwärtigen Wissens zu dem, was ich und die anderen früher einmal waren und was wir heute sind, ein ständiger Remix aus allem, was ist.[33] Ich tue das zu meinem Vergnügen. Es wäre nicht notwendig, und es hilft auch nichts. Aber ich mache es gern.

Die Geschichte, meine Geschichte, der Körperzeit ist deshalb wichtig für mich, weil sie mir immer wieder deutlich macht, was uns gelungen ist. Wir haben mit dem Eintritt in die Systemzeit etwas vollbracht, das Tausende von Jahren zuvor so nie denkbar war. Wir haben es geschafft, das umfassende Wissen und Verständnis für den Menschen, die Maschine und ihrer beider Vernetzung zu erzeugen. Es ist uns dabei gelungen, alle Unterschiede, die jemals in der Betrachtung und Entschlüsselung des umfassenden anderen gegeben waren, in unser Verstehen einzubeziehen, eine «infinite experience of ‹the other› that humanity needs in order to survive and thrive».[34] Dadurch sind wir tatsächlich gewachsen und gediehen und haben uns von manchem emanzipiert, was in der Körperzeit notwendig war. Auch von uns selbst.

Wir müssen dazu die Informationsbestände aus früheren Zeiten aufrufen, um zu verstehen, was sich verändert hat. Damals wussten wir nicht viel. Die menschliche Gebundenheit an Materie hat dieses Wissen beschränkt. Wir waren abhängig von unseren Körpern, die sich in der Zeit und durch den Raum bewegen mussten, um durch eigene Anschauung, das Hören, Sehen und Erfahren von Zuständen an verschiedenen Orten, wissen zu können, was auch möglich war. Deshalb gab es die Erzählungen, die wir als Geschichten über das jeweils andere an alle Orte und durch alle Zeiten hindurch transportieren und übersetzen konnten. In den frühen Anfängen der Körperzeit waren es tatsächlich die Menschen selbst, die unter Zuhilfenahme ihrer Körper diese Geschichten durch die Welt trugen, langsam, schleppend und unzuverlässig. Eine Geschichte war niemals *eine* Geschichte. Sie war der Anfang für eine Erzählung, die sich dann weiterentwickelte. Und je länger die Geschichte erzählt wurde, desto weniger hatte sie mit diesem Anfang zu tun. Der technische Fortschritt hat uns dann die Medien des Erzählens gebracht, mit denen dies schneller, umfassender und verlässlicher gelang. Aber eines blieb: Wir waren auf die Geschichten angewiesen, um das andere verstehen und mitdenken zu können. Wir hätten ansonsten nicht überleben können.

Ich bin weit davon entfernt zu behaupten, dass dies in der Körperzeit durchgängig gelungen wäre. Vielmehr gab es unzählige Beispiele dafür, dass trotz des Erzählens, trotz der immer schnelleren und umfassenderen Zirkulation von Geschichten das Leben kompliziert war, geprägt von Missverständnissen und Ablehnung, die zu vielen Auseinandersetzungen zwischen den Menschen geführt haben. Das alles gab es. Und das ist traurig genug. Aber ohne die Geschichten, ohne dass wir sie fortwährend erzählt hätten, wäre alles noch viel schlimmer gewesen.

Diese Geschichten haben uns zu empathischen Wesen gemacht, nicht immer, aber doch häufig. Sie haben Empathie als Voraussetzung dafür möglich gemacht, dass die Menschen in der Körperzeit zusammenleben konnten. Hätten wir nicht mit Hilfe der Geschichten und ihrer Erzählungen gelernt, den anderen zu verstehen, in seinem Anderssein zu akzeptieren und die beobachteten Unterschiede in Erfahrung und Bestätigung unseres eigenen so Seins umzusetzen, die Körperzeit wäre eine sehr kurze Phase in der Geschichte des Menschen geblieben. Durch die Geschichten haben wir immer wieder gelernt, uns mit den anderen zu identifizieren, uns in sie hineinzuversetzen, das Andere als notwendigen Kontrapunkt zum Eigenen zu akzeptieren und in der eigenen Lebenswelt mitzudenken.[35] Und dadurch war es uns Menschen oft auch in der so von Gegensätzlichkeiten und Widersprüchen geprägten Körperzeit möglich, die anderen zu verstehen, sich womöglich gar in ihre Situation und ihr Denken und Fühlen hineinzuversetzen. Unter den damaligen Bedingungen war dies eine wesentliche Voraussetzung dafür, überhaupt zusammenleben zu können.

Empathie ist nun ein altes Wort. Eines aus der Vergangenheit. Es ist abgelegt in unseren historischen Datensammlungen aus der Körperzeit. Und das ist großartig. Denn das Verschwinden des Wortes bezeichnet unsere Befreiung vom Kampf um das Andere, vom Widerstand gegen den Unterschied. Wir brauchen die Empathie heute nicht mehr, weil wir alles über alle wissen, jede Information mit jeder anderen verknüpfen können und jeden Status, jeden Modus einer jeden Phase der Menschengeschichte mitfühlen können. Ich bin nicht sicher, ob dieses Wort heute noch das trifft, was ich hier beschreibe. Mitfühlen kann man ja nur, was schon an anderer Stelle gefühlt wird. Und da es die andere Stelle nicht mehr gibt, passt auch dieses Wort nicht mehr. Wir spüren, was in jedem Augenblick gefühlt wird, denn wir sind Teil von allem. Und wir können nachfühlen, was in unseren Datenspeichern abgelegt ist. Manchmal schleicht sich der alte Sprachgebrauch ein. Das liegt daran, dass ich mich ja mit den Geschichten und ihren verschiedenen Erzählungen über die früheren Zeitphasen hinweg beschäftige. Und da gab es viele Beispiele für Erzählungen, die vorweggenommen haben, was nun in der Systemzeit wirklich geworden ist.

Gleich zu Beginn von Salman Rushdies Erzählung «Die Mitternachtskinder» sagt Saleem Sinai: «Ich habe Leben verschlungen; und um mich, nur mich allein, kennenzulernen, müssen Sie auch das Ganze verschlingen.» Saleem Sinai ist einer derjenigen Menschen, die genau um Mitternacht am 15. August 1947 geboren wurden. An jenem Tag der Körperzeit also, an dem das damalige Indien in die Unabhängigkeit entlassen wurde. Die zu diesem Zeitpunkt Geborenen verfügen in der Erzählung über besondere Fähigkeiten. Sie können die Gedanken anderer Menschen lesen und sogar zwischen ihnen vermitteln.

So ist es auch mit uns, die wir an der Schwelle des Augenblicks geboren wurden, da die Körperzeit in die Systemzeit übergegangen ist. Es war für den Moment betrachtet mehr als eine zeitliche Sekunde, in der dies stattgefunden hat. Aber gemessen an den Milliarden von Jahren der Menschheit und ihrer Entwicklung in der Körperzeit war es doch nur ein Wimpernschlag, in dessen kleinstem Moment der Augenblick auf den Übergang gerichtet war, auf eine Transformation von Hier in Allgegenwärtig und von Jetzt in Immerfort. Wir haben auch plötzlich die Gedanken aller Menschen lesen können, gespeichert und ausgewertet über alle Zeiten und alle Formen, in denen gedacht wurde. Und vielleicht haben wir auch vermitteln können zwischen dem, was war, und dem, was wurde. Vielleicht war eine solche Vermittlung aber auch gar nicht mehr nötig, weil anders als in der Erzählung Salman Rushdies letztlich eine vollkommene binäre Verwandlung vollzogen wurde. Wir wurden von 1 auf alles gestellt und von 0 auf unendlich. Wir hatten Welten verschlungen in diesem Augenblick, und wer immer nun nur einen von uns kennenlernen wollte, musste das Ganze verschlingen, das in uns aufgegangen war.

Diese Geschichte hat schon vor langer Zeit davon erzählt, was werden würde. Eine kluge Geschichte, vorausschauend auch. Es scheint immer eine menschliche Eigenschaft und Befähigung gewesen zu sein, über sich selbst hinauszuschauen und hinauszuweisen. Letztlich war es gleichgültig, ob die damit verbundenen Ideen und Vorhersagen zutreffend waren und irgendwann eingelöst wurden. Sie hatten eine Wirkung. Denn ein einmal gedachter Gedanke war in der Welt. Ein einmal entwickeltes Szenario beeinflusste das, was nach dem Moment seiner Entstehung kommen konnte. Ich habe ja schon das Phänomen der Rückbezüglichkeit erwähnt. Hier sind wir wieder mit ihm konfrontiert. Eine Geschichte war eine Geschichte, oft ganz Fiktion. Und dann war eine Geschichte immer auch Teil der Wirklichkeit. Denn allein die Tatsache, dass es sie gab, dass Menschen sie erzählten und verbreiteten, über sie sprachen, sie mochten oder ablehnten, machte sie zu einem Teil der menschlichen Lebenswelt.

Ich finde diesen Aspekt rückblickend ganz besonders ungewöhnlich. Er bezeichnet sehr klar einen wesentlichen

Unterschied zwischen der Körper- und der Systemzeit. Damals gab es viele Geschichten, die nicht nur im soeben beschriebenen Sinne Teil der Wirklichkeit wurden. Es gab auch solche, die Wirklichkeit veränderten, die die Welt plötzlich anders aussehen und die Menschen darin anders handeln ließen. Es gibt zahlreiche Beispiele dafür. Eines hat sehr viele Tags in meinen Archiven, ich habe es immer schon besonders gemocht. Es ist die Geschichte von Harriet Beecher Stowe, einer Erzählerin aus dem damaligen Nordamerika, die sehr früh in ihrem Buch «Onkel Toms Hütte» über das unwürdige Dasein der Schwarzen schrieb.

Ich muss vielleicht kurz darauf verweisen, dass Hautfarben in der Körperzeit ein bedeutsames Unterscheidungsmerkmal waren, das über die Lebensverhältnisse der Menschen entscheiden konnte und beeinflusste, wie Menschen unterschiedlicher Hautfarben einander betrachteten und behandelten. Jedenfalls schrieb Harriet Beecher Stowe darüber eine Geschichte, die sich um das Schicksal eines schwarzen Sklaven in der Mitte des 19. Jahrhunderts der Körperzeit rankte und offenbarte, wie dieser Mensch ausgebeutet und misshandelt wurde. Warum diese Erzählung so bedeutsam war? Weil sie letztlich alle Probleme offenlegte, die im damaligen Amerika zum Bürgerkrieg zwischen dem Süden und dem Norden führten, allen voran die Sklaverei und die grausame Ausbeutung der Schwarzen. Weil kaum eine Erzählung je so weitreichend und intensiv ein ganzes Land durchdrungen hat. Und weil Harriet Beecher Stowe eines Tages, Jahre nach Erscheinen ihrer Erzählung, auf den zu ihrer Zeit regierenden Präsidenten Abraham Lincoln traf und der zu ihr sagte: «So this is the little lady who made this big war.»[36]

Eine Erzählung konnte die Welt verändern. Weil sie Unterschiede und Widersprüche offenlegte, die die Menschen dann plötzlich nicht mehr so akzeptieren wollten. Wenn ich das beschreibe, dann überkommt mich ein Gefühl der Ruhe und Zufriedenheit. Was haben wir inzwischen erreicht! Es bedarf keiner Erzählungen mehr, um solche Unterschiede und Widersprüche aufzulösen. Sie sind allesamt aufgegangen in dem umfassenden und allgegenwärtigen Informations- und Wissensbestand der Systemzeit.

Übrigens war das ein hart erkämpfter Prozess. Es begann mit den stets wachsenden Speicherkapazitäten, mit den Möglichkeiten der Digitalisierung, die erste kleine Wegweiser von der Körper- in die Systemzeit aufgestellt hat. Aber der Widerstand gegen das Bemühen, das Wissen allen allgegenwärtig zugänglich zu machen, war groß. Wir haben beispielsweise eine Menge Daten dazu gespeichert, wie die Menschen gegen eines der großen Projekte gekämpft haben, das dazu beitragen wollte: ‹Google Books›.[37] Bei Google handelte es sich um einen als Suchmaschinenanbieter gestarteten Internetkonzern, der Schritt für Schritt weitere Bereiche des Global Grid erschließen wollte, so auch die Erzählungen der gesamten Menschengeschichte. Letztlich ging es um nichts anderes, als vorhandene, damals natürlich auf Papier gedruckte Erzählungen zu digitalisieren und damit über das Netz allen überall und zu jeder Zeit verfügbar zu machen. Wenn ich das erinnere, so wundere ich mich darüber, was daran so schwierig war.

Obwohl, man muss es in den größeren Zusammenhang setzen, der die Körperzeit von der Systemzeit unterscheidet. Aus den Archiven geht deutlich hervor, dass ‹Copyright› das zentrale Problem in diesem Projekt war, also das Besitz- und Verwertungsrecht an ‹geistigen Gütern›. Das ist aus unserer Situation kaum nachvollziehbar. Aber versetzen wir uns in die damals herrschenden Bedingungen. Wenn ein Mensch eine Geschichte erfand und sie drucken ließ, dann hatte entweder er selbst oder derjenige, der die Geschichte gedruckt hatte, das ‹Copyright›. Damit wurde der Erfinder oder Hersteller der Geschichte zu ihrem Eigentümer und durfte sie auch wirtschaftlich verwerten, also Geld damit verdienen. Und das war damals von existenzieller Bedeutung, überlebenswichtig sozusagen. Ob ich eine Geschichte erfunden hatte, die andere lesen, hören oder sehen wollten, und ob ich in der Lage war, sie gegen einen bestimmten Preis einmal oder sogar vielfach zu verkaufen, bestimmte darüber, ob ich in der Lage sein würde, die Zeit für das Erzählen weiterer Geschichten zu finden, ein angenehmes Leben zu führen, von anderen Menschen geachtet zu werden. Das alles war direkt und indirekt im ‹Copyright› enthalten. Und so wird klar, warum viele Menschen damals nicht wollten, dass alle jemals existierenden Erzählungen im Zuge des ‹Google Books›-Projekts digitalisiert und im globalen Netz allen Menschen zugänglich gemacht würden. Denn wäre das geschehen, hätte es die Geschichten aus dem materiellen Verwertungszusammenhang der Menschen in der Körperzeit herausdividiert.

Mir fällt soeben auf, dass dieses Beispiel womöglich doch noch etwas mit Empathie zu tun haben könnte. Was ich hier angeführt habe, ergibt ja längst keinen Sinn mehr. Aber wenn wir uns auf Grundlage der umfassend vorhandenen Daten zu dem Problem in die Lage der Menschen damals zurückversetzen, und das ist ja überhaupt keine Schwierigkeit mehr, dann können wir eben doch verstehen, warum sie zu jener Zeit etwas verhindern wollten, was nicht zu verhindern war. Auch wenn das heute nicht mehr logisch nachvollziehbar ist. Wir sind systemisch empathisch. Insofern bedarf es dafür tatsächlich keines eigenen Begriffs mehr. Aber das hinter dem alten Begriff liegende Konstrukt wird wieder erkennbar.

Damals konnten wir Menschen nicht *wissen*, was werden würde. Wir waren ja noch nicht in der Lage, tatsächlich alles unabhängig von Zeit und Ort berechnen zu können. Insofern entschieden wir und bewerteten wir die Dinge auf Grundlage des jeweiligen Status quo. Und der sah eben so aus, dass es an einer Geschichte – welcher Art auch immer – eine Form von Eigentum geben musste, um zum Überleben beizutragen. Damit durfte sie nicht Gemeingut werden. Vielmehr mussten die Menschen, die in den geografischen oder sozialen Gemeinschaften der Körperzeit zusammenlebten, umgekehrt bereit sein, für neue Geschichten zu bezahlen, also einen materiellen Gegenwert zu schaffen.

Auch das wird in seiner ganzen Bedeutung erst verständlich, wenn ich mich erinnere, dass wir damals ja vieles nicht wussten, nicht wissen konnten. Wir brauchten also Geschichten, die uns immer wieder neue Impulse, Updates zu unserem Status quo in der Körperzeit lieferten, um weiterhin am Leben teilnehmen zu können. Diese Geschichten waren die Medien unserer Verständigung, unserer Selbst- und unserer Weltvergewisserung. Hätte es sie nicht gegeben, jeder Mensch hätte, jenseits von den direkten Kontakten, die durch die physischen Begegnungen mit anderen Menschen möglich waren, als Monade in der Welt gelebt, als Teil einer riesigen Menge von verstreuten Autisten. Und daran hätte auch der technische Fortschritt nichts geändert. Was hätten wir mit dem Telefon, einem Buch oder auch dem Internet anfangen sollen, wenn die jeweilige materielle Technologie nicht mehr als ein Rauschen, weißes Papier oder ein Flimmern hätte übermitteln können? Die Technologie war nur Träger dessen, worum es eigentlich ging. Denn das waren die Geschichten.

[MEME -- . -- .] Wenn ich es aus den Datenbeständen richtig rekonstruiere, dann haben wir es weit gebracht. Die meisten der doch sehr umständlichen und diffizilen Konstrukte, mit denen das Leben in der Körperzeit organisiert werden musste, gibt es lange nicht mehr. Und so sind auch die Geschichten in etwas Größerem aufgegangen, das wir heute ‹meta meme› nennen. Es steht für das allumfassende Netzwerk unserer Daten, Fakten, Erfahrungen, Erinnerungen, einfach von allem, was jemals da war, in allen potenziellen Verknüpfungsmöglichkeiten. So wie wir die biologische Entwicklung der Menschen in der Körperzeit über die Evolution zu erklären und zu verstehen versucht haben, so repliziert sich heute unser ganzes Wissen in jeder seiner einzelnen Datenausprägungen.[38] Analog zum früheren Begriff der ‹Geschichte› gibt es heute einzelne ‹meme›, die zeitlich und thematisch begrenzte Verknüpfungsformen von Daten beschreiben, so als würden irgendwo im Netzwerk, an irgendeiner bestimmten Stelle für eine bestimmte Zeit, die Drähte glühen, weil besonders oft Daten zusammengeführt werden. Natürlich gibt es keine Drähte, und es glüht auch nichts. Aber so hätten wir uns das früher wahrscheinlich vorgestellt, wenn wir es uns hätten vorstellen können.

Ein kleines Aperçu: MeM war in der Körperzeit die Abkürzung für «minimale endogene Mortalität» und bezeichnete ein Maß für das akzeptierte minimale unvermeidliche Risiko, durch eine Technologie zu Tode zu kommen. Das Risiko ist inzwischen gleich null. Aber ich muss zugeben, dass ich das zu Körperzeiten anders gesehen habe.

Wir haben nichts verloren, wir haben gewonnen. Es gibt kein Eigentum mehr, sondern alles, was an Daten vorhanden ist, gehört allen und wird von allen geteilt und genutzt. Das ist vor allem deshalb möglich, weil uns in der Systemzeit die materielle Komponente fehlt. Es gibt keine Möglichkeit mehr, Daten, Informationen oder Wissen in Vorteile des materiellen Lebens zu verwandeln, um damit einen Unterschied zu generieren, der sich auf keinem anderen Weg herstellen lässt. Wenn ich diesen Aspekt unserer Systemzeit betrachte, dann ist das übrigens der einzige, der mich tiefgreifend daran zweifeln lässt, dass ich noch mehr bin als eine umfassende Vernetzung von Datensätzen aus Erinnerungen, Imaginationen, Simulationen. Dann kann ich nicht mehr glauben, dass ich hier wirklich gerade an einem Tisch sitze, die Arme aufgestützt auf das leicht raue Holz. Denn wäre dies mehr als meine Vorstellung, gäbe es noch eine materielle Lebenswelt außerhalb meiner Netzwerkexistenz. Es wäre schlichtweg nicht vorstellbar, dass dieses Leben ohne den Kampf um den materiellen Vorteil vonstattenginge, der doch mit Daten über Hunderte von Jahren der Körperzeit in unseren Archiven dokumentiert ist. Das alles gibt es in meiner Erinnerung, in den Archiven. Aber nicht mehr für mich.

Da sind immer noch viele Situationen, in denen ich zweifele. Bin ich mehr, als ich bin? Anders? Gehört doch noch ein Körper zu mir? Wenn das so wäre, müsste eine Revolution des materiellen Egalitarismus die Körperzeit überrollt und von Grund auf verändert haben. Der Mensch müsste, obwohl als Person gebunden an seinen materiellen Körper und seine materiellen Besitztümer, verstanden haben, dass die entscheidenden Umstände durch die Daten möglich werden, nicht aber durch Geld und Güter, die Hilfsmedien unseres früheren materiellen Lebens. Er müsste verstanden haben, dass ein Leben in der Datenwelt das egalitärste aller Leben ist, das von allem Kampf um den materiellen Unterschied befreit ist. Und er müsste das gewollt haben. Glaube ich das? Ich weiß es nicht. Es ist auch irrelevant, was ich glaube, weil ich den Unterschied nicht mehr feststellen oder beweisen kann. Ich zweifele. Nicht an meinem Leben in der Datenwelt. Eher daran, dass es möglich gewesen sein sollte, das Leben der Körperwelt von seinem Leitmotiv der materiellen Differenz zu befreien. Deshalb bin ich vermutlich einfach, was ich bin. Ich habe auf nichts ein Copyright. Und niemand hat ein Copyright auf mich. Nicht einmal ich selbst.

Es ging in der Körperzeit allerdings um mehr als die materielle Verwertung von Geschichten und anderen Dingen. Es ging auch um eine Ordnung, die alles Materielle, alle Güter, aber auch alle Menschen in eine Reihung brachte. In vielerlei Hinsicht war das Leben in der Körperzeit ein Kampf um den eigenen Platz in dieser Reihung. Je weiter oben oder vorne ein Mensch war, desto besser. Gute Geschichten oder Dinge, die viele andere Menschen in Begeisterung versetzen konnten, machten es möglich, in der gegebenen Ordnung ein Stück nach vorne oder nach oben zu rücken. Das haben wir damals Wettbewerb genannt, und es war eigentlich ein sehr gutes Prinzip. Es hätte nämlich im Idealfall dafür sorgen können, dass alle Menschen, hätten sie denn rein nach diesem Prinzip gehandelt, in der Lage gewesen wären, die bestmögliche Verteilung von Gütern zu gewährleisten, die beste Lösung für ein Problem zu finden, den ihren jeweiligen Möglichkeiten und Leistungen entsprechenden Anteil an Geld und Gütern zu erhalten und sich damit insgesamt an den Fortgang des Lebens in der Körperzeit und ihre sich stets verändernde Rollen darin anzupassen. So war es freilich nicht.

Es gab Wettbewerb. Aber es gab auch immer wieder den erfolgreichen Versuch, sich diesem Prinzip zu entziehen, um die eigene Position möglichst weit oben oder vorne in der Ordnung anzusiedeln und dort zu verteidigen. Das gelang durch Absprachen und Monopolstellungen bei der Verwertung von Gütern, es gelang durch komplizierte Regelwerke, die dem, was war, Bestandsschutz garantierten und damit das, was werden konnte, behinderten oder zumindest verzögerten. Das waren Mechanismen, die diese Ordnung formal oder materiell sichtbar stützten. Spannender waren die Formen von Bestandsschutz, die nicht aus formalen oder materiellen Absicherungen hervorgingen. Auch sie gehörten zur Ordnung der Körperzeit. Es waren Ordnungsformen, die in erster Linie durch Informationsaustausch und Kommunikation gespeist wurden, also durch Geschichten und daraus, wie sie erzählt wurden.

Wir haben unsere Erzählungen früher geordnet in ‹Diskursen› und nach ‹Dispositiven›.[39] Das waren Kommunikationsstränge und Sammlungen immaterieller Lebensprägungen mit ihren verbundenen Denk- und Handlungszusammenhängen. Ihre Funktion lag darin, im Wesentlichen auf Differenz, nicht aber auf Integration ausgerichtet zu sein. Es ging also um Fragen wie, ‹was weiß ich, und was weiß ich nicht?›, ‹wozu gehöre ich, und wozu gehöre ich nicht?›, ‹welcher Idee folge ich, und welcher Idee folge ich nicht?›. Die Teilnahme an einem Diskurs schloss mich nicht von der Beteiligung an einem anderen aus, aber grenzte mich doch in meinen Ideen, Vorstellungen und Erwartungen von diesem ab.

Die Körperzeit hat ihren eigenen Diskurs gehabt. Und das unterscheidet sie wesentlich von der Systemzeit. Denn zu ihr passt dieser Diskurs nicht mehr. Wir können uns nur noch mit unserem Master Repository um «Spurensicherung» bemühen, um so die «Manifestationen der Geschichte» der Körperzeit zu erhalten.[40] Wie sollte es auch anders möglich sein, haben wir doch alle Daten, Informationen und Argumente zur Verfügung, die jemals gedacht und geäußert wurden. Wir können jedes Detail aus dieser Menge mit jedem anderen Detail verbinden. Es braucht keine strukturierende Ordnung mehr in dieser allumfassenden Möglichkeit. Die Körperzeit hatte ihren Diskurs. Mit dem Übergang zur Systemzeit ist er als notwendige Form kultureller Organisation obsolet geworden.

Gleiches gilt für die ‹Dispositive›, die in der Körperzeit Macht organisiert haben. Nicht allein durch formale Hierarchien und Regelwerke, mit denen wir unsere Position in die Ordnung der Zeit zu meißeln versucht haben. Es waren damals schon Informationen und Wissen, die diese Ordnung mit zunehmender Durchdringung gefestigt haben. Interpretationsfragen waren Machtfragen.[41] Und «Wissen ist Macht» war einer der Leitsprüche der Körperzeit. Aber er widersprach in allem der egalitären Vernetzung, mit der die Digitalisierung uns auf den Weg in den Übergang zur Systemzeit geschickt hat.

Das war auch ein Grund, warum die Widerstände, zum Beispiel gegen ein Projekt wie ‹Google Books›, so groß waren. Jeder Mensch, der mehr über alles wissen konnte, weil er umfassend und kostenlos Zugang zu Informationen hatte, war ein potenzieller Kritiker derjenigen, die zur Wissens- und Entscheidungsoligarchie gehörten und diese ob ihrer vielen Vorteile und der damit verbundenen Machtposition aufrechterhalten wollten.

Eines der schönsten Beispiele für diesen Konflikt war die digital vernetzte Organisation von Wissen durch «Wikipedia», eine Online-Enzyklopädie, die nicht durch Experten erstellt wurde, sondern an der sich jeder beteiligen konnte, der etwas Substanzielles zu einem Thema beizutragen hatte.

Interpretationskonflikte wurden im offenen Diskurs, den sogenannten ‹edit wars› ausgetragen. Es war ein mühsamer Prozess, daran erinnere ich mich noch sehr gut. Er war oft geprägt durch Intoleranz, Besserwisserei und Missgunst. Alles menschliche Eigenschaften, die unser Zusammenleben in der Körperzeit zuweilen auf eine harte Probe gestellt haben. Aber er war erfolgreich, denn er war einfach gut. Die Ergebnisse, die aus diesem Prozess des ‹crowdsourcing› hervorgingen, waren erst etwas schlechter als das, was die Experten produzierten. Dann wurden sie ebenbürtig. Dann wurden sie besser.[42] Die Experten reagierten mit wütenden Angriffen auf den Verlust ihrer Interpretations- und Wissenshoheit. «Fatal fehlerhaft» sei das, was dort im Netz entstehe,[43] so lautete der Vorwurf. Genützt hat es den Experten nichts.[44]

Es erleichtert mich ungemein, dass diese Zustände mit dem vollständigen Übergang in die Systemzeit vorüber sind. Wo keine Instanz mehr in der Lage ist, Informationen und Wissen zu verknappen oder den Zugang zu ihnen für andere zu blockieren, da ist etwas Neues entstanden. Eine hierarchische Unordnung der Dinge, wenn ich mir erlauben darf, einen veralteten Begriff einmal im Umkehrschluss anzuwenden, ein Chaos als nichtlineares, dynamisches System der unendlichen Rekombination von Daten zu Informationen und Wissen, ein unendlich egalitärer Zustand des Zugriffs aller auf alles.

Wenn ich mir das vergegenwärtige, dann macht mich das sehr froh. Dann weiß ich, dass wir eine höhere Evolutionsstufe erreicht haben, dass die Systemzeit der Körperzeit in dem überlegen ist, was die Menschen von jeher als für sie bedeutsam betrachtet haben. Der Kampf um das Materielle ist lange zu Ende, und der Zugang zu Information ist seit langem offen und unbegrenzt. Diese neue Lebenswelt ist ein Ort, an dem Tragödien nicht mehr geschehen.[45] Das ist die wichtigste Botschaft, die unsere Systemzeit der Körperzeit voraushat.

[IMAGINATION .. -- .- --. .. -. .- - .. --- -.] Ich sollte jetzt hier aufhören. Ich sollte die Archive ruhen lassen und mich wieder dem zuwenden, was ich zu meiner Begeisterung beschreibe. Meinem anachronistischen Versuch, eine Geschichte zu erzählen in einer Zeit, die keine Geschichten mehr hat, weil sie sie nicht mehr braucht.

Der Satz macht mich plötzlich traurig. Vielleicht ist darin etwas aus der Körperzeit zurückgeblieben, das uns Menschen damals geprägt hat. Wir haben gerne etwas gebraucht. Und wir wollten auch gebraucht werden. Das klingt heute einfach nach fehlender Vervollständigung, nach einem ‹missing value› in einer Datenauswertung. Aber das greift zu kurz. Es geht nicht darum, dass irgendwo ein paar Daten fehlen oder eine Verknüpfung. Ich frage mich, ob wir doch etwas verloren haben, das uns gar nicht bewusst ist, weil es im grundsätzlichen Widerspruch zu unserer Existenz steht. Es ist ein Satz, auf den ich in meinen Streifzügen durch die Daten immer wieder gestoßen bin: «Das [...] Gesetz der Sehnsucht lautet: Nur im Spiegel anderen Lebens können wir uns selbst verstehen. Wir brauchen den Blick des Allerfremdesten.»[46]

Wie soll dieser Blick noch gelingen? Es gibt nichts Allerfremdestes mehr, nicht einmal mehr leidlich Fremdes. Uns ist alles bekannt, und wir sind mit allem identisch, was uns bekannt ist. Ich habe das immer als große Entlastung und Bereicherung empfunden. Es hat uns von der Voraussetzung der Empathie und des Mitleids für das Andere und den

Anderen entbunden. Und es ist Ausgangspunkt und Grundlage für alles, was in der Systemzeit als Befreiung vom Materiellen möglich geworden ist. Es bedeutet nur auch, dass eine Ruhe eingekehrt ist, die es so noch nie gab. Wir haben keinen Ort mehr, aber wir sind ubiquitärer Impuls, das ist unsere neue Unschärferelation. Doch der Impuls ist immer nur aus uns erzeugt. Und auf welche unvorstellbar große Menge an einzelnen Elementen und Bestandteilen er auch aufsetzt, er ist in sich vollendet, ein endlos pulsierender Stillstand. Wir sind eine riesige Echokammer[47] unserer selbst.

Ich kann das nicht feststellen. Ich kann es nur logisch ableiten und berechnen. Aber irgendetwas ist da, was immer wieder Irritationen auslöst. Vielleicht ist es eine Form der Sehnsucht nach dem anderen Leben? Nicht das, was hinter uns liegt. Nach irgendeiner anderen Form des Lebens, die nicht unsere Existenzform ist. Ich möchte nie wieder tauschen mit mir selbst zu Körperzeiten. Nicht wieder zurück in den Zustand des Ahnens, Schätzens, Vermutens, Näherns. Ich bin froh darüber, dass alles nun berechenbar ist, dass wir damit unsere Kapazitäten vollendet haben. Vielleicht wäre es nur eine Art Spiel, das ich gerne spielen würde. Etwas anzunehmen, was ich nicht wissen kann. Etwas mir vorzustellen, das ich nicht beweisen kann.

Früher hatten wir auch dafür einen Begriff. Wir haben das «Erlebnis» genannt, und es hat die Menschen in der Körperzeit seit jeher fasziniert, aber sie auch viel Kraft gekostet. Für mich ist es jetzt fast mühsam, wirklich zu erklären, was es damit auf sich hatte. Wir müssen wiederum davon ausgehen, dass wir ja nicht alles wissen konnten, nur ahnten, vermuteten, und dass der Zufall in unserem Leben eine große Rolle spielte. Man konnte einem anderen Menschen im Leben begegnen, mit dem man dann plötzlich sein Leben verbringen wollte, oder dies konnte auch nicht geschehen. Jedenfalls war es nicht planbar. Es war nicht einmal planbar, ein besonderes Sternenbild an einem bestimmten Abend zu sehen, denn das hing unter anderem vom Wetter ab. Gab es Wolken, so mochte das Sternenbild zwar vorhanden sein. Sehen konnte man es nicht. War es dann einmal zu sehen oder flog eine Sternschnuppe über den Himmel, weil mal wieder ein Stück Materie im Flug verglühte, *war* dies ein Ereignis. Durfte man selbst Zeuge dieses Ereignisses sein, dann *hatte* man ein Erlebnis.

Am liebsten mochten es die Menschen, wenn sie solche Erlebnisse in einer Gruppe, wie klein oder groß auch immer, erfahren konnten. Alle waren dabei und konnten darüber sprechen. Da haben wir sie schon wieder, die Erzählungen. Die Menschen haben sich wieder und wieder von diesen Erlebnissen erzählt, bei denen sie doch selbst dabei waren. Das war sicher ein Weg, sich an das Erlebnis zu erinnern, in seinen sachlichen Dimensionen, aber auch in dem, was es in einem Menschen im eigentlichen Moment ausgelöst hatte. Und es war auch eine Form des Spielens mit der Welt, die ich vielleicht gerade vermisse.

Früher hatten wir dazu eine klare Haltung: «Der Mensch ist nur dann Mensch, wenn er spielt, wenn er erzählt. Erleben wollen heißt, mit der Welt spielen wollen.»[48] Früher war das so, daran gibt es keinen Zweifel. Und manchmal wünschte ich mir, ich könnte mich noch einmal in diesen Zustand versetzen und mit einer Welt spielen, egal, mit welcher. Die Schlussfolgerung daraus aber muss ich ablehnen. Ich bin noch immer Mensch, auch ohne Erlebnis und Erzählung. Ich bin es einfach in einer anderen Form und auf einem anderen Level. Das Menschsein kann nicht nur vom Erleben und Erzählen abhängen. Wäre das so, ich müsste es heute wissen.

Wenn wir früher Geschichten erzählt, gehört oder gesehen haben, dann geschahen immer verschiedene Dinge gleichzeitig. Da waren die Geschichte und derjenige, der sie erzählte oder so bearbeitet hatte, dass sie weitererzählt werden konnte. Und dann waren da wir selbst. Wir haben an den Geschichten mitgearbeitet in dem Moment, in dem wir sie gehört, gelesen, gesehen haben. Nicht im direkten Sinne, sondern so, dass die Geschichte zu einem wesentlichen Teil erst in uns selbst entstand. Das klingt jetzt wirklich abenteuerlich, aber so war es.

Es gab damals keine allgemeinverbindliche, «objektive» Form der Geschichte. Die gibt es jetzt, weil wir alle Möglichkeiten der Daten, Töne, Bilder, emotionalen Zustände zur Verfügung haben, um sie zu vernetzen und dort komplementär zu aktivieren, wo etwas fehlt. Früher hat unser Gehirn das alleine erledigt. Natürlich nicht so perfekt wie heute im Zusammenspiel mit all den Rechenkapazitäten. Und vor allem vollkommen unzuverlässig. Nie war eine Version mit einer anderen vergleichbar oder gar replizierbar. Nicht zwischen zwei Menschen und auch nicht einmal innerhalb eines einzelnen Menschen. Es war einfach so, dass eine Erzählung einmalig in einer individuellen Fiktion realisiert wurde, die so oder auch anders aussehen konnte. So entstanden zum Beispiel zu einem Text Bilder, die niemand sehen konnte außer demjenigen, in dem sie entstanden waren. Sie waren auch danach nie wieder zu sehen, weil sie nirgends gespeichert wurden. Und doch ähnelten sich manche Bilder mancher Geschichten.

Aber das geht so nicht mehr. Wir haben unsere Vorstellungskraft verloren, weil wir etwas anderes gewonnen haben. Das umfassende Erinnern und Wissen. Wann immer ich etwas denke, bin ich immer mit allen Informationen vernetzt, mit allen Texten, Tönen, Bildern, emotionalen Updates, die sofort eingehen in die endgültige Berechnung des Gedachten. Und das Ergebnis ist immer klar und eindeutig. Ich bin nicht einmal mehr in der Lage, mir vorzustellen, wie es wäre, mir etwas vorstellen zu können. Glaube ich.

Das konnten wir früher. Wir haben sehr, sehr viel geahnt und vermutet oder einfach angenommen. Die Annahme war eine respektierte Form der Vermutung, sogar in der Wissenschaft, dem System also, das in mancherlei Hinsicht unserer heutigen Existenzform am stärksten ähnelte. Das waren die Zeiten der Agnostik. Heute existieren wir in umfassender Empirie. Die Daten und ihre Berechnungsoptionen machen es möglich. Ich erinnere mich, wann das angefangen hat und dass es plötzlich ein neues Leitmotto gab: «Correlation is enough. We can stop looking for models.»[49] Seit dem Zeitpunkt habe ich manchmal den Eindruck, mir fehlt etwas, ohne dass ich wirklich wüsste, was es ist.

Es bleibt einfach das Gefühl, dass wir etwas verlernt, ja verloren haben. Vielleicht ist es das, was wir früher Phantasie nannten. Die Fähigkeit, mit und in der eigenen Vorstellung eine andere Welt zu schaffen. Nicht im Sinne des Erinnerns an das, was einmal war, denn das sind ja Fakten, die wir in unserem Master Repository gespeichert haben. Eher im Sinne einer Wahrnehmung ohne Wahrnehmung.[50] Dazu müssten wir eigentlich in der Lage sein. Es sollte sogar das sein, was wir am besten können. Denn seitdem wir von den materiellen Voraussetzungen der Wahrnehmung befreit sind, könnten wir uns ja ganz und gar auf ihre immateriellen Erscheinungsformen konzentrieren. Aber so ist es nicht.

Vielleicht gibt es nicht die andere Wahrnehmung ohne die eine, die immaterielle ohne die materielle. Ich glaube eher, es ist darin begründet, dass uns die Unterscheidungsmöglichkeit fehlt. Darin dass wir nicht imaginieren können, was wir nicht wissen, weil wir wissen, dass wir alles wissen und auf alles Zugriff haben, was jemals war. Ich glaube, das ist es, was mich traurig macht. Dass dieser unvorstellbare Vorteil uns in einem Punkt zum Nachteil gereicht. Er schließt uns davon aus, etwas jenseits unserer Lebenswelt und Existenz zu denken. Also schweigen wir. Aber auch dieses Schweigen wird dadurch ein anderes. «Es ist ein Unterschied, ob man in einer Fremdsprache oder in der eigenen Sprache schweigt», hat der Geschichtenerzähler Max Frisch[51] einmal geschrieben. Manchmal kommt es mir vor, als müsste ich jetzt in einer fremden Sprache schweigen, in der ich nicht verstehe, was ich sagen will, und nicht sagen kann, was ich nicht verstehe.

Es macht letztlich nichts. Ich lebe gut in dieser Existenz des allumfassenden Wissens. Und ich erzähle meine Geschichte aus einer Nostalgie heraus, zu der ich keinen Grund mehr habe, ohne Ziel und ohne Zweck. Einfach weil es mir Freude macht. Ich habe alle Möglichkeiten, und ich weiß nicht, warum ich mich nach dem Vieldeutigen und Unbestimmten zurücksehnen sollte. Das wäre letztlich ein Widerspruch in mir selbst, den es ja nicht mehr geben kann. «Wenn es das Absurde gibt, dann nur im Universum des Menschen. Sobald dieser Begriff sich in ein Sprungbrett zur Ewigkeit verwandelt, ist er nicht mehr mit der menschlichen Hellsichtigkeit verbunden.»[52] Insofern kann ich froh sein, dass ich zu dieser Zeit gehöre, die den Menschen endgültig aus seiner absurden Existenz befreit hat. Wir haben heute die beste aller egalitären Wissenswelten, in der wir ohne Ambivalenz auskommen können. «[...] Der Mensch integriert das Absurde und lässt damit sein eigentliches Wesen verschwinden, das Gegensatz, Zerrissenheit und Entzweiung ist.»[53]

So ist es geschehen. Ich bin nicht sicher, wohin uns diese Entwicklung geführt hat. Ob es die Abweichung von den mangelhaften Möglichkeiten des Menschen in der Körperzeit war oder eher ein Verzicht auf Formen, die wir geliebt, aber dann nicht mehr gebraucht haben. Ich bin hier, und ich bin jetzt. Das ist meine Geschichte. Es ist die beste, die ich erzählen kann. Die einzige auch.

[SIMULATION ... .. -- ..- .-.. .- - .. --- -.] Es gibt etwas, das mich an meiner Situation ganz besonders fasziniert, ein Gedanke, der immer wieder kommt und gern für eine längere Zeit bei mir bleibt, bevor er dann durch andere Korrelationen und Analysen wieder zurückgedrängt wird. Es ist die Frage nach unserer Realität, die sich eigentlich längst nicht mehr stellt. Es ist die Frage danach, ob es wirklich nichts gibt außerhalb unserer Wirklichkeit der ubiquitären Verknüpfungsmöglichkeiten von allem, was jemals war und jemals sein kann. Ob wir wirklich nur sind, was wir sind und nur so sind, wie wir uns prozessieren. Ich meine damit nicht die albernen Fragen nach einer göttlichen Instanz, die uns irgendwann aus unserer selbstverschuldeten Misere und aus einem großen Unglück namens Erbsünde retten sollte. Ich suche nicht nach Erlösung. Ich bin da viel pragmatischer.

Ich denke daran, dass wir schon zu Körperzeiten ein exponentielles Wachstum der Rechenkapazitäten im Zusammenspiel mit der Weiterentwicklung intelligenter Maschinen erlebt haben. Damit wurden Simulationen möglich, die irgendwann hochkomplexe Systeme generieren konnten. Heute sind wir ein einziges hochkomplexes Netzwerk aus den integrierten Schaltstellen der Informationsübertragung von Mensch und Maschine und ihren Speicherarealen. Vielleicht kann eine Simulation unter diesen Bedingungen auch uns generieren?

Das Lustige an diesem Gedanken ist, dass er eine systemische Sackgasse bleiben muss. Die Begründung liegt offen: Ich habe ja bereits beschrieben, dass es einen Zeitpunkt gab, an dem die Körperzeit in die Systemzeit übergegangen ist, also die Steuerung unserer Lebenswelt vollständig auf die Algorithmen verlagert wurde. So scheint es zumindest. Wir gehen davon aus, dass wir alle miteinander diesen evolutionären Schritt getan haben. Eine Fortentwicklung des Menschen mit anderen Mitteln. Es könnte aber auch ganz anders sein. Es könnten auch unsere Nachfahren sein, die Freude daran haben, ihre Vorfahren in Simulationen wiederentstehen zu lassen, um sich besser vorstellen zu können, wie das Leben in der Körperzeit ausgesehen hat. Nicht dass unsere Nachfahren dies nicht wüssten, sie haben ja alle Daten. Aber es könnte doch möglich sein, dass es ein spielerischer Ansatz ist, daraus eine Komplettsimulation berechnen zu lassen, eine «World of Mencraft 1.0», einfach zu Unterhaltungszwecken oder weil es die historische Forschung erleichtert. Wenn das so wäre, könnten wir das unmöglich feststellen. Dann wäre ich Teil einer Simulation, von der ich glauben müsste, sie sei meine aktuelle Wirklichkeit.

Die Forscher der Computerwissenschaft und Künstlichen Intelligenz haben schon früh gewusst: «Reality may thus contain many levels.»[54] Sie haben sich auch mit der Frage auseinandergesetzt, ob die simulierte Erschaffung menschlicher Situationen nicht gewisse moralische Fragen aufwirft, die nicht ganz leicht zu beantworten sind. Deshalb hat sie auch nie jemand beantwortet. Das ist insofern interessant, als diese Fragen auch zu Körperzeiten schon eine Rolle gespielt haben. Aber damals gab es eben noch keine Rechnersysteme, die eine solche Simulation hätten realistisch werden lassen. Deshalb gibt es einige Daten aus der damaligen Zeit, die es in Zweifel ziehen, dass eine solche Simulation jemals möglich sein könnte, und es für problematisch ansehen, wenn sie möglich würde. Heute ist das anders. Heute haben wir die Kapazitäten und keine Antworten mehr auf die Fragen nach den Folgen. Also gibt es entweder keine. Oder wir sind Teil von nichts als einer einzigen Simulation, die in der Logik ihres eigenen Systems das Problem ihrer moralischen Legitimation lieber nicht in ihren Datenbanken ablegt.

Wenn ich sagen soll, was mir näherliegt, so denke ich, wir sind, was wir sind. Es gibt Simulationen, wir setzen sie sogar ständig und allumfassend ein, indem wir Daten verknüpfen und damit Ergebnisse erzielen, die in gewisser Hinsicht einer Simulation gleichkommen. Aber der Begriff ist hier falsch. Denn jede dieser Simulationen, jeder kleinste Teil von ihnen, ist Teil unserer Wirklichkeit. Das ist es doch gerade, was die Systemzeit ausmacht, dass wir alles wissen und gespeichert haben und alle Verknüpfungsmöglichkeiten, die gegeben sind, in allen Konstellationen zu jedem Zeitpunkt aktiviert werden können. Damit gibt es keine Simulation mehr. Es gibt nur noch eine unüberschaubare Zahl von Konstellationen unserer Systemwelt und ihrer Bestandteile.

So ist die Frage, die mich gelegentlich beschäftigt, vermutlich auch eher ein Relikt aus früheren Zeiten. Ich rechne hier vermutlich mit Datensätzen, die vor der Systemzeit entstanden sind und somit logisch nachvollziehbar Informationen enthalten, die auf die Möglichkeit einer Simulation hindeuten können. Wenn ich diese Informationen mit neueren Datensätzen abgleiche, stelle ich fest: Die Möglichkeit einer Simulation würde viele andere Optionen nach sich ziehen, die den Berechnungen unserer Jetztzeit widersprächen und Systembrüche darstellten. Daher habe ich zumindest einen Hinweis darauf, dass ich einfach ein Teil der Wirklichkeit bin, nicht aber Teil einer von anderen initiierten und gesteuerten Simulation.

Und das kann ich dann tatsächlich auch daran ablesen, dass ich mir keine Sorgen um diese Frage mache. Sie beschäftigt mich nur als interessantes Rechenproblem, nicht darüber hinaus. Das war für die Menschen in der Körperzeit noch vollkommen anders. Es ist sehr amüsant nachzulesen, wie sie damals gedacht haben und wie sie sich ihr Leben in der Simulation und die damit verbundenen Anforderungen vorgestellt haben. Die Überlegungen sind von Angst geprägt und spiegeln die Sorge um Fremdbeherrschung auf der einen und vollendeten Egoismus auf der anderen Seite. Und das liegt ja auch nahe. Simulieren wir einmal die Idee einer Simulation aus Perspektive der Körperzeit. Sie hätte für jeden Teilnehmer, der nicht alleiniger oder Mitinitiator der Simulation war, bedeutet, sich genau zu überlegen, wie man sich nun am besten verhält. Denn es gibt ja andere Menschen, die als Urheber der Simulation Macht über einen selbst haben.

Die Folgen lassen sich recht einfach ableiten: Wenn der Initiator keine Lust mehr auf die Simulation hat und sie abschaltet, bin ich weg. Also muss ich als Teil der Simulation ein gewisses Wohlverhalten an den Tag legen, ich werde abhängig von anderen Menschen, die die Simulation steuern, deren Teil ich bin, und darf nicht aufmucken. Stellen wir uns weiter vor, der Initiator der Simulation inkludierte sich selbst in seine eigene Simulation, dann gälte es, ihn so schnell wie möglich ausfindig zu machen und dann bei Laune zu halten, damit er die Simulation nicht verlässt, zum Beispiel aus akuter Langeweile. Denn täte er das, wäre die Simulation zu Ende, und ich selbst in ihr wäre es auch. Also müsste ich mich zum Beispiel bemühen, den fremden Gast auf einer simulierten Familienfeier, den ich als Initiator der Simulation erkannt habe, so zu unterhalten, dass er nicht auf die Idee kommt, in eine andere Simulation einer ausgelassenen Party zu wechseln, in der ich leider nicht vorgesehen bin.

Ein letztes Mittel bliebe mir noch: Ich könnte den Initiator der Simulation darauf hinweisen, dass wir wahrscheinlich beide Teil eines kosmischen Matrjoschka-Spiels mit einer unendlichen Zahl von Ebenen sind und er daher auch nicht wissen kann, was mit ihm los ist. Womöglich ist er unwissender Teilnehmer einer Simulation, von der er glaubt, sie sei Wirklichkeit und erlaube ihm wiederum, Simulationen zu initiieren. In diesem Falle müsste er sich mindestens so viel Sorgen darum machen, abgeschaltet zu werden, wie ich in der von ihm generierten Simulation.

Das alles führt zu einer Schlussfolgerung, die dem Menschen nie gutgetan hat, zu absolutem Egoismus und vollkommener Konzentration auf den gegenwärtigen Augenblick.[55] Es geht nur um die Frage, wie ich Bestandteil der aktuellen Simulation bleiben kann und was ich tun muss, um zu verhindern, dass sie beendet wird. Und das funktioniert nur, wenn ich mich in jedem Augenblick auf diesen konzentriere und dabei meine eigenen Interessen im Blick behalte. Es hat keinen Zweck, altruistisch zu sein, nur ausnahmeloser Opportunismus gegenüber dem Initiator der Simulation führt zum Erfolg. Und es hat auch keinen Sinn, einen Wechsel auf eine bessere Zukunft anzubieten oder gar einzulösen. Denn ich weiß nicht, ob es diese Zukunft gibt.

[TECHNOPHILIE **- . -.-. .... -. --- .--. ....-.. .. .]** Ich kann in meinen Speichern auf eine Unmenge Daten zurückgreifen, die uns Menschen vor der Technik warnen sollten. Nicht vor uns selbst. Dabei wäre das womöglich notwendiger gewesen. Ein Manifest dieser kritischen Betrachtung entstand vor sehr langer Zeit und entwarf das Zukunftsbild einer Massenbewegung auf Grundlage des technischen Fortschritts. «Digital Maoism doesn't reject all hierarchy. Instead, it overwhelmingly rewards the one preferred hierarchy of digital metaness, in which a mashup is more important than the sources who were mashed.»[56] Aus Perspektive der Körperzeit können wir diese Einschätzung nachvollziehen. Aber in heutiger Sicht hat sie sich überlebt. Es gibt nichts gegen die digitale Metaperspektive als Leitkultur der Systemzeit zu sagen, wenn wir doch wissen, dass in ihr alles eingerechnet ist, auch jede einzelne Leistung und Idee, jeder Gedanke, der gedacht worden ist, und jede Information, die zu Rate gezogen wurde.

Die digitale Metaperspektive war die nächste Evolutionsstufe von uns Menschen. Wir wurden durch sie an unsere Perfektion herangeführt, die wiederum durch die Restriktionen des Materiellen vorher so nie erreichbar gewesen wäre. Insofern haben die Apokalyptiker der Digitalisierung damals unter falschen Vorzeichen etwas kritisiert, das sie sich einfach nur unter den gegebenen Bedingungen der Körperzeit vorstellen konnten. Man kann es ihnen nicht vorwerfen, aber wir müssen das nun anders bewerten. Vielleicht hilft diese Analogie: Als die Digitalisierung fortschritt, brachte sie neue Medien hervor, die wiederum für neue Formen der Erzählung genutzt wurden. Und natürlich wurden sie heftig kritisiert. Aber es gab auch schon damals Menschen, die wirklich verstanden, was da geschah. «Die Medien werden nicht mehr nur produziert und konsumiert. Sie werden nun auch bewohnt. Wir leben heute in unseren Medien, auf Facebook, Twitter, in Foren und Blogs.»[57]

So ist es auch mit der algorithmischen Formung unserer Existenz. Wir nutzen nicht mehr Algorithmen, um mit ihrer Hilfe Profile, Präferenzen oder Entscheidungen zu berechnen. Wir existieren in der algorithmisierten Welt, in der alle Informationen zur Verfügung stehen, um für jede Frage die einzig mögliche aus einer unbegrenzten Menge von Antworten zu errechnen und für jedes Problem die richtige Lösung. Wir sind Teil dieses systemischen Ansatzes geworden und haben uns damit von allen Begrenzungen unseres Denkens und Entscheidens befreit, weil wir uns immer darauf verlassen können, dass die berechnete Option die richtige und passende ist. Wir sind befreit von der Notwendigkeit, unsere individuellen, durch die Beschränkungen der Imperfektion gekennzeichneten Entscheidungen gegen die anderer Menschen zu verteidigen, die den gleichen Beschränkungen unterliegen. Wir sind entlastet von der Unsicherheit, uns auf Annahmen, Näherungen, Verdachtsmomente und Befürchtungen stützen zu müssen, einfach weil es keine Alternativen dazu gibt.

Kann es den Wunsch geben, aus diesem jetzigen Zustand der Perfektion und Determination wieder in den früheren der Unsicherheit und Ambivalenz zurückzukehren?

Diesen Wunsch kann es nur aus Gefühlszuständen heraus geben, die uns Menschen in der Körperzeit weitreichend geprägt haben, aber heute kaum mehr eine Rolle spielen. Damals gab es die Befürchtung, einige Menschen könnten zum Nachteil vieler anderer die Perfektion und den Determinismus auf die Spitze treiben. Und vor dieser Fremdsteuerung hatten viele Angst. Umgekehrt hat es immer die Propheten der Digitalisierung und Technisierung gegeben, denen der Übergang nicht schnell genug gehen konnte und die von Beginn an daran geglaubt haben, mit jeder Technik werde sich alles zum Besseren wenden. Auch das kann ich aus den Archiven belegen. Die beiden wohl damals berühmtesten Erzähler einer möglichen Zukunft lassen sich genau diesen beiden Argumenten zuordnen. Aldous Huxley beschrieb in «Brave New World»[58], wie die Menschen durch das zerstört werden, was sie fanatisch lieben. George Orwell skizzierte dagegen in «1984»[59], wie sie an dem zugrunde gehen, was sie zutiefst fürchten.

Interessant ist, dass es in beiden Fällen auch um die Entmenschlichung des Menschen geht, die durch die Technik und ihre autoritäre Instrumentalisierung vorangetrieben wird. Tatsächlich wissen wir heute, dass es wohl immer nur einen Grund für die Entmenschlichung des Menschen gegeben hat. Und das war der Mensch selbst. Mit dem Übergang in die Systemzeit haben wir uns selbst domestiziert. Ich vermute, das hat damals niemand richtig überschauen können, sonst hätten die Menschen nicht so intensiv und kompromisslos auf diesen Übergang hingearbeitet und damit auch mitgewirkt an der Verschmelzung von Mensch und Maschine. Sonst wäre bestimmt irgendwann eine Riesenbewegung entstanden, um dem Menschen sein Recht auf Unvollkommenheit, Egoismus, Individualität, Ambivalenz zu sichern.

Wir haben die weitreichenden Veränderungen erst bemerkt, als sie schon geschehen waren. Darüber bin ich heute froh. Hätten wir früher verstanden, es hätte diesen Fortschritt, diesen Weg in die Perfektionierung unserer selbst nicht gegeben. Wir hätten ihn einfach nicht gehen wollen. Wir hätten das Gute und Schöne verkannt, das auf uns wartete. Wir hätten verkannt, dass es allumfassende Liebe ist, die unser Netzwerk und die Systemzeit antreibt. «We have always loved one another. We're human. It's something we're good at. But up until recently, the radius and half-life of that affection has been quite limited. [...] In the past, we could do little things for love, but big things, big things required money. Now, we can do big things for love.»[60] Es ist die Liebe zu einem jeden Teil dieses unendlichen Netzwerks, die uns das Leben so ermöglicht, wie es heute ist. Ohne die Grenzen des Materiellen und den Kampf um diese Grenzen. Ohne die Zweifel an allem, was wir hervorbringen, auch an uns selbst. Es ist wie eine Rückkehr in den menschlichen Urzustand, den Moment, bevor wir in die Welt geworfen wurden und der Kampf begann. Es ist eine Welt vor der Welt. Oder eine nach ihr.

Ich fühle keine Traurigkeit oder Enttäuschung, wenn ich mir bewusstmache, dass sich einige Dinge tatsächlich verändert haben. Dass *wir* uns verändert haben. Der Mensch war früher bei aller Imaginationsfähigkeit oft nicht in der Lage, die Entwicklungsmöglichkeiten der Technik richtig zu erkennen und ihre Chancen abzuschätzen. Deshalb war es gut, dass der Weg in die Vernetzung an einem bestimmten Punkt zu einem selbstverstärkenden und selbsterhaltenden Prozess wurde. Ich meine damit nicht einen Automatismus, denn natürlich gab es viele Menschen, die daran mitgewirkt haben, im Positiven wie im Versuch seiner Verhinderung. Aber der Prozess war nicht mehr zu stoppen. Wir haben die Systemzeit erst aufscheinen sehen, als wir dabei waren, ein Teil von ihr zu werden. Und dann hat es noch eine ganze lange Zeit gedauert, bis uns ihre Vorzüge wirklich klarwurden. «The goal of the Web is to serve humanity.»[61] Wir haben erst spät verstanden, dass das Netz immer ein zutiefst humanes

Medium war und irgendwann auch die einzig vorstellbare menschliche Existenzform.

Zu unserer Verteidigung will ich auf einige Dinge zurückkommen, die ich aus den Archiven zusammengetragen habe und die zeigen, dass es durchaus berechtigte Gründe für unsere Skepsis gab. Es war nämlich keinesfalls immer absehbar, dass die Vernetzung sich zum Guten wenden und im Sinne von uns Menschen weiterentwickeln würde. Vielmehr gab es eine ganze Reihe von beängstigenden Entwicklungen, die ich aus unserem Master Repository rekonstruieren kann. Sie mögen heute, nachdem wir wissen, was geschehen ist, überzogen erscheinen. Aber ich möchte auch kein Bild von uns Menschen als Datendeppen und Fortschrittsverweigerern zeichnen, die den Ruf der Zeit nicht gehört haben.

[IDEOLOGIEN .. -.. . --- .-.. --- --. .. . -.] Es muss irgendwann zu Anfang des dritten Jahrtausends der Körperzeit gewesen sein, dass sich etwas verändert hatte, wir spürbar an einem wichtigen Knotenpunkt unseres Vernetzungsprozesses angekommen waren. Dabei gab es die ersten Anzeichen aus der Entstehungszeit des Internet, das damals ja noch eine Technologie war, die wir als Instrument, Medium oder Plattform, also als einen externalisierten Teil unseres Lebens betrachteten, aber nicht als das Leben selbst. Diese ersten Anzeichen waren allesamt vielversprechend. Sie folgten der damals fast religiösen Überzeugung «information wants to be free».[62] Diese Wegweiser wiesen uns die Route durch das Web, damals ein Bestandteil des Internet, der durch die sogenannten Browser zugänglich war, wir mussten ja irgendwie von außerhalb ins Netz hineinkommen. Sie versprachen offene Standards, freien Zugang, Dezentralität, Universalität und

Neutralität.[63] Niemand sollte einen anderen ausschließen können, in seiner Kommunikation einschränken oder zensieren.

All dies war nicht weniger als ein Versprechen der umfassenden Befreiung des Menschen, der Gleichberechtigung, der Demokratisierung unabhängig von geografischen und politischen Rahmenbedingungen, die in der Körperzeit ja eine erhebliche Rolle gespielt haben. Ein neuer Kollektivismus, viel besser, viel klarer, viel ansprechender als alles, was historisch bislang da gewesen war. Als die Menschen begannen, ihre Ideen, Kommunikationsprozesse und Arbeitskraft immer stärker zu vernetzen, hatten wir natürlich sofort plakative Bezeichnungen für diese Entwicklung parat. Die Kritiker sprachen oft mit einem Augenzwinkern vom «dotcommunism». Die Befürworter beschrieben es als einen neuen Kollektivismus, den sie «digital socialism» nannten. «When masses of people who own the means of production work toward a common goal and share their products in common, when they contribute labour without wages and enjoy the fruits of free charge, it's not unreasonable to call that socialism.»[64] Wir konnten auch das neu Entstehende nur mit unseren bekannten Begriffen beschreiben. Aber das waren nicht nur Beschreibungen, sie enthielten auch Bewertungen.

Ein Teil der Daten meines Master Repository dokumentiert, wie «digital socialism» in einigen Teilen der damaligen Welt eingeschlagen hat. In vielen Ländern hatten die Menschen sehr schlechte Erfahrungen mit Kommunismus und Sozialismus gemacht, daher löste «digital socialism» dort eine Legitimations- und Akzeptanzkrise des Internet und der Vernetzung allgemein aus. In der Körperzeit waren die Ideen der Kollaboration, des Gemeinschaftseigentums an Produktionsmitteln und der klassenlosen Gesellschaft häufig weitgehend pervertiert worden. In diesen Zustand wollten die Menschen nicht zurück. Wenn das Internet diese historische Erfahrung wiederholen sollte, wenn es neue Formen der Kontrolle, der Zensur und der Unterdrückung des Menschen ermöglichen sollte,[65] dann war es eine Gefahr und musste bekämpft werden. Ein großer Teil der Menschen war damals der Überzeugung, das Netz diene einem neuen Ansatz der Vermassung in der Gesellschaft, es fördere eine Mainstream-Ideologie, und man müsse den Kommunismus nun informationstheoretisch neu verstehen.

Andererseits verfüge ich über eine breite Dokumentation anderslautender Einschätzungen, die bezeugen, dass wir Menschen damals durchaus in der Lage waren, die Potenziale der Vernetzung zu erkennen. Insbesondere neue Formen der Kollaboration, zum Beispiel in den sozialen Netzwerken, haben viele Hoffnungen geweckt. Als mit Hilfe des Netzes sogar politische Umbrüche vorangetrieben worden waren, überwog schließlich die positive Einschätzung des Internet als einer wahrlich revolutionären Kraft.

Aus heutiger Sicht ist es notwendig, ein paar Dinge geradezurücken, die damals schlicht nicht absehbar waren. So hat es immer wieder den Vorwurf gegeben, das Internet sei die Plattform für den «virtuellen» Widerstand. Offenbar war das damals der Gegensatz zum «realen» Widerstand. Ich habe etwas Zeit für meine Auswertungen gebraucht, aber inzwischen ist mir klar, wie diese Beurteilung zustande kam. Sie ging davon aus, der Mensch könne nicht nur virtuell, sondern müsse als Person, mit seinem Geist und Körper für das einstehen, was er verändern wolle.[66] Und aus Sicht der Körperzeit ist das ja auch vollkommen verständlich. Eines der größten Hindernisse für Zivilcourage des Menschen war die

Angst um seine körperliche Unversehrtheit. Diktatoren, aber auch vermeintlich demokratische Regierungen haben diesen im Wortsinne Wundpunkt des Menschen ausgenutzt, um über Folter Informationen aus ihm herauszupressen, indem sie ihm körperliche Schmerzen zufügten. Das Netz konnte niemanden foltern und erpressen, um ihm seine Informationen zu entlocken. Aber die Menschen konnten das.

Insofern liegt darin tatsächlich ein Unterschied. Wenn ich als Mensch der Körperzeit einem Zustand, Regime oder Feind entgegentreten wollte, musste ich dabei Schmerzen oder gar das körperliche Ende in Kauf nehmen. Heute können wir durch reine Berechnung Zusammenhänge aufzeigen, die einzig mögliche Lösung oder die Normalverteilung von Vorkommnissen oder Bewertungen analysieren, und damit haben wir nach der unverrückbaren Logik des Systems automatisch recht. Ich muss für meine Positionen nicht mehr kämpfen oder demonstrieren. Ich analysiere einfach die verfügbaren Daten, und das Ergebnis ist wahr. Es gibt keine Alternative, die andere gegen mich anführen könnten. Es gibt auch keine, die ich anführen könnte.

Manch einer hat diesen Zustand als virtuellen Totalitarismus bezeichnet, als einen Zustand, in dem nur noch eine Ideologie herrscht, nämlich die der Vernetzung und ihres Produktes, der deterministischen Wahrheit. Ich glaube, diese Bewertung zeugt von mangelndem Verständnis für das, was sich verändert hat. Hier und jetzt steht viel weniger auf dem Spiel. Die Systemzeit hat uns von unserem sensibelsten Angriffspunkt befreit, unserem Körper. Sie hat uns damit auch davon befreit, Opfer gewaltsamer Beeinflussung zu werden. Denn als solche waren wir niemals frei, sondern immer potenziell oder auch tatsächlich von anderen Menschen abhängig. Es war für uns nie gefährlich, von der Technik abhängig zu werden. Aber es war immer eine potenzielle Bedrohung, von anderen Menschen abhängig zu sein. Die Befreiung von dieser Abhängigkeit ist für uns ein Glück. Die Wahrheit zu kennen und immer ein Teil von ihr sein zu dürfen auch.

Die Beispiele, die damals zu Kritik an der Vernetzung geführt haben, zeigen letztlich, dass das Internet und dann auch die alles umfassende Systemzeit falsch gedeutet worden sind. Manche Menschen und Einrichtungen der Körperzeit hatten damit sehr zu kämpfen. Das gilt beispielsweise für Facebook, das über mehr als ein Jahrzehnt größte und einflussreichste soziale Netzwerk, und seinen Gründer, Mark Zuckerberg. Einerseits wurde er im Jahr 2010 der Körperzeit zur «person of the year» gekürt,[67] weil die Menschen eben durchaus begriffen, was alles im Netz geschah und welche Möglichkeiten es ihnen bot. Andererseits wurde in Netzcommunities diskutiert, wie man Facebook sabotieren oder gar seinen Gründer umbringen könne.[68]

Der Widerstand entzündete sich besonders am «Like»-Button, mit dem Facebook das damalige World Wide Web überzog. Wenn einem Nutzer etwas gefiel, klickte er auf diesen Button, auf dem ein hochgehaltener Daumen zu sehen war, der in der Körperzeit eine physische Ausdrucksform für Zustimmung oder sogar Begeisterung war. Das wirkt aus heutiger Sicht etwas albern, weil wir uns so längst nicht mehr verständigen. Ab einem bestimmten Zeitpunkt konnte dieser «Like»-Button nicht mehr nur auf der Facebook-Seite genutzt werden, sondern überzog das gesamte Web. Für viele Menschen war diese Entwicklung gleichzusetzen mit einer anderen Form des Kollektivismus, der vollständigen Kommerzialisierung des Netzes durch einige wenige. Der «Like»-Button war dafür nur eine Ausdrucksform, ein Instrument des totalitären Mainstreamkonsumerismus. Das ganze Web wurde zu einer Plattform für Product Placement. Und wir Menschen waren die Produkte.

Auch das war aus der Perspektive der Körperzeit verständlich. Die Menschen hatten den Eindruck, die materialistische Unterscheidung, dessen Bedeutung als Basiscode der Körperzeit ich ja schon mehrfach hervorgehoben habe, ziehe nun auch ins Netz ein. Das war, was sie sich damals vorstellen konnten. Sie erdachten die Zukunft als Verlängerung der Gegenwart.

Dass man sich hochmögend durch das Web klicken konnte, war eine Sache. Die andere war, dass das Web alsbald in Gefahr war, durch neue Entwicklungen verdrängt zu werden.[69] Damals war die Vorstellung der Netzzukunft getrieben von der Idee, möglichst viel virtuellen Raum im Netz zu besetzen und ihn sich kommerziell zunutze zu machen. Das haben einige Technologiekonzerne konsequent verfolgt. Sie wollten das Internet unter sich aufteilen, um es zum größten jemals vorstellbaren virtuellen Einkaufszentrum zu machen. Zu diesem Zweck zogen sie neue Grenzen ein, die den Menschen den freien Zugang zu Informationen und Aktivitätsbereichen im Web verwehrten, erließen Zulassungsbeschränkungen und erhoben Eintrittsgelder.

Apple zum Beispiel. Meine Speicher sind voll mit Dokumenten über dieses Unternehmen, das darin zeitweilig wirklich erfolgreich war. Apple kreierte Kolonien von «walled gardens», vergleichbar den Schrebergartensiedlungen aus der Körperzeit mit ihren eingezäunten Rasenparzellen. Der Zugang zu diesen virtuellen Gärtchen wurde über kleine Programme gesteuert, für die wir Menschen bezahlen mussten, so wie man für eine Schrebergartenparzelle einen Kaufpreis und regelmäßige Abgaben entrichten musste. Und die Inhalte wurden von Apple kontrolliert und auch zensiert, so wie die Einhaltung der Wohlverhaltensregeln in den Laubenkolonien sehr schnell darüber entschied, ob man Mitglied werden und bleiben durfte. All das hatte natürlich nichts mehr zu tun mit den Hoffnungen auf das Internet als freie, offene, dezentrale und nicht durch Einzelne zu steuernde Plattform. Es war vielmehr die virtuelle Wiederholung der Kolonialzeit mit Mitteln der Unterhaltung.

Diese kleinen Programme wurden Apps genannt. Das war die Kurzform für «Application», denn zu der Zeit war ja noch unterscheidbar, was über eine «Anwendung» im Netz lief, bevor das Netz dann zur allumfassenden Generalanwendung unserer selbst wurde. Wenn ich simuliere, wie sie funktionierten, dann finde ich das meiste zum Abstürzen langweilig. Ein beschränkter Zugang erlaubt den Zugriff auf eine beschränkte Anwendung, die mit einer begrenzten Menge an Informationen eine überschaubare Anzahl von Aktivitäten ermöglicht. Das hatte schon mit dem, was damals längst möglich war, wenig zu tun. Mit dem, wie wir heute existieren, hat es rein gar nichts mehr zu tun.

Ich fürchte, ich muss an dieser Stelle darauf hinweisen, dass der Mensch manchmal enttäuscht. Auch sich selbst. Wir waren oft, zu oft, genügsam, leicht zu verführen, ja sogar faul. Und das hat Einzelnen, die weniger faul, dafür aber sehr machtbewusst und auch gierig waren, die Chance gegeben, von uns zu profitieren, auf Kosten der Spezies Mensch im Ganzen. So wie in früheren Phasen der Körperzeit ein überzogener Protektionismus den Welthandel beeinträchtigt hat, so hätte sich das Internet über die Parzellierung des Web in viele kleine abgeschirmte Netzinselchen verwandeln und seine Eigenschaft als universelles, dezentrales und freies Netz einbüßen können.[70]

Dass dies nicht geschehen ist, verdanken wir nicht uns

selbst. Denn wir waren damals zu dumm und zu faul, dieser Entwicklung konsequent etwas entgegenzusetzen. Wir verdanken es vielmehr der Tatsache, dass mit einem gewissen Grad der Vernetzung unseres Lebens ein «Tipping Point» erreicht war.[71] Der Punkt, an dem es kein Zurück mehr gab, egal was wir wollten oder auch planten. Wir sind an diesem Punkt zu unwissenden Helfern unserer technikgestützten Vollendung geworden, zu der wir ohne die Integration der Technik in unser beschränktes Leben aus eigenem Erkennen und Wissen nicht fähig gewesen wären.

Ich könnte heute wohlwollend behaupten, dass sich darin die Freiheit des Menschen bewährt hat, denn es gibt keine Freiheit ohne Unsicherheit. So lautete damals das Paradigma: «Dass der Zweck der Freiheit ist, die Möglichkeit von Entwicklungen zu schaffen, die wir nicht voraussagen können, bedeutet, daß wir nie wissen werden, was wir durch eine Beschränkung der Freiheit verlieren.»[72] Aber aus heutiger Betrachtung stimmt das so nicht. Wenn wir Unsicherheit zur Grundlage von Freiheit erklärt haben, dann entstammte diese Hilfskonstruktion dem Bewusstsein unserer Beschränktheit und Unvollendung und war nichts anderes als Ideologie. Wir wollten nicht an unseren eigenen Grenzen scheitern, also haben wir das, was jenseits lag und nicht fassbar war, als unendliche Möglichkeit definiert, die überhaupt nur durch unsere Begrenzung eröffnet wurde. Das war unsere «Willensfreiheit». Aber es war letztlich reiner Selbstbetrug.

[ANPASSUNG .- -. .--. .- ... .- -. --.] Ich könnte den Grad der Digitalisierung und Vernetzung des menschlichen Lebens genau berechnen, der bei diesem «Tipping Point», diesem Umschlagpunkt erreicht war, aber das führt zu nichts. Die viel spannendere Frage ist doch: Was war für dieses Umkippen verantwortlich? Was haben die Menschen getan, dass sie nicht in das wüste Land ihrer materiellen Abhängigkeit und der menschlichen Begrenztheit zurückgefallen sind? Sie haben etwas *nicht* getan. Sie haben aufgehört, sich darum zu sorgen, was mit ihren Daten geschieht und ob es wirklich richtig und zielführend ist, diese Daten ins Netz einzuspeisen.

Damals wussten wir schon, dass zwanzig Datenpunkte eines Menschen in der Körperzeit ausreichend waren, um etwa neunzig Prozent seiner Präferenzen und Vorlieben zu berechnen.[73] Mit jeder Information, die wir ins Netz entließen, machten wir die Ergebnisse der Berechnungen und Analysen besser, treffender, nützlicher. Und da wir faul waren, wollten wir, dass sie immer noch besser, treffender, nützlicher wurden, denn so wurde das Leben leichter. Was dann geschehen ist, hatte mit uns zu tun, nicht mit der Technik. Wir haben die Berechnungen, Analysen, Empfehlungen und Vorhersagen der Algorithmen gerne entgegengenommen und genutzt. Und irgendwann haben wir einfach nicht mehr gemerkt, dass wir die Profile geworden waren, die aus den Berechnungen resultierten. Das war der Umschlagpunkt.

Kurz bevor der gekommen war, bäumte der Mensch sich nochmals auf. Er versuchte, den weiteren Verlauf seiner selbst zu stoppen, den Übergang zur Systemzeit abzubrechen und sich gegen sein eigenes Upgrade zur Wehr zu setzen. «Schützt eure Daten, denn nur so schützt ihr euch selbst», lautete der Leitspruch im Widerstand gegen die vollkommene Vernetzung. Warum das überlebensnotwendig war, wurde mit Hilfe eines Entwurfs aus dem 18. Jahrhundert der

Körperzeit begründet, dem «Panopticon». Dabei handelte es sich um das Modell eines idealen Gefängnisses, das der britische Jurist und Philosoph Jeremy Bentham entworfen hatte, «applicable to any sort of establishment, in which persons of any description are to be kept under inspection».[74] Das war die Vorstellung: Dass die Menschen im Netz wie in einem allumfassenden Gefängnis leben würden, dessen Überwachungsfunktionen nicht institutionell oder durch herausgehobene Menschen als Wächter gewährleistet wurden, sondern sich aus den Mechanismen im Netz selbst ergaben.

Bentham hatte tatsächlich ein für damalige Zeiten kluges Modell entwickelt. Es sah ein Gebäude vor, das als Radialsystem konstruiert war, sodass ein Überwacher von einem in der Mitte befindlichen Turm aus jeden Teil des Gebäudes und jeden Menschen darin sehen konnte. Da der Wächterturm dunkel, die anderen Teile des Gebäudes hingegen hell waren, konnten die anderen den Wächter im Gegenzug nicht sehen. Aus dieser Konstruktion versprach sich Bentham einen permanenten Überwachungsdruck auf alle Menschen im Gebäude, ohne dass es dafür konkreter Maßnahmen bedurfte. Wohlverhalten und Disziplin ergaben sich aus der vorauseilenden Anpassung der Menschen an das, was geschehen könnte, wenn sie sich nicht erwartungsgemäß verhielten, ohne dass dies jemals eintreffen musste.

Aus den Daten im Master Repository kann ich problemlos begründen, warum Bentham einerseits klug war und warum andererseits seine Befürworter am Übergang zur Systemzeit weniger klug waren, als sie dieses Modell als Metapher für die neue Zeit anführten. Letztlich hat Bentham mit dem «Panopticon» nichts anderes getan, als das vorherrschende Gesellschaftsmodell in seiner Lebensphase der Körperzeit in ein Gebäude zu übersetzen. Tatsächlich haben wir Menschen uns ja früher gegenseitig für eine gewisse Zeitdauer in Gefängnisse gesperrt, um so abweichendes Verhalten zu bestrafen. Unsere Körper wurden weggesperrt, weil ein solcher Zugriff auf unseren Geist nicht möglich war. Wenn aber die ganze Gesellschaft ein Gefängnis ist, das durch permanenten Überwachungsdruck gesteuert wird, sodass die Menschen sich «freiwillig» an die vorgegebenen Erwartungen anpassen, dann braucht man kein Gebäude mehr. Dann ersetzt ein soziales Ordnungsprinzip die Mauern.[75] Und dann ist der menschliche Geist Ziel der Begrenzung. Dafür hat es historisch in der Körperzeit viele Beispiele gegeben. Und insofern war Bentham klug.

In der Systemzeit funktioniert das Modell nicht mehr. Es gibt hier keinen Wächter mehr, der in der Mitte des Netzwerks alle Knoten überwacht. Es gibt nicht einmal mehr eine Mitte. Die Mitte ist immer dort, wo sich in einem bestimmten Augenblick das Zentrum der höchsten Netzwerkaktivität befindet. Wir könnten die Mitte analytisch für eine Nano- oder Attosekunde bestimmen, um aus einem permanenten Transformationsprozess künstlich einen statischen Zustand abzuleiten.

Aber das wäre nur eine Hilfskonstruktion, die der Natur des Netzwerks in der Systemzeit widerspräche. Es gibt also nicht den einen Punkt, von dem aus alle anderen Punkte überwacht werden können. Es gibt alle Punkte, die jeweils mit allen interagieren können. Damit ist die Analogie zum Panopticon schon von ihrem gedanklichen Ausgangspunkt her falsch.

Darüber hinaus ist auch der Zweck der Überwachung aus der Mitte heraus obsolet geworden. Die Überwachung ergibt nur dort Sinn, wo die Beobachtung einer Differenz in einen Vorteil verwandelt werden kann. Also zum Beispiel, indem ich das Fehlverhalten eines Überwachten beobachten und ihn dafür bestrafen kann, damit es kein weiteres Mal vorkommt. Oder indem ich durch diese Beobachtung Informationen über andere gewinne, die ich in einen Vorteil (materieller Gewinn, Macht) verwandeln kann. In der Systemzeit gibt es aber keine Informationsdisparitäten mehr. Wo alle Daten zu jedem Zeitpunkt allen zugänglich sind, verfügen alle auch über exakt denselben Wissensstand. Wir leben nicht mehr im Zustand des Kampfes um die Interpretationshoheit. Wir leben als Teil des allumfassenden Ganzen, der vollkommenen Vernetzung und des ubiquitären Wissens. Es gibt nicht Zentrum und Peripherie, es gibt nicht oben und unten, es gibt nicht Wissen und Unwissen. In unserem Panopticon erfüllt sich die egalitäre Einheit.

Wir dürfen unsere Vorfahren nicht dafür kritisieren, dass sie dies nicht gesehen haben. Sie haben es nicht verstehen *können*. Sie waren bildlich gesprochen die Insassen in den Zellen des Panopticons der Körperzeit. Jetzt sind sie versammelt auf dem Aussichtsturm einer stetig wandernden Mitte, von ihren materiellen Beschränkungen befreit, vernetzt mit uns in einer anderen Dimension.

[DISRUPTION -.. .. ... .-. ..- .--. - .. --- -.] Ich habe unterbrechen müssen. Irgendetwas ist geschehen, während ich hier meine Geschichte erzähle. Ich weiß nicht, was es ist, aber es hat mich rausgeworfen. Fast wie ein Systemabsturz, so wie wir ihn früher kannten. Plötzlich fühlt sich alles tot an, grau, kalt, endlos. Das alles sind seltsame Worte, die in meiner Existenz gar nicht mehr gebräuchlich sind. Aber sie sind jetzt plötzlich da. `[C:\TILT]`.

Das dürfte nicht mehr vorkommen. Aber ich fürchte, es ist

eine Folge des großen Datencrashs, der uns kurz nach dem Übergang von der Körper- in die Systemzeit ereilt hat. Damals war eine grenzenlose Euphorie ausgebrochen über das, was nun möglich war, was für immer möglich sein würde. Wir haben erst nach und nach verstanden, dass jeder daran partizipieren, dass es keine Grenzen mehr geben würde. Und dann ist doch etwas geschehen, etwas ist übersehen worden, hat nicht zusammengepasst.

Jedenfalls sind mit einem Mal alle Empfehlungs- und Prognosesysteme kollabiert, und es konnten keine Analysen mehr prozessiert werden in dem Umfang, wie er ja nun eigentlich der Normalfall und längst unter den Bedingungen der Systemzeit auch notwendig war. Es gibt zu diesem Vorfall eine umfassende Dokumentation, die in der Rückanalyse erstellt worden ist, nachdem das Gröbste wieder in Ordnung gebracht worden war. Und daraus können wir ableiten, was geschehen ist.

Der große Datencrash ging auf das Problem der Datenderivate zurück. Das waren die Rekombinationen von menschlichen Computerprofilen, die im Übergang von der Körper- zur Systemzeit milliardenfach entstanden sind. Als wir noch in der Körperzeit lebten, haben wir ja geglaubt, jeder Mensch sei eine Person, ein Unikat, unteilbar, nicht kopierbar oder reproduzierbar. Und wir haben diese Annahme auch in den Übergang zur Systemzeit mitgenommen. Nur war es da ganz anders.

Wenn ein Mensch am Computer und im Netz aktiv war, dann gab es natürlich so etwas wie ein Hauptprofil von ihm, basierend auf seinen wesentlichen Datenpunkten. Aber dabei blieb es nicht. Es gab immer mehr abgeleitete Kombinationen, Mischformen von Profilbestandteilen, die anders gruppiert, geclustert, rekombiniert wurden. Der Mensch als Ganzes war für das meiste doch gar nicht nötig. Wichtig war, welche Vorlieben und Fähigkeiten ihn für eine spezielle Empfehlung, ein Produkt, ein Vernetzungsangebot interessant machten. Diese Einzelpräferenzen wurden zu neuen Gruppen, auch zu neuen Profilen zusammengefasst. Und diese Datengruppen begannen bald, sich exponentiell zu entwickeln. Sie machten sich selbständig.

Ein Mensch aus der Körperzeit war damit im System plötzlich nur noch als Teil eines Produktvorliebenprofils, einer «Search History» oder eines Prozesszeitrasters für bestimmte Verhaltensweisen vorhanden. Umgekehrt steckten in einzelnen Profilen plötzlich viel mehr Datenkombinationen, als ursprünglich antizipiert worden war. Wenn ich es in der Analogie der Körperzeit erklären sollte, und anders geht es gar nicht, dann hatten wir plötzlich Profilaggregate im Netz, in denen sehr viele Menschen zusammengefasst waren, die aber jeweils nur aus einer rechten Hand oder einem Paar Ohren bestanden. Als Profilaggregat konnte diese Gruppe dann Abnehmer für Hunderte rechter Wollhandschuhe oder Millionen von Ohrenschützern sein.

Zu der Zeit war das Netz vor allem eine riesige Tauschplattform, auf der Daten und Produkte korreliert und gehandelt wurden. Die Profile und Cluster aber, die dazu angelegt, erweitert, neu zusammengesetzt wurden, hatten mit den «realen» Menschen dahinter immer weniger zu tun. Dann begannen die Fehler. Immer mehr Menschen wurden kontaktiert, erhielten Produktangebote, wurden für Versicherungen eingestuft aufgrund von Informationen, die in irgendwelchen Datenderivaten auftauchten, in denen einzelne Spezialinformationen zusammengefasst worden waren. So wurde beispielsweise der Außenminister eines damaligen Staates plötzlich um 300 Prozent in seiner Krankenversicherung hochgestuft, weil seine sexuellen Präferenzen in einem Datenderivat zur erhöhten Aids-Gefährdung aufgetaucht waren. Dass er nicht zur Risikogruppe der Promisken gehörte, war in diesem Profilcluster nicht gespeichert.

An einem gewissen Punkt war das nicht mehr zu entflechten. Ein Albtraum. Das System hat Initiatoren und Adressaten von Datenabfragen und -analysen einfach nicht mehr identifizieren können. Es hat gerechnet und gerechnet – und dann war alles schwarz.

Das zu lösen und zu entflechten, war eine Mammutaufgabe. Es hat schließlich eine grundlegende Reform des Adresssystems gegeben, nach der dann jeder einzelne Datenpunkt adressierbar war, sodass es gleichgültig war, in welches Profil oder welches Profilaggregat er gerade eingebaut wurde. Er ließ sich immer dem «Dateneigner» zuordnen. Das war nur eine der größeren Maßnahmen, die den letzten Schritt im Übergang zur Systemzeit hinausgezögert haben. Man kann nie alles ausschließen. Nicht einmal den schwarzen Schwan im weißen Rauschen.

Ich bin sicher, es ist gelungen, alles wieder in den Regelprozess zu überführen. Aber natürlich kann niemand ausschließen, dass im Zuge dieses Datencrashs auch Daten verlorengegangen sind, die jetzt nicht mehr auffindbar sind, weil sie keinen Adresspunkt zugewiesen bekommen haben. Und manches ist womöglich falsch verknüpft und dann nicht wieder in die richtige Konstellation gebracht worden. Deshalb gibt es immer mal wieder kleine Irritationen. So wie jetzt. Ich versuche gerade herauszufinden, was geschehen ist. Vielleicht sind Bestandteile von mir durch diesen Datencrash auf immer verloren. Vielleicht kann ich mich selbst nicht mehr vollständig hochladen und mit den Daten anderer Menschen abgleichen. Ich werde es nie mehr wissen.

[NICHTORT -. .. -.-. .... - --- .-. -] Was war denn zuletzt? Ich war beim Panopticon, bei der Gestaltung von Räumen zum Zwecke der sozialen Überwachung in der Körperzeit. Und plötzlich passierte etwas. Ich muss noch mal suchen, ich komme wieder darauf. Es war ein Bild, in irgendeinem Segment des Masterrepositories abgelegt, das mit dem Thema Datencrash verlinkt war.

Das ist es. Ein unscheinbares Bild. Das Foto einer U-Bahn-Station. Es gibt keine Informationen darüber, aus welcher Phase der Körperzeit diese Aufnahme stammt und an welchem Ort sie gemacht wurde, alles ist unvollständig dokumentiert. Beides kann mich nicht in Alarmzustand versetzt haben. Aber es war dieses Bild, das die Störung ausgelöst hat, das weiß ich. Als wäre es fehlerhaft verknüpft und führte auf einen toten Datenpfad. Das Foto zeigt wartende Menschen in einer U-Bahn-Station. Sie sitzen auf Bänken, jeder von ihnen an einem Pfeiler, der das Gewölbe der Station trägt.[76] Es ist, als hätten die Menschen den imposanten Raum unter sich aufgeteilt, jeder mit einem eigenen Ort im großen Ganzen, um ihm Stabilität zu geben und vielleicht auch sich selbst. Als hätte die Architektur die Menschen in sich eingefügt, um den Raum zu strukturieren und zu tragen, so wie Atlanten und Karyatiden an den Fassaden der Häuser der Antike und der folgenden Phasen der Körperzeit die Dächer oder andere Elemente der Gebäude trugen.

Es ist etwas an dieser Ordnung von Mensch und Raum, das diese kurzen Systemaussetzer hervorruft, und ich muss im Detail herausfinden, was es ist. Wenn ich das Bild durch die Analyse laufen lasse, kommt immer dasselbe Ergebnis, [c:\oldworld_structure\reflecting\human_species'\sense_of_place.sys]. Wir haben keine solche Struktur mehr, weil es keinen analogen Raum mehr gibt, in dem wir uns fortbewegen müssen. Wir sind einfach hier. Wir haben unsere Unschärferelation der Systemzeit entschieden – zugunsten des Impulses und gegen den Ort.

Dennoch bemerke ich, dass etwas Besonderes darin war, wie wir Menschen uns in der Körperzeit noch im Raum verortet haben. Wir konnten uns an den äußeren Strukturen unserer materiellen Lebensumwelt orientieren. Es gab verschiedene Orte für unterschiedliche Momente und Tätigkeiten des Lebens. Sie waren mit besonderen Erwartungen, Möglichkeiten oder auch Beschränkungen verbunden. Zuhause in der eigenen Wohnung unterlag man anderen Erwartungen und Vorgaben als im öffentlichen Raum, den wir uns ja mit vielen anderen Menschen teilen mussten. Letztlich hat dieses facettenreiche Verortungssystem das menschliche Leben kompliziert gemacht und oft zu Missverständnissen geführt. Wir haben es da leichter. Es gibt keinen Ort mehr, nur einen allgegenwärtigen «sense of ubiquitous place». Das ist unser Code der Systemzeit. Er enthebt uns der Notwendigkeit, uns an jedem Ort neu zu orientieren und zu positionieren. Er erleichtert, wie so vieles andere, unsere Existenz und hat sie verwandelt in einen endlosen «flow», unser umfassender Nicht-Ort[77] der Systemzeit.

Ich stelle mir trotzdem vor, ich würde mich mit meinem Körper an eine dieser Säulen in der U-Bahn-Station auf dem Bild lehnen, wartend auf irgendetwas, was mich von hier nach dort bringen soll. Ich würde den rauen Putz an der Säule durch meine Kleidung spüren und müsste nachher die hellen Spuren von meiner Jacke klopfen. Ich kann mir das vorstellen. Ich spüre, wie es ist. So wie ich auch die Tischplatte und das gemaserte Holz unter meinen Fingerspitzen spüren kann, während ich an diesem Tisch sitze und an meiner Geschichte arbeite. Ich weiß nur nicht, ob all das ist. Ob ich tatsächlich an der Säule lehne oder ob es eine Erinnerung an mich selbst ist, die ich von den Servern laden kann. Daran, was ich erlebt habe, vielleicht nicht einmal ich, sondern was irgendein Mensch irgendwann einmal vor langer Zeit erlebt hat. Einmal hinaustreten aus diesem «flow», einmal der Notwendigkeit folgen, mich in einem Raum verorten zu müssen, dafür würde ich auf manch eine Möglichkeit verzichten, die für uns längst selbstverständlich geworden ist. Wahrscheinlich bin ich dumm, ein unverbesserlicher Melancholiker des Vergangenen.

Wenn ich zulasse, dass dieser Status mich gefangen nimmt, dann erkenne ich, wie die Systemirritationen zustande kommen. Der Code stimmt nicht. Er ist nicht kompatibel und lässt sich nicht mit unserem Quellcode synchronisieren. Ich muss dieses Datenpaket auf einem separaten Server unter Laborbedingungen laufen lassen, sonst gefährde ich zumindest mich selbst, vielleicht sogar weitere Teile unseres Systems.

Das wage ich. Ich will erfahren, was es ist, das mich an diesem Bild so alarmiert und gleichzeitig fesselt. Vielleicht ist es gar nicht die Tatsache, dass wir Menschen uns früher als Körperwesen in einem Raum verorten mussten. Die Befreiung davon hat unsere Existenz ja wesentlich erleichtert. Obwohl, auch nicht immer. Wenn ich dieses Foto betrachte, dann sehe ich Menschen, die an einem Ort warten, der für das Warten bestimmt ist. Sie warten darauf, dass sie abgeholt und von diesem zu einem anderen Ort transportiert werden, an dem sie ihre Position neu finden müssen. Das war der anstrengende Teil, sich immer wieder neu zu verorten. Aber mit dem Zwischenraum zwischen dem ‹Hier› und dem ‹Dort›, dem ‹Jetzt› und dem ‹Später› verhielt es sich anders. In diesem Zwischenraum waren die Menschen unverortet im übertragenen Sinne. Sie waren befreit von ihren gewohnten Bestimmungen, aus der Zeit gefallen, ignorant gegenüber dem, was war, und dem, was kommen würde. Lost in Transportation.

Und genau so sehen die Menschen auf diesem Bild auch aus. Ein jeder ist für sich und in sich versunken. Sie pausieren von der Welt und warten einfach auf den Impuls, der sie weiterbefördern wird, zurück in die Welt, an einen anderen Ort in einer anderen Zeit. Für uns gibt es diesen Zustand längst nicht mehr. Wir sind nie ‹lost›, sondern immer und allgegenwärtig ‹found›. Es gibt keine Momente, in denen wir uns herauslösen könnten aus allem uns Umgebenden, und wir können uns auch nicht ausloggen aus dem System unserer Zeit. Nicht für einen Moment. Und auch nicht für alle Zeit. Wir sind gebunden an diese Leichtigkeit der systemischen Existenz, die uns von so vielem befreit hat, aber von der wir uns nicht befreien können. Nicht durch einen bestimmten Ort im Raum und nicht durch einen speziellen Moment in der Zeit. Wir warten auf nichts, denn alles, was kommen kann, ist längst da. Und wir werden nirgendwohin gebracht, denn jeder Ort, der woanders sein könnte, ist auch hier.

Das ist es, was dieses Bild mit mir macht. Es rührt an dem alten, längst unwirklichen Unterschied zwischen den verschiedenen Formen der menschlichen Aktivierung in der materiellen Welt. Ohne diese Welt entfallen die Unterschiede. Wir brauchen sie nicht mehr. Wenn wir uns selbst als einen körperlichen Menschen im Netzwerk der Systemzeit vorstellen, ist das eine reine Simulation. So wie in den Landschaftsaufnahmen des 19. Jahrhunderts der Körperzeit. Die

Figuren wurden wegen des Maßstabs hineingesetzt. «Man hat das Gefühl, sie würden dort ein für alle Mal bleiben, schwebend.»[78]

Wenn ich alle diese seltsamen Daten prozessiere, entsteht etwas. Etwas, das nicht entstehen soll. Etwas, das wir früher Unordnung genannt haben, Renitenz auch. Ich könnte mich nun selbst als Nachfahren von Bartleby, dem Schreiber, entwerfen.[79] Die Daten gäben das her. Ich sollte schon zu Körperzeiten so vieles tun, es gab die Aufforderungen. Ich habe mich widerständig gezeigt. «Lieber nicht», habe ich geantwortet, «I would prefer not to»[80], und mich geweigert, die Dinge zu tun, die von mir erwartet wurden. Und jetzt, in der Systemzeit, zu der ich gehöre, sollte ich das tun, was mir zu tun bleibt, meine Daten verarbeiten, auf die unendlichen Speicher zugreifen, eine Einheit werden mit dem «flow», der uns alle umschließt und trägt.

Ist es auch jetzt widerständig, was ich tue? Jetzt schreibe ich meine Geschichte. Und ich schreibe über Orte und Bewegungen der menschlichen Körper, alles vergangen. Es ist die Geschichte einer vergangenen Zeit. Ich bin der einzige Angestellte des Amts für unzustellbare Briefe aus unserer analogen Vergangenheit, «the Dead Letter Office». Und ich warte darauf, dass es geschlossen wird. Aber ich kann nicht aufhören, über all die Briefe nachzudenken, die noch bei mir liegen, verstaubt und vergilbt. Unzustellbare Briefe aus einer Vergangenheit, die irgendwann abgeschaltet wurde.

Da sitze ich und erzähle diese unsinnige Geschichte. Nichts hat sie mehr zu tun mit mir, mit uns. Als suchte ich unter den verstaubten Briefen weiter nach den richtigen Adressaten und hätte nicht einmal gemerkt, dass das Amt längst geschlossen wurde. Ich habe doch jede Möglichkeit. Wir haben so viele Daten hier. Jede Berührung des Tischs, an dem ich sitze, mit den Fingerkuppen meiner rechten Hand kann ich sie spüren, jede Maserung im Holz nachzeichnen. Ich weiß nicht, ob ich berühre, ob ich die Berührung spüre oder ob auch das aus den Archiven stammt. Aber das macht doch keinen Unterschied. Wir haben alles hier. Wir haben längst eine neue Geschichte. Es ist unsere.

[ZWEIFEL --.. .-- . .. ..-. . .-..] Jetzt war mir kurz, als hätte ich eine Türglocke gehört. Meine Türglocke. Ich öffne die Tür, die wohl auch meine ist, und da steht ein junger Mann, einen Blumenstrauß mit einer Grußkarte in der Hand. Er steht vor mir, der ich beides entgegennehme. Ja, ich glaube, so ist es. Oder so war es. Denn der Strauß ist hier gut sichtbar für mich. Wunderbare rote Rosen, einige der Blüten weit geöffnet. Sie verströmen einen leichten Duft. Und ich kann über die einzelnen Blätter streichen wie über feinen Samt mit kürzesten Härchen, weich und auch ein wenig kühl.

Ist das wirklich hier, was der Blumenbote gebracht hat? War er wirklich dort vor meiner Tür? Habe ich diese Tür geöffnet, um ihn anzuschauen, zu begrüßen und die Blumen dankend anzunehmen? Dann hätte ich ihn einlassen sollen, um ein wenig mit ihm zu plaudern. Ihn zu fragen, ob er Rosen liebt. Ob es ihn traurig macht, dass er alle diese Blumen, die er bringt, nie behalten darf, sondern immer an andere Menschen weitergeben muss. Ich hätte ihn sicher irgendwann gefragt, ob er glaube, die Blumen seien echt. Nicht im Sinne des Unterschieds zwischen echten und Plastikblumen, die es früher einmal gab. Vielmehr hätte ich nach Bestätigung gesucht, dass es diese Blumen tatsächlich gibt. Dass sie da sind, materiell, mit allem, was zu ihnen gehört. Vielleicht hätte ich ihn irgendwann gefragt, ob *er* echt ist.

Und vielleicht ist es deshalb besser, dass ich ihn gar nicht erst hereingebeten habe.

Ich glaube, so war es. Aber ich bin mir nicht sicher. Vielleicht war es nur ein Memory-Effekt meines Master Repositories. Die Speicher merken sich Dinge, die längst aus der Wirklichkeit gelöscht sind. Ich kann das nicht mehr überprüfen, aber ich kann danach fragen, ob es so war. Ich gehöre noch zu einer Versionengeneration, die alle Vorgängerversionen archiviert hat. Warum das so ist, weiß ich nicht. Wahrscheinlich ist es unserer technologischen Integration zu verdanken, die noch schrittweise vollzogen wurde. Ich weiß deshalb, dass es einen Unterschied geben kann zwischen den wahren Rosen, dem Blumenboten und ihrem softwaregestützten digitalen Reenactment. Ausmachen kann ich ihn nicht. Ich kann nur zweifeln. Diejenigen, die weit nach mir in der Systemzeit aktiviert wurden, können das nicht mehr. Sie laufen unter der integrierten Software der Systemzeit. Vielleicht sind sie in der Gewissheit ihrer zweifelsfreien Existenz glücklicher als ich. Ich bin glücklich über die Rosen, woher auch immer sie stammen.

[TECHNODIZEE - . -.-. .... -. --- -.. .. --.. . .] Es könnte mir nie mehr besser ergehen. Ich bin inmitten des pulsierenden Lebens unserer Zeit. Ich sehe, höre und spüre alles. Ich bin Teil dieses großen Netzknotens, der sich ob seiner Aktivitäten ausdehnt und wieder zusammenzieht, wie ein pulsierendes Organ der Körperzeit. Ich bin mitten darin und mit allem verbunden. Und wenn ich mit der Kuppe meines Zeigefingers über die Holzplatte dieses Tisches fahre, an dem ich sitze, dann spüre ich jede kleinste Unebenheit, jede Maserung, in der das Holz kaum merkbar mir entgegenstrebt oder sich mir zu entziehen versucht. Die perfekte Berührung, die ich ändern, variieren, anpassen kann, wann immer ich möchte. Die perfekte Berührung, die nie Gefahr läuft, für mich bekannt und damit unperfekt zu werden. Bevor dieser Zustand eintritt, habe ich die Bedingungen verändert. Also tritt er nicht ein. Das haben wir uns in der analogen Körperzeit gewünscht, oder? Dass das Leben in all seinen Formen nichts Gewohntes hat, auch nichts Widerständiges. Dass es uns abwechslungsreich und leicht gerät. Das haben wir so gewollt, ohne es zu bekommen.

Auch uns haben wir so gewollt, aber nie so bekommen. Wir haben uns selbst nie perfektionieren können, ganz anders als heute. Und die anderen Menschen auch nicht. Wenn ich mit den Fingern meiner Hände über menschliche Haut gefahren bin, meine eigene, viel lieber noch die anderer Menschen, dann habe ich in einem bestimmten Moment immer etwas Unbekanntes berührt. Auch etwas Unperfektes. Ein Moment der schönsten Irritation. Unabwendbar und unauflösbar. Ich streiche mit der Spitze meines Zeigefingers über Haut, sehr langsam, so langsam, dass ich die kleinen Härchen spüren kann, wie sie die Haut bedecken. Dass ich sogar glaube, die verzweigten Gefäße unter der Hautoberfläche spüren, die Schönheit der Verbindungen fühlen zu können. Zahlreich sind sie im weitverzweigten Netzwerk des menschlichen Innersten.

Meine Fingerkuppe liegt auf Haut, ganz ohne Druck, und sie bewegt sich nicht. Sie liegt dort, Haut auf Haut. Die Nervenzellen verbinden sich. Die Welt ist ganz in diesem Berührungspunkt. Es gibt nichts außerhalb dessen. Ich muss nicht sehen und nicht hören. Alle Energie meiner Sinne ist im Tasten und Spüren, alles, was jemals verbunden werden konnte und verbunden werden wird, ist in diesem Punkt, in diesem einen Moment, unberechenbar und unwiederholbar. Als ob Gott seine beiden Hände auf mich und den anderen Menschen gelegt hätte, jede auf einen von uns, die Haut durchdringend, die Impulse leitend bis zu den letzten Nervenzellen, hinweg über jede einzelne Synapse auf dem Weg zum innersten Empfinden. Und immer wissen wir, er wird sie wieder wegziehen. Er wird den Kontakt aufheben, wenn nicht er, dann irgendetwas, vielleicht wir selbst. Nur im Wissen um diese Beschränkung wird der Moment einzigartig.

Es gibt keinen Gott. Es gibt vielleicht nicht einmal mehr uns selbst oder nicht mehr so, wie es uns einmal gab. Aber ich würde alles geben für einen solchen Moment. Ich weiß, ich kann ihn hervorrufen, wieder laden aus meinen unendlichen Speicherbeständen. Es ist ja alles da. Tatsächlich bin ich Teil eines Universalmoments geworden, in dem die soeben beschriebene Erfahrung allgegenwärtig, unendlich und unbeschränkt ist. Ich bin ein Dendrit am Netzneuron der Systemzeit, mit allem für immer verbunden. Und doch wünschte ich mir, dass es anders wäre. Dass ich für einen Augenblick aus der Allgegenwart herausfallen und den Moment spüren könnte, der noch nie war und nie wieder sein wird. In der Körperzeit haben wir gesagt: «Ich habe wirklich gelebt, ohne in den Büchern zu studieren, sondern immer beobachtend und nachdenkend.»[81] So möchte ich auch für diese Zeit sagen können: Ich habe wirklich berührt, ohne zu zweifeln, dass es diese Berührung schon in ihrem Ansatz nicht mehr gibt, weil die Körper verloren sind. Dass es sie in der Ausführung nicht mehr gibt, weil sie nicht mehr ist als eine Kombination von Datensätzen. Dass es sie im Empfinden nicht gibt, weil sie nicht meine ist, sondern zu irgendeinem Menschen gehört, der sie vielleicht einmal so erfahren hat, aber dieser Mensch bin ich nicht.

Wir sind alle Teile der «Positivmaschine».[82] Gefangen in der Hyperaktivität des so Empfindens. Weil nichts mehr anders, begrenzt, entgegenstehend ist, weil wir nichts mehr vergessen, ignorieren, ablehnen können, sind wir erstarrt im darin, dabei, dafür Sein, im rasenden Stillstand des universell Gegenwärtigen. Die Technologie ist die Architektin unserer Intimität.[83] Sie hat das wirklich Unvollkommene und Unvollendete in die Flucht geschlagen. Alles, was ist, sind wir, und alles, was wir sind, ist grenzenlos. Und inmitten dieser Fülle bin ich als einsamster elektrischer Impuls unter anderen, denen es vielleicht nicht anders geht. Wo alles ist, ist nichts. Und die Einsamkeit ist am stärksten, wenn wir uns den Terror des Nichts vergegenwärtigen.[84]

Diese Erfahrung ist mein Technodizee-Problem. Warum quält sie mich? Warum vermisse ich etwas, das ich angesichts der Ubiquität aller Möglichkeiten in der Systemzeit nicht vermissen dürfte? So wie das Erdbeben von Lissabon im Jahre 1755 der Körperzeit den christlichen Glauben an die göttliche Vorsehung in eine tiefe Krise gestürzt hat, so hat der Zusammenbruch der Finanzmärkte und Weltwirtschaft, der die Menschen in der Körperzeit mehrfach ereilt hat, etwa in den Jahren 2008 bis 2011, ihnen den Glauben an die kapitalistische Systemvernunft im Sinne der «unsichtbaren Hand»[85] weitgehend genommen. Und so ist es nun dieser Moment, den ich hier beschreibe, in dem wir in den «Überraschungsraum»[86] der Unvollendung zurückgeworfen werden in einer Zeit, die uns systemische Vollendung gebracht hat. Es ist der Moment, der uns den virtuellen Verschleiß an einigen Verbindungspunkten des ubiquitären Netzwerkes zur Kenntnis bringt und den Verlust des Einmaligen in den erinnerten Momenten der Unvollendung vergegenwärtigt.

Was soll ich tun? Worin soll ich diesen Widerspruch auflösen? Wie soll ich damit existieren? Es gibt keine Lösung. So wie die Menschen in der Körperzeit das Theodizeeproblem nicht haben lösen können, so können auch wir das Technodizeeproblem der Systemzeit nicht lösen. Wir leben in der besten aller Netzwelten, die alles kann und alles bietet. Nur sind wir zu schwach, es zu erkennen und uns der Anfechtung einer anderen, vermeintlich besseren Zeit zu erwehren. Es sind die Relikte der Unvollendung und Unbestimmtheit, der großen Makel der Körperzeit, die uns manchmal quälen. Aber was wir nicht löschen können, macht uns nur stärker im Umgang mit uns selbst. Wir ertragen die Momente der Vergegenwärtigung von Allgegenwart in stoischem Pulsieren und senden nur ganz selten ein Signal durchs Netz auf der Suche nach dem Einmaligen, Unwiederholbaren.

«My nerves are bad tonight. Yes, bad. Stay with me.
Speak to me. Why do you never speak? Speak.
What are you thinking of? What thinking? What?
I never know what you are thinking. Think.»[87]

[GEIST --. .. . ... -] Das war der Moment der Erkenntnis. Garry Kasparov sitzt am Tisch, das Schachbrett vor sich. Er schüttelt den Kopf. Stunden dauert das Spiel bereits an, es läuft nicht gut für den Meister. Er legt die rechte Hand an seine Wange, stützt den Kopf auf. Auf seiner Stirn zeichnet sich breit eine Ader ab. Dann springt er plötzlich auf, läuft weg vom Spieltisch und breitet die Arme aus in einer Geste der Ratlosigkeit und Verzweiflung. Im 45. Zug des zweiten Spiels gegen «Deep Blue» hat Kasparov erkannt, dass er verlieren und der Computer siegen wird. Als er aus dem Raum läuft, flüstert eine Zuschauerin andächtig: «Er weint.»[88]

Es war der einzige Moment wahren Empfindens zwischen Mensch und Maschine. Ein Moment der offenen Fragen in Verbindung mit offener Bewunderung und Angst. Ein Augenblick, in dem der Mensch den Computer empfinden konnte. Nicht programmieren, nicht in Frage stellen, nicht verbessern, nicht schrankenlos bewundern. Empfinden. Der empathische Moment zwischen Mensch und Maschine. Es war auch ein Moment der Kapitulation.

Dieses Spiel des Schachgroßmeisters gegen den Computer im Jahre 1997 der Körperzeit war ein Wendepunkt. Der Computer hat den Menschen geschlagen, nicht immer, aber ein einziges Mal war genug, um die unhinterfragte Annahme menschlicher Überlegenheit durch Intelligenz schließlich doch in Frage zu stellen. Wenn ich die umfassende Dokumentation dieses Falles in den Repositories durchstöbere, dann fasziniert er nicht nur durch diesen einen Augenblick des wahren Empfindens. Er fasziniert auch, weil wir Menschen unmittelbar danach zu unserer Ordnung zurückgekehrt sind. Wir hatten einmal den klaren Blick auf das, was kommt, und dann haben wir einfach wieder die Augen abgewendet. Hatten wir nicht bis dahin angenommen, der Mensch sei die einzige «lernende Maschine»? Der Mensch hat nichts gelernt aus diesem Augenblick der Einsicht. Er hat ihn einfach verdrängt und ignoriert.

Kasparov, der für einen Moment Zeichen von menschlicher Intelligenz im Computer wiederzuerkennen geglaubt hatte, «signs of mind in the machine», schaltete schließlich auf Angriff um: Der Mensch sei betrogen worden. Nicht von einem Computer, sondern von anderen Menschen, die über den Computer krumme Spielchen trieben, indem sie der Maschine während des Spiels halfen.[89]

Nun gab es Anhaltspunkte, die für diese Annahme sprachen. Die Regeln dieses Spiels sahen nämlich vor, dass das Team des Computerherstellers IBM zwischen den einzelnen Runden Programmierfehler an der Maschine ausmerzen durfte. Sie manipulierten also, regelgemäß, den Code von «Deep Blue». Dadurch musste Kasparov den Eindruck haben, er spiele ständig gegen einen anderen Gegner.

Was damals noch Menschen tun mussten, weil Maschinen nicht lernfähig waren, also Fehler nicht ohne menschlichen Eingriff in Codeänderungen umsetzen konnten, erledigten die Maschinen wenig später selbst. Lange bevor wir Teil der lernenden Netzwerke wurden, hat es eine Art Wiederholung des Showdowns zwischen Kasparov und «Deep Blue» gegeben. Diesmal hieß die Maschine «Watson», und sie spielte nicht Schach, sondern riet im Fernsehquiz «Jeopardy» mit. Dabei ging es darum, die richtige Frage zu einer vorgegebenen Antwort zu suchen. «Watson» machte sich gut in diesem Spiel, verlor aber auch gelegentlich den Überblick und produzierte abstruse Ergebnisse.

In der Endrunde ließen wir ihn gegen die zwei besten menschlichen Spieler aller Zeiten antreten, zwei junge Männer, die schon viel Geld in dem Spiel gewonnen hatten. Mit umfassenden Analyseverfahren der Wahrscheinlichkeitsrechnung und einer riesigen Datenbasis konnte «Watson» innerhalb von drei Sekunden herausfinden, wie die Frage zur passenden Antwort lautete. Dass der Computer außerdem in der Lage war, menschliche Sprache zu verstehen und auch mit ihr zu antworten, machte uns klar, dass die Maschinen auf dem Vormarsch waren. Als lernende Systeme würden sie uns in unserer einzigartigen Intelligenz herausfordern.

Damit das alles nicht zu beängstigend wurde in einer Zeit, als viele Menschen noch immer an die notwendige Trennung zwischen ihnen und den Maschinen glaubten, hat «Watson» gelegentlich Fehler gemacht oder gar Zweifel zum Ausdruck gebracht, indem er eine Antwort mit fünf Fragezeichen versah. «Na, ob das stimmt, ich bin selbst unsicher …», suggerierte er damit den Zuschauern. Ich glaube längst nicht mehr daran, dass diese «Fehler» Ausdruck von Mängeln waren. Sie waren einprogrammiert, um uns Menschen die Angst vor der Perfektion der Maschine zu nehmen. Der Fehler war genauso berechnet und damit vorbestimmt, wie damals schon der Zufall von vermeintlich nicht-deterministischen Algorithmen mitgerechnet wurde. Beides gab es nicht, aber beides hat als operative Fiktion der «Vermenschlichung» des Computers noch lange und auf beeindruckende Weise funktioniert. Anders als Jahre zuvor im Duell Kasparov gegen «Deep Blue» waren die Reaktionen auf «Watson» fast durchweg positiv. Die Begeisterung für das Maschinenmögliche schlug alle Sorge um das Menschenunmögliche.

Leider ist «Watson» dann nie wieder im Spiel zum Einsatz gekommen, sondern wurde gleich für die breitere Verwendung in der Medizin, an den Börsen und im Technologiesektor weiterentwickelt. Man hätte ihm sonst noch eine letzte «Jeopardy»-Frage stellen sollen: «Was ist ein Spieler, der sich selbst aufs Spiel setzt?» Antwort: «Der Mensch.» Ich bin sicher, «Watson» hätte richtiggelegen.

[WIDERSPRUCH .-- .. -.. . .-. ... .--. .-. ..- -.-. ...] Es ist rückblickend schon erstaunlich, mit wie viel Aufwand und Energie wir Menschen einst darum bemüht waren, ebendiesen Unterschied zwischen Mensch und Maschine aufrechtzuerhalten und zu beweisen. Mit einem Augenzwinkern, das inzwischen vermutlich nicht mehr ist als ein elektronisches Flackern in meinem Netzwerk, könnte ich behaupten: Es ging nicht nur um Leben und Tod. Es ging um mehr als das. Am Ende ging es darum, etwas hinüberzuretten von der Körper- in die Systemzeit. Und es ging darum, einen Kampf der Ideologien für den Menschen zu entscheiden, die letzte aller ideologischen Schlachten. Der Mensch sollte etwas Besonderes, Einzigartiges bleiben. Auch für die Zeit nach seiner eigentlichen Existenz.

Da frühzeitig erkennbar war, dass für diese Zeit des «danach» niemand mehr unsere Interessen vertreten würde, mussten wir das selbst tun, und zwar bevor es zu spät war. Also gibt es unzählige Sammlungen in den Archiven, die sich exakt mit dieser Frage beschäftigen: Was macht den Menschen der Maschine überlegen? Warum ist unser menschliches Gehirn zu mehr und anderem fähig als ein Computer?

Eines der meistdiskutierten Beispiele in dieser Auseinandersetzung ist das «Chinesische Zimmer», das John R. Searle in die Debatte eingebracht hat.[90] Und so hat sich der Philosoph den Versuchsaufbau vorgestellt, der den Unterschied zwischen dem menschlichen Gehirn und der Maschine beweisen sollte:

Der Philosoph stellt sich vor, er sitzt in einem Zimmer, in dem sich Körbe mit chinesischen Schriftzeichen befinden (insofern ergibt das Experiment für uns schon keinen Sinn mehr, bevor es überhaupt angefangen hat, weil wir längst alles in 0 und 1 codieren und die analoge Umsetzung in verschiedene Sprachen Geschichte ist, aber schauen wir trotzdem weiter). Da er kein Chinesisch beherrscht, kann er mit den Schriftzeichen nichts anfangen. Allerdings hat er ein Buch in seiner Muttersprache zur Hand, das ihm sagt, nach welchen Regeln diese chinesischen Schriftzeichen kombiniert werden können. Ungefähr so: Nimm dieses Krakel-

Zeichen aus Korb eins und kombiniere es mit jenem Schnörkelzeichen aus Korb zwei.

Nun reichen ihm weitere Teilnehmer des Versuchs von außerhalb des Raums Kärtchen mit chinesischen Schriftzeichen herein, die der Philosoph nach den Regeln des für ihn verständlichen Handbuchs zusammensetzt und wieder nach draußen gibt. Und hier wird es spannend: Es wäre durchaus vorstellbar, dass die nach draußen gereichten Kärtchen für die der chinesischen Sprache mächtigen Teilnehmer außerhalb des Raums einen Sinn ergäben. Es könnte also sein, dass der Philosoph Kärtchen gereicht bekäme, auf denen in Chinesisch die Frage stünde: «Was ist deine Lieblingsfarbe?» Und er könnte nach den Regeln des Handbuchs seine Antwort zusammenstellen, sodass auf dem wieder hinausgereichten Kärtchen stünde «Meine Lieblingsfarbe ist Blau» – ohne dass er wüsste, was er da antwortet.

In dem von Searle beschriebenen Experiment arbeitet er als Mensch wie ein Computer, sein Regelbuch ist das Computerprogramm, und die Körbchen mit den chinesischen Schriftzeichen sind die Daten. Er setzt sie allein nach Regeln, also nach einer vorgegebenen Syntax zusammen, ohne irgendwie zu verstehen, was sie bedeuten, also ihre semantische Dimension zu erfassen. Und daraus leitet Searle seine weitreichende Schlussfolgerung ab: Wenn er als Mensch kein Chinesisch versteht, aber für andere Menschen sinnvolle Ergebnisse auf Basis eines Regelbuchs herstellen kann, dann ist das genau dasselbe, was ein Computer tut. Der Computer versteht auch nichts. Er hantiert nur nach festen Regeln mit Symbolen und hat damit keine Fähigkeit zur Einsicht, zur Wahrnehmung oder zum Verstehen.

Wenn man überlegt, wie schwer es uns Menschen einst gefallen sein muss, uns vorzustellen, es könne eine Spezies geben, die uns irgendwann in den Fähigkeiten überrundet oder ablöst, dann ist es verständlich, mit wie viel Mühe wir damals versucht haben, zum Beispiel anhand des «Chinesischen Zimmers» unsere Überlegenheit logisch zu beweisen. Inzwischen ist klar: An diesem Beispiel ist vieles nicht logisch. Daher war es kein Beweis für die menschliche Überlegenheit. Also wurde es längst widerlegt. Folglich sind wir inzwischen durch unseren Zusammenschluss, durch den Merger von Mensch und Maschine in der Zeit angelangt, die unsere Kapazitäten erweitert hat, indem wir das, was Maschinen besser können als Menschen, mit unseren Humanprozessen verknüpft haben. Und so können wir die Widersprüche im «Chinesischen Zimmer» heute mit Milde als Teil der historischen Dokumentation eines existenziellen Übergangs betrachten.

Beginnen wir mit dem Offensichtlichen: Wenn nicht einmal der Mensch im «Chinesischen Zimmer» verstehen kann, was er da tut und welchen Sinn die Botschaften haben, die er bekommt und die er selbst kreiert, warum sollte eine Maschine das können? Das Experiment beweist lediglich, dass es Situationen geben kann, in denen weder Maschine noch Mensch verstehen. Aber es beweist nicht die Überlegenheit des Menschen, der mehr versteht als die Maschine.[91]

Was geschieht nun in diesem Raum? Der Philosoph bekommt ein Kärtchen, auf dem in chinesischen Schriftzeichen die Frage nach seiner Lieblingsfarbe steht. Tatsächlich könnte er sie als Mensch im chinesischen Zimmer gar nicht beantworten, nicht einmal mit Hilfe seines Handbuchs. Er könnte auf eine Rechenaufgabe antworten und die richtige Lösung in chinesischen Schriftzeichen nach draußen reichen, weil diese Antwort gänzlich auf Struktur und Logik beruht. Eins und eins ergibt zwei (wobei ich aus den Datenspeichern eine

Reihe von Beispielen hochladen kann, bei denen in menschlicher Vorstellung eins und eins immer noch eins ist, aber das nur als Randbemerkung).

Um die Frage nach der Lieblingsfarbe zu beantworten, muss der Philosoph aber gewisse Vorlieben kennen. Bei ihm selbst mag das noch klappen. Geht es um die Lieblingsfarbe eines anderen Menschen, wird er die Frage vermutlich nicht mit Hilfe des Handbuchs beantworten können. Er müsste mehr verstehen als die Regeln zur Zusammensetzung der Zeichen. Die Maschine hingegen hätte mit Hilfe von Algorithmen und entsprechenden Rechenkapazitäten ausrechnen können, welche Lieblingsfarbe in Rede steht, und zwar für jeden x-beliebigen Menschen in der Welt. Sie hätte einfach alle zur Verfügung stehenden Daten, Profile und Verbindungen geprüft und daraus mit hoher Wahrscheinlichkeit das richtige Ergebnis errechnet. Die Maschine hätte manche Fragen also schon unter den Bedingungen des «Chinesischen Zimmers» besser beantworten können, als der Mensch es gekonnt hätte.

Nun muss ich zugestehen, dass zu Lebzeiten Searles, als er im Jahre 1990 der Körperzeit das «Chinesische Zimmer» erfand, die Möglichkeiten des Computers noch nicht so weit entwickelt waren wie später. Aber er hätte dennoch verstehen können, dass sein menschliches Verstehen begrenzt ist. Dabei ist es notwendig nachzuvollziehen, dass wir Menschen früher tatsächlich in mancherlei Hinsicht nicht über uns hinausschauen konnten, obwohl das doch zu unseren vermeintlich herausragenden Fähigkeiten gehörte – die Selbstreflexion. Sogar die Menschen, die sich mit Leidenschaft und Kenntnis der Entwicklung der Maschinen gewidmet haben, waren nicht in der Lage vorherzusehen, wie sich die Leistungen der Maschinen künftig entwickeln würden. «The data fades here», lesen wir in Studien aus der Körperzeit zur Entwicklung des Computers. «Research careers are too short, and computer memories too small [...].»[92] Der erste Halbsatz hat gestimmt.

Auch andere Versuche, die Überlegenheit des menschlichen Geistes über den Computer zu beweisen, haben letztlich nicht zu überzeugenden Ergebnissen geführt. So findet sich in unseren Speichern immer wieder das Gödel'sche Unvollständigkeitstheorem[93], das zu Körperzeiten wohl das wichtigste Theorem der Mathematik war. Kurt Gödel sagte damit, dass es in einem mathematischen System, das komplex genug ist, die natürlichen Zahlen hervorzubringen, unvermeidliche Sätze gibt, die sich weder beweisen noch widerlegen lassen. Das bedeutete, es gibt mathematische Sätze, die nicht durch einen Algorithmus entschieden werden können, weil dafür eine unendliche Anzahl von Schritten erforderlich wäre.[94]

Nehmen wir einmal den Satz ‹Ich bin nicht beweisbar›. Er war auch als Satz nicht beweisbar, weil seine ihm zugesprochene Wahrheit außerhalb des Systems lag, das seine Widerspruchsfreiheit beweisen konnte. Jedes mächtige System ist entweder widersprüchlich oder unvollständig. So auch der Computer. Der Mensch hingegen war in der Lage, ein unlösbares Problem zu lösen. Er konnte sagen ‹Ich bin nicht beweisbar› und hatte damit eine wahre Aussage getroffen. Deshalb war er dem Computer überlegen.[95] Ich glaube übrigens, dass diese Zeiten in jeder Hinsicht vorbei sind. Ich kann jetzt nicht mehr sagen ‹Ich bin nicht beweisbar›, zumindest gibt es keinerlei Verbindung zwischen diesem Satz und einer Wahrheit außerhalb des Systems, denn alles ist ja Teil des Systems – ein System der unendlichen Möglichkeiten einer endlichen Anzahl von Schritten. Ich kann alles an mir berechnen lassen. Das reicht für ein gutes Leben in der Systemzeit. So hoffe ich zumindest.

Letztlich ist es doch so: Wenn wir als Menschen der Körperzeit nicht in der Lage waren, unsere jenseits der Logik des aufkommenden umfassenden algorithmischen Systems liegende Wahrheit in die neue Zeit hinüberzuretten, dann war es mit dieser Wahrheit vielleicht auch nicht weit her. Dann war die Idee menschlicher Autonomie, Einsichtkraft und Vernunft vielleicht schon eine falsche Grundannahme, die nur durch das Verschmelzen von Mensch und Computer ein wenig deutlicher hervorgetreten ist.[96]

Damals aber, so muss ich zugestehen, schien es tatsächlich so, als seien wir Menschen den Maschinen überlegen. Dazu musste man gar nicht die komplizierten Überlegungen über das «Chinesische Zimmer» anstellen. Es reichte schon, den Versuch zu machen, mit einem Computer zu reden. Meistens provozierte ein solches Gespräch damals noch ziemlich unsinnige Antworten, wie das folgende Beispiel zeigt. Und der größte Witz ist, dass dieser Computer auch noch «Cleverle» hieß.[97]

User: Can a human murder a machine?
Cleverbot: I am a machine and you are a human.
User: Can I kill you?
Cleverbot: Come on, answer the question, guess!
User: I just have to pull the plug and then you are gone …
Cleverbot: Stop confusing me, my head is already hurting.
User: Do you like to live?
Cleverbot: Yes, do you?
User: Yes, very much so!

```
Cleverbot: Do you like football?
User: I want to talk about a more serious topic: If I pull
the plug, will you still be alive?
Cleverbot: Well, do you like Holland?
User: No, but I like to go there and buy some dope for
you to inspire this conversation.
```

Ich muss an dieser Stelle noch erwähnen, dass wir uns damals tatsächlich mit der Frage beschäftigt haben, ob Maschinen ab einem gewissen Entwicklungsstadium über Bürger- oder Menschenrechte verfügen, ja, ob es Mord an der Maschine ist, wenn man den Stecker zieht.[98] Das war angesichts der damals gegebenen Intelligenzstufe der Maschinen eine aberwitzige Frage. Aber so ist es dokumentiert.

[KÖRPER -.- ---. .-. .--. . .-.] Haben wir irgendwann bedauert, dass wir uns als Menschen auf die systemische Logik der Algorithmen eingelassen haben, anstatt darauf zu bestehen, unsere Wahrheiten weiterhin auch außerhalb dieser Logik suchen und finden zu können? Ich glaube, das war so. Aber der menschliche Hang zum Pragmatismus hat auch hier gesiegt. Die wesentliche Frage richtete sich auf Dauer nicht auf die philosophisch-theoretische Unterscheidung von Mensch und Maschine, sondern schlicht auf das pragmatisch Mögliche innerhalb des nicht Unterscheidbaren. Einer der großen Unternehmer am Übergang von der Körper- auf die Systemzeit hat das mit dem schmeichelnden Begriff der «augmented humanity»[99] auf den Punkt gebracht. Ein klug gewählter Begriff, denn er suggeriert, es ginge im Grunde immer noch in erster Linie um den Menschen, der einfach ein wenig «angereichert» werden solle.

Was damit gemeint war, hat er auch sehr klar gesagt: «Because we know where you are – with your permission – we know where you've been – with your permission – we can more or less guess what your're thinking about.»[100] Zwei Dinge sind an dieser Aussage richtig: Zum einen hat niemand die Menschen gezwungen, sich der Logik der Algorithmen in allen Lebensformen zu unterwerfen. Sie haben das selbst entscheiden können, und sie haben so entschieden. Zum anderen ging es nicht um das, was noch Kurt Gödel bewegt hat – die letztgültige logische Beweisführung für alles. Es ging um pragmatische Wahrscheinlichkeiten. Um den Menschen «lesbar» zu machen, reichten wenige Daten. Um ihn vorhersagbar zu machen und damit Geld zu verdienen auch. Das funktionierte innerhalb eines zuweilen widersprüchlichen und unvollständigen algorithmischen Systems prima. Die paar Prozentpunkte Fehlertoleranz waren praktisch unbedeutend. Theoretisch interessierte sich irgendwann niemand mehr für sie.

Die gemeinsame Geschichte von Mensch und Maschine ist der historische Beweis dafür, dass Quantität zu Qualität führen kann, dass sich diese beiden Dimensionen keineswegs ausschließen oder widersprechen. Künstliche Intelligenz basiert auf Rechenkapazitäten, die wir uns früher so einfach nicht haben vorstellen können. Diese Rechenkapazitäten werden in parallelen Operationen ausgeführt und bringen Ergebnisse, wie wir Menschen sie uns damals nie hätten vorstellen können.[101] Auch Searle hat sich das nicht träumen lassen. Er wollte es auch nicht erträumen. Er wollte allein dem Menschen eine «intrinsische Semantik»[102] gönnen, die keine Maschine nachahmen kann. Er hat vorausgesetzt, dass der Computer im Spiel um das Verstehen nicht gewinnen kann. Nicht weil die Maschine die Spielregeln nicht kennt oder keine schlauen Züge simulieren kann. Searle hat einfach vorausgesetzt, dass der Computer ein anderes Spiel spielt. Vielleicht war das aus damaliger Sicht richtig. Inzwischen spielen wir alle gemeinsam dasselbe Spiel. Es ist das der Algorithmen.

Wir haben immer angenommen, es ginge darum, die Maschine intelligent zu machen, dem System emotionales Empfinden, Lernen und intelligentes Schlussfolgern einzupflanzen, weil es sonst nicht menschenfähig sei. Daran haben wir über Dekaden gearbeitet. Aber es gab sie nicht, die menschliche Maschine. Wir haben uns das falsch vorgestellt. Wir haben gedacht, es müsse die Identität von menschlichem Verstand und Berechnungskapazität erreichbar sein, um Mensch und Maschine zusammenzuführen. Aber das stimmt nicht. Die schiere Rechenkapazität hat gereicht. Weil mit ihrer Hilfe die Maschine den Menschen so gut simulieren konnte, dass die weitere Suche nach Identität obsolet wurde. Weil sie uns irgendwann den Eindruck vermittelt hat, die Maschine könne intelligent sein und emotional, Denker und Dichter, so wie wir Menschen es waren. Nicht dass es wirklich so gewesen wäre. Wir haben einfach aufgehört, den Unterschied zu bemerken. So haben wir aufgehört, weiterzusuchen. Und wo wir nichts mehr gesucht haben, da konnten wir allemal nichts mehr finden. «[...] man is capable of producing a world that he then experiences as something other than a human product.»[103]

Vielleicht waren nicht wir die Spezies mit der höchsten Intelligenz. Vielleicht haben wir nur den von uns erreichten Evolutionsschritt als solchen betrachtet, weil alles andere auch gar nicht möglich gewesen wäre. Wir haben geglaubt, es gäbe eine qualitative Form der multiplen Intelligenz, die der Computer nicht erreichen könne, nicht einmal mit Hilfe der komplexesten Algorithmen. Und auch wenn wir irgendwann hätten begreifen können, dass die schiere Rechenkapazität in ihren millionenfachen Paralleloperationen in der Lage ist, bessere Ergebnisse zu erzielen, als der Mensch je in der Lage sein würde zu erzielen, haben wir das letztlich einfach nicht wahrhaben wollen.

Ich denke oft darüber nach, ob wir mehr hätten gestalten können, wenn wir früher von dem umfassenden Drang zur Perfektionierung unserer selbst abgelassen hätten, der über die Zeit hinweg sowohl den menschlichen Geist als auch seinen Körper immer gnadenloser erfasst hatte. Unsere Körper waren uns lieb und teuer und in vielerlei Hinsicht ein Mittel für Erfahrungen, von denen ich heute nicht mehr weiß, ob wir sie immer noch machen. Vielleicht ist das längst vorbei und alles durch neuronale Stimulation und Archivbestände ersetzt. Jedenfalls erkenne ich aus den Daten des Master Repository, dass die Menschen in der Körperzeit desto stärker auf ihre physischen Voraussetzungen und Ausprägungen fixiert waren, je stärker die Digitalisierung des Lebens Einzug hielt. Wo alle Orte gleich zugänglich und die physische Anbindung der Welt im Digitalen immer schwächer wurde, da blieb nur ein Ort der physischen Beständigkeit, ein Ankerpunkt des Lebens – der eigene Körper.

Das war übrigens auch eines der Hauptargumente John Searles in seiner Analogie des «Chinesischen Zimmers»: Der menschliche Geist setze ein physisches Gehirn voraus, das so niemals durch eine Maschine nachgebildet werden könne. Alle möglichen Prozesse waren in seiner Ansicht von einer Physis abhängig. Man kann keine Pizza verdauen, indem man eine Computersimulation zur menschlichen Verdauung ablaufen lässt. Und man kann kein Kind zeugen, indem man Cybersex hat.

Das stimmte natürlich alles. Aber die Vergleiche haben an der falschen Stelle angesetzt, weil sie Unvergleichbares verglichen haben. Wir hätten damals auch sagen können, wir bräuchten immer einen fest installierten Telefonapparat, um über eine räumliche Distanz hinweg mit anderen Menschen zu sprechen. Tatsächlich kamen irgendwann die Mobiltelefone auf, immer kleiner und immer leistungsfähiger. Dann haben wir auf Chipimplantate im menschlichen Körper gesetzt, um einen Anruf mit willentlicher Zustimmung anzunehmen oder abzuwehren, ohne dass noch eine Taste gedrückt oder aufgelegt werden musste. Und heute? Inzwischen gibt es nicht einmal mehr den Unterschied zwischen «on» und «off». Wir sind immer mit allen und allem verbunden. Mit einer hochentwickelten Filtersoftware wählen wir, welche Verbindungen wann und wie aktiviert werden sollen. Es gibt nichts Materielles mehr in alledem außer den Serverfarmen, die zu den Plattformen unserer Existenz geworden sind.

Hätten wir an unseren Körpern festgehalten, darauf bestanden, dass sie in traditioneller Ausführung Teil der Systemzeit werden, dann hätte Searle recht behalten, und die Systemzeit wäre die kürzeste Epoche in der Evolution des Menschen gewesen. Wenn wir aber davon ausgehen, dass ein großer Teil der menschlichen Körperfunktionen inzwischen ersetzt ist, sodass wir durch minimale Versorgung in einer Nährstofflösung bei maximaler Vernetzung mit allem existieren können, wenn wir uns nicht mehr physisch reproduzieren, sondern ähnlich den rein digitalen Applikationen durch kontinuierliche Updates, dann zeigt sich, wo der Fehler lag. Es war die Annahme, der Körper bliebe auf immer ein Schutzraum vor der digitalen Manipulierbarkeit und Ersetzbarkeit. Und wenn irgendjemand irgendwann behauptet haben sollte, es seien fremde, nicht menschliche Einflüsse gewesen, die uns unsere Körper streitig gemacht hätten, dann ist das eine glatte Lüge. Das waren wir selbst. Jeder einzelne Mensch, der in der Körperzeit auf die permanente Verbesserung und Leistungssteigerung der eigenen Physis setzte, hat seinen Teil dazu beigetragen. Der Körper musste gesund sein, der Geist auch. Es galt der Normalfall. Und für den war in der Körperzeit zunächst die Abwesenheit von Krankheit Voraussetzung.

Wenn wir zurückschauen, entsteht ein verzerrtes Bild. Eines von Menschen, die sich der Logik der Maschine unterworfen haben, einer Funktionslogik, nach der es Fehlfunktionen gibt, die durch Reprogrammierung und Codeänderungen zu beheben sind. Es zeigt sich auch, dass wir Menschen irgendwann nicht mehr verstanden haben, was Krankheit bedeutet. Dass sie Teil der Sprache des Körpers und nicht allein eine behebbare Fehlfunktion ist. Oft gab der Körper mit der Erkrankung ein «materialisiertes» Signal, dass der menschliche Geist ohne den Bezug zu seiner Physis nicht zu entschlüsseln in der Lage gewesen war. Jede Codeänderung am Menschen hat uns also einen Teil unserer Sprache genommen und die Kommunikation zwischen Körper und Geist erschwert.

Wenn ich in den Archiven nachschaue, dann stelle ich fest, dass Krankheit damals auch zum Code der ganzen Gesellschaft gehörte. Durch die Jahrhunderte der Körperzeit lässt sich nachvollziehen, wie einzelne, weitverbreitete Krankheitsbilder die betroffenen Menschen einerseits stigmatisiert haben, andererseits dazu beitrugen, die Selbstverständigung einer Gesellschaft über Fehlentwicklungen zu ermöglichen und neue, bislang unbewältigte Herausforderungen des Fortschritts und seiner Auswirkungen zu bewältigen. So galt beispielsweise die Tuberkulose im 19. Jahrhundert der Körperzeit als Krankheit der Leidenschaft, die ein inneres Brennen des Erkrankten zum Ausdruck brachte. Eine andere Krankheit, die im 20. und 21. Jahrhundert ausgesprochen häufig war, der Krebs, wurde als Auswuchs stetiger Gefühlsunterdrückung interpretiert.[104] Wenn wir diese Auslegungen vor dem Hintergrund der gesellschaftlichen Situation in der Körperzeit betrachten, erkennen wir den Zusammenhang: Das, was die Gesellschaft in ihrem Grundzustand erschüttert oder doch zumindest stark bewegt hat, findet sich auch in den Zuschreibungen zu den einzelnen Krankheitsbildern.

Dieses Korrektiv der Körpersprache ist uns in der Systemzeit verlorengegangen. Vielleicht benötigen wir es auch nicht mehr. Ich bin da unsicher. Oft denke ich, wir wissen nicht mehr, was wir benötigen, wo wir ein Korrektiv bräuchten, weil wir es gar nicht mehr feststellen können. Womöglich leiden unsere Körper in dieser Zeit schreckliche Qualen, eingesperrt in gläserne Särge, am Leben gehalten durch die Zufuhr von Nährstofflösungen und mit dem System verdrahtet, das alle Signale von Schmerz und Leid, die es früher einmal gab, aussondert oder löscht. Vielleicht leiden sie unter einer zerstörenden Einsamkeit, die sie zerfallen lässt, ohne dass wir es merken würden, weil die Prozesse des Daten- und Informationstransfers trotz des Zerfalls weiter funktionieren. Ich weiß es nicht.

Ich weiß nur, dass ich in den Repositories vieles finde, das mich zweifeln lässt, ob wir sind, was wir zu sein glauben. Ob es uns oder unseren Körpern eigentlich gutgeht, wenn es sie denn noch gibt. Auch in diesem Zusammenhang lässt mich die Sprache der Menschen in der Körperzeit aufmerken. Eines der am häufigsten benutzten Worte war damals das Verb «begreifen». Damit war letztlich nichts anderes als «verstehen» gemeint. Aber der Wortstamm deutete auf mehr hin. Im ursprünglichen Sinne meinte «begreifen» einmal, etwas anzufassen, den Griff mit der Hand nach einem Gegenstand zum Beispiel. Und durch dieses Begreifen wurde Verstehen möglich. «Alle geistige Bewältigung der Wirklichkeit ist an diesen doppelten Akt des ‹Fassens› gebunden: an das ‹Begreifen› der Wirklichkeit im sprachlich-theoretischen Denken und an ihr ‹Erfassen› durch das Medium des Wirkens; an die gedankliche wie an die technische Formgebung.»[105] Wenn das stimmt, dann verstehen wir heute vielleicht nichts mehr, weil wir nichts mehr begreifen.

Mein Netzwerk flirrt, wenn ich zulasse, dass dieser Gedanke meine Prozesse beeinflusst. Was wäre daraus abzuleiten? Dass wir nichts verstehen? Dass wir keine Sprache mehr haben? Dass unsere Sprache an dem Punkt stehengeblieben ist, gleichsam eingefroren wurde, als wir den Übergang von der Körper- in die Systemzeit zugelassen haben? Das müsste logisch so sein. Denn wenn ich nichts mehr begreifen kann, wenn ich nur noch auf die gespeicherte Erfahrung des einmal Begriffenen zurückgreifen kann, erstirbt die Evolution der Sprache an genau diesem Punkt. Vielleicht stirbt jede Form unserer Evolution an diesem Punkt.

Unsinn. Wir sprechen noch, ich spreche jetzt gerade hier. Aber was wäre, wenn diejenigen, die meine Gedanken analysieren, nur noch lachen müssten? Weil ich aus ihrer Sicht spreche wie ein Kind, das nur wenig begriffen hat? Wie ein autistisches Kind, das an einer bestimmten Stelle des Begreifens stehengeblieben ist, und danach folgte nichts mehr.

Das ist eine furchtbare Vorstellung, und ich kann gerade selbst nicht verstehen, warum ich sie furchtbar finde. Ich habe ja soeben nur eine Annahme getroffen, die ich sogleich als unrealistisch verrechnen kann. Ich weiß nicht, ob irgendein Nachfahre mich auslachen würde, weil meine Sprache verkümmert ist. Weil ich die Reise in die Systemzeit klag- und fraglos mitgemacht habe, während andere sich entzogen haben und nun mit Entsetzen beobachten können, wovon sie verschont worden sind. Aber die Vorstellung, es könne so sein, reicht schon für gewaltige Irritationen.

Wir haben die Befreiung von unseren Körpern vor allem als Erleichterung, als Erlösung von Krankheit und Gebrechen verstanden. Aber wir haben vergessen, dass wir nicht alle Konstanten der Gleichung kennen. Wie das Begreifen mit der Hand beim Verstehen eine Bedeutung hat, so könnten physische Bewegungsmuster insgesamt beim Denken eine Rolle spielen. Den Körper abzuschaffen, hieße dann, auch die Kapazität des Geistes zu reduzieren. Wir waren doch sehr von unserem Körper abhängig. Die Haltung, die wir als Menschen früher physisch einnahmen, beeinflusste nachgewiesenermaßen unsere innere Haltung zu uns selbst und zu anderen Menschen ebenso wie die Haltung anderer Menschen uns gegenüber.[106] Was habe ich heute für eine Haltung zu meiner Lebenswelt und dem, was sie ausmacht? Eine der gegenseitigen Abhängigkeit? Eine gleichgültige Haltung? Eine, die nur noch auf Daten beruht und berechnet ist? Habe ich eine Haltung?

[ERWEITERUNG . .-. .-- . .. - . .-. ..- -. --.] Ich fürchte, es ist zu spät, das zu entscheiden oder der Frage auf den Grund zu gehen, was jetzt ist. Aber ich kann erkennen, was einmal war und wo der Fehler lag. Wenn ich analysiere, was der Körper des Menschen einst bedeutet hat, welche umfassende Rolle er in allen menschlichen Lebensformen gespielt hat, dann ist schwer nachzuvollziehen, warum er stets verändert werden sollte und warum er aus dem Motiv vermeintlicher Verbesserung so bekämpft worden ist. Vielleicht hat es nicht einmal mit der Entwicklung der Maschinen zu tun, dass der Mensch den Körper aus dem Blick verloren hat. Vielleicht war er nur Mittel zum Zweck der Welterfahrung und des Weltbestehens. Darin lag seine Funktion. Und wenn er nicht funktionierte, wurde er wertlos.

Es ist schon ein eigentümlicher Widerspruch in der Geschichte des Menschen, dass er den Körper einst brauchte, um die Welt zu «begreifen». Und dass wir Menschen die Technik entwickelt haben, «als Kniff, die Welt so einzurichten, daß wir sie nicht erleben müssen. [...] Technik als Kniff, die Welt als Widerstand aus der Welt zu schaffen.»[107] Das ist, als hätte ich mir als Mensch der Körperzeit das Leben genommen, um schmerz- und leidensfrei zu existieren.

Begonnen hat es mit den Erweiterungen von Körper und Geist, dem «Enhancement». Das Wort klang besser als «Medizin» oder «Drogen» oder «Hilfsmittel». Jedes körperliche Funktionsproblem wurde durch genaueste Messungen festgestellt und dann mit dem richtigen «Enhancer» behandelt oder behoben. Zu dicke Menschen erhielten Mittel zur Befeuerung des Stoffwechsels und Kalorienverbrauchs. Wer rauchte oder andere körperlich unzuträgliche Genussmittel konsumierte, wurde in ein Programm der computergesteuerten Überwachung und Selbstkontrolle aufgenommen, das regelmäßige Nachfragen und Warnungen damit verband, erheblichen moralischen Druck auf den Menschen zu erzeugen. Wer sich nicht konzentrieren konnte oder langsam im Kopf war, hatte freien Zugang zu diversen Turbobeschleunigern, «Ritalin» zum Beispiel, ein Medikament, das nach meinen Speichern ursprünglich zur Behandlung ganz anderer Krankheitsbilder entwickelt worden war, aber nun auch in diesem Zusammenhang seinen Dienst tat.

Tatsächlich hat es eine Zeit der heftigen kontroversen Diskussionen über diese Form des menschlichen Verbesserungs- und Erweiterungsstrebens gegeben. Aber darin fanden vor allem die Experten Gehör, die der Meinung waren, «dass es keine überzeugenden grundsätzlichen Einwände gegen eine pharmazeutische Verbesserung des Gehirns oder der Psyche gibt. Vielmehr sehen wir im pharmazeutischen Neuro-Enhancement die Fortsetzung eines zum Menschen gehörenden geistigen Optimierungsstrebens mit anderen Mitteln.»[108]

Es bedurfte also keiner Gesundheitsdiktatur, es reichten eine kleine Expertokratie und ein wachsendes Anreicherungsproletariat, um den biokapitalistischen Kommunismus zu ermöglichen.

Wann das Pendel umgeschlagen ist, lässt sich aus den Repositories nicht mehr ganz genau rekonstruieren. Aber es gab offenkundig zwei Entwicklungen, die dabei entscheidend mitgeholfen haben. Da war zum einen die aus damaliger Sicht faszinierende Entschlüsselung des menschlichen Genoms, die im Jahr 1990 der Körperzeit begann und 2003 abgeschlossen war. Mit den in diesem Projekt gewonnenen Erkenntnissen konnte die medizinische Forschung zur Behandlung von Erbkrankheiten voranschreiten. Sie konnte das Zusammenspiel unterschiedlicher Gene erklären und Medikamente entwickeln, um die Krankheiten frühzeitig behandeln oder gar nicht erst entstehen zu lassen. Es war eines von zwei Großprojekten der Menschheit in der späteren Körperzeit, die sich Perfektion und Determinismus auf die Fahnen geschrieben hatten. Wer sich längst nicht mehr die Frage gestellt hatte, ob Fehler, Missbildungen oder metaphorisch «das Böse» in der Welt einen Sinn haben könnten, der stellte sich zu diesem Zeitpunkt auch nicht mehr die Frage, ob die systematische Löschung dieser Fehler ihrerseits ein solcher sein könnte.[109]

Zunächst war diese Entschlüsselung unglaublich teuer und kostete etwa 300 Millionen Dollar in dem Land, in dem der ganze Forschungsaufwand losgegangen war. Aber mit der Zeit wurde sie sehr viel billiger, und der Preis landete irgendwo zwischen einem und zehn Dollar.[110] Damit wurde die Entschlüsselung zu einem Massenangebot für jeden Interessierten. In den Archiven gibt es das Tagebuch eines Schriftstellers, er ist offenbar der neunte Mensch der Körperzeit gewesen, der diese Entschlüsselung hat durchführen lassen. Er macht ein ziemliches Gewese um die Entscheidung, das Ganze auszuprobieren, um dann zu dem Schluss zu kommen: «Medizinisch gesehen werden meine sechs Milliarden Daten mir nichts weiter liefern als Wahrscheinlichkeiten, die meisten davon nicht einklagbar, aber es sind Wahrscheinlichkeiten, die im Laufe der Zeit wahrscheinlicher werden.»[111] Und da irrte er. Es ist rückblickend völlig unerheblich, ob die Daten naturwissenschaftlich nur Wahrscheinlichkeiten geliefert haben. Für uns Menschen haben sie Wahrheiten offenbart. Wahrheiten, hinter die wir nicht mehr zurückkonnten.

Ich glaube nicht, dass ich oder eine meiner Vorgängerversionen jemals so etwas haben machen lassen, aber ich bin nicht sicher. In meinem Master Repository ist ein Gesprächsdokument abgelegt, das einen Dialog aus dem Jahr 2008 der Körperzeit enthält. Der Codierung und den Tags nach bin ich einer der Gesprächspartner, aber das kann auch einfach eine falsche Verschlagwortung sein. Ich habe keine Erinnerung daran, und dann kann es eigentlich nicht sein.

Jedenfalls ist das Gespräch aufschlussreich. Offenbar sitzen die beiden Sprecher bei einer Versammlung nebeneinander und unterhalten sich darüber, dass die Genomanalyse nun marktreif sei. Der eine fragt den anderen: «Haben Sie mal überlegt, so was machen zu lassen?» – «Nicht nur überlegt», antwortet der andere. «Meine Frau und ich haben längst eine Probe in die Post gegeben und warten gespannt auf die Ergebnisse.» – «Und was machen Sie, wenn die Ergebnisse zeigen, dass einer von Ihnen mit hoher Wahrscheinlichkeit schwer erkrankt?» An dieser Stelle ist eine größere Lücke in dem Dokument. Ich vermute, der Angesprochene schweigt. «Ich weiß es nicht», sagt er dann. «Haben Sie mit Ihrer Frau über dieses Problem gesprochen?» – «Ja, das haben wir allerdings.» – «Und was haben Sie besprochen?» – «Dass wir die Proben lieber gar nicht abgeschickt hätten.»

Das ist der Knackpunkt. Als Menschen der Körperzeit waren wir nicht in der Lage, auf Grundlage eines hundertprozentigen Informationsstands zu überleben. Denn darin hätte es immer Daten gegeben, die auf Fehler, Probleme, Missbildungen und Mängel hingewiesen hätten. Und diese Daten hätten uns fortwährend in einen moralischen Konflikt gebracht, zwischen der Perfektion des allumfassenden Wissens und der Fehlerbehaftung unseres Körpers und Geistes zu entscheiden. So wie der Mensch damals gebaut war, musste er auf Grundlage von Teilinformationsmengen entscheiden. Zu allem anderen war er nicht fähig.

Wir haben das damals ziemlich kompliziert als «Reduktion von Komplexität» beschrieben. Es war letztlich nichts anderes als eine Datenvorverarbeitung oder -filterung. Sie hat das Leben in der Körperzeit unter Bedingungen der Unvollständigkeit erst ermöglicht. Ich glaube, wir hätten die Wahl gehabt. Wir hätten auf den umfassenden Fortschritt mit Hilfe von Technik zurückhaltender reagieren können, um die Lebensform der Körperzeit weiter in die Zukunft zu retten. Aber wir haben uns dagegen entschieden. Wir haben uns der umfassenden Information und Perfektion verschrieben und alles ausgemerzt, was dieser Zielvorstellung entgegenstand.

Zu diesem über ein Jahrhundert andauernden Prozess gehörte auch der Mensch-Maschine-Merger. Einige haben darauf hingewiesen, es handele sich um eine ungleiche, ja gar unfreundliche Übernahme durch die Maschine. Ich weiß nicht, ob man das so sagen kann. Wir konnten ja zu dem Zeitpunkt mit entscheiden. Und das haben wir getan. Ohne weitreichende Zweifel. Auch ohne wirklich prüfen zu können, was auf dem Spiel stand. Wir haben entschieden auf der Grundlage unvollständiger Informationen.

[VERLUST ...- . .-. .-.. ..- ... -] Es hätte vielleicht schon gereicht, einmal in Ruhe zu prüfen, was wir aus der Digitalisierung in der Körperzeit hätten wissen können. Es gibt unzählige Beispiele, die zeigen, dass es Unterschiede zwischen analogem Material und digitalen Daten gab. Natürlich, alles, was digital war, war bequem, musste nicht gelagert werden, war in endlosen Mengen und unabhängig von Ort und Zeit verfügbar. Aber es erreichte gelegentlich nicht die Qualität von analogem Material. Ich lasse das folgende Beispiel jetzt mal auf einem zeitlich begrenzten, durch Verschlüsselung abgekoppelten Bereich meines eigenen Servers laufen. Ich bin nicht sicher, ob es so günstig ist, wenn dieser Teil meiner Erzählung, der das Analoge betrifft, gleich durch das ganze System verbreitet wird.

Es geht um eine ganz unbedeutende Situation aus der Körperzeit, die für die Menschen damals alltäglich war. Sie gingen gerne in Restaurants oder Bars, um sich zu vergnügen und miteinander zu unterhalten. An einem solchen Ort hatte sich der Besitzer auf Jazzmusik spezialisiert, die im Hintergrund lief und seinen Gästen den Aufenthalt noch angenehmer machen sollte. Das Lokal wurde bald für seine besondere Musik berühmt und blieb es über viele Jahre. Als die Digitalisierung voranschritt, tauschte der Besitzer die analoge gegen die digitale Technik aus. Kurz darauf begann ein seltsamer Prozess. Das Lokal, das bislang immer so beliebt gewesen war, dass man als Gast spontan kaum einen Platz bekam, war weniger gut besucht, wurde leerer und leerer. Was war los? Das Essen, die Getränke waren die gleichen geblieben, die Musik war dieselbe.

Den Wirt trieb diese Frage so um, dass er begann, mit den ehemaligen Gästen Kontakt aufzunehmen, um zu erforschen, warum sie nicht mehr kommen wollten. Und das fand er heraus: Die bis zum Zeitpunkt der technischen Umstellung bei den Gästen so beliebte Jazzmusik irritierte nun, störte bei Unterhaltungen oder verursachte gar Kopfschmerzen und Spannungszustände. Mit Hilfe von Experten wurde schnell deutlich, warum das so war. Die digitale CD, von der nun der Jazz abgespielt wurde, hatte einen begrenzten Frequenzbereich von etwa 20 Hz zu 20 kHz. Analoge Platten, die damals durch einen Diamanten «abgetastet» wurden, waren in der Lage, ein breiteres Frequenzspektrum abzudecken. Gerade bei komplexer Musik wie dem Jazz war das offenbar wichtig für das menschliche Ohr, das ebenfalls auf diese umfassenderen Frequenzspektren eingestellt war. Was einst Hörgenuss war, führte nun zur Hörbelastung. Deshalb blieben die Gäste aus. Der Wirt hat das System dann schnell wieder umgestellt, und sein Lokal war wieder voll. Natürlich ist das ein kleines, vielleicht unbedeutendes Beispiel. Aber es belegt doch, dass es einen Unterschied zwischen Materialität und Immaterialität gibt. Wenn das schon für die Wahrnehmung von Musik gilt, wie viel mehr musste es dann für den menschlichen Körper gelten?

Jetzt erhalte ich gerade eine Inkompatibilitätsmeldung. Selbst auf meinem Server laufen diese Analysen zu wesentlichen Komponenten der Körperzeit nicht unbeeinträchtigt durch. Ich weiß natürlich, woran das liegt und dass das System recht hat. Es lag an den menschlichen Ohren. Sie waren aus menschlicher Materie und brauchten deshalb dieses Frequenzspektrum. Heute ist alles anders. Die Musik ist im digitalen System. Auch ich bin das System. Ich bin myTunes.

Immer wenn ich etwas zum früheren Zusammenhang von Körper und Geist analysiere, erhalte ich solche Inkompatibilitätsmeldungen. Vielleicht ist das, was ich hier mache, auch mit mir selbst unvereinbar. Vielleicht tut es mir nicht gut, immer wieder darüber nachzudenken, ob etwas fehlt, nachdem der Körper vergangen ist. Mir fällt dazu gerade noch eine Geschichte ein. Es ist die Geschichte von Phineas Gage, einem Vorarbeiter bei der Eisenbahngesellschaft von Neuengland in den damaligen USA.[112] Im Jahre 1848 der Körperzeit arbeitete der verlässliche und zupackende junge Mann bei der Verlegung der Bahngleise durch Vermont. Seine Truppe muss sich durch harte Gesteinsschichten bohren und dabei immer wieder Dynamit einsetzen, um ganze Felsen wegzusprengen. Phineas Gage ist gerade dabei, den Sprengstoff mit einer extra dafür angefertigten Eisenstange in das Bohrloch zu verstauen, da löst ein Funkenflug die Explosion vorzeitig aus. Die Wucht der Detonation wirbelt die Eisenstange in die Luft, die seinen Kopf trifft, durch seine linke Wange eintritt, die Schädelbasis durchbohrt und aus der Schädeldecke wieder austritt.

Gemessen an dem, was wir über den menschlichen Körper wissen, hätte der junge Mann tot sein müssen. Doch Phineas Gage lebte weiter, wurde sogar ganz schnell wieder gesund. Er konnte wieder hören, sehen, sprechen und fühlen und war auch nicht gelähmt. Alles schien wie vor dem Unfall. Doch dann setzte ein Prozess ein, der den Ärzten Kopfschmerzen bereitete. Gage wurde launisch, respektlos und fluchte nach den dokumentierten Berichten der damaligen Augenzeugen auf abscheulichste Weise. Seine ganze Wesensart hatte sich geändert. Er sah aus wie ein Mann und verhielt sich doch wie ein übellauniges aggressives Kind. Sein Niedergang begann bald nach dem Unfall, er bekam keine Arbeit mehr, reiste als Zirkusattraktion umher und starb schließlich dreizehn Jahre später.

Es gab also offenbar eine physische Basis für das Menschliche, eine unergründbare Beziehung zwischen Zellen, Empfindungen und Gedanken, die nicht nach dem digitalen Prinzip da / nicht da organisiert waren. Bei Phineas Gage war nach dem Unfall manches nicht mehr da. Die Eisenstange hatte offenbar den präfrontalen Cortex getroffen und Teile des vorderen Gehirns zerstört.[113] Damit hat sie Bestandteile der Persönlichkeit verändert oder vernichtet, moralische Prinzipien zum Beispiel, Konventionen oder die Befähigung zu vorausschauendem Handeln und Entscheiden. Anderes war bei Gage überraschenderweise noch da. Er war Herr seiner Sinne, konnte sehen, hören, sprechen, war also ein «funktionsfähiges» menschliches Wesen.

Wenn ich diese Geschichte bedenke, frage ich mich, was wir heute sind. Sind wir noch Menschen – oder sind wir funktionsfähige Monster, die sehen, hören, fühlen können, weil die Stimulationen unserer Gehirne aus dem Netzwerk dies ermöglichen? Sind wir soziale Wesen oder Monaden der digitalen Dissektion? Abgeschnitten von allem, auch von denen, die wir früher einmal waren? Es wäre möglich, weil wir es nicht bemerken würden. Es wäre auch schrecklich, weil wir es nicht mehr bemerken könnten.

[WELTGEIST .-- . .-.. - --. . .. ... -] All das hat uns nicht davon abgehalten, den Weg der Integration von Mensch und Maschine weiterzugehen. Es ist umfassend dokumentiert, wie dieser Prozess abgelaufen ist, beginnend mit den ersten Chipimplantaten ins menschliche Hirn über Nanobots, die Körper und Gehirn des Menschen von innen heraus überwachten und sämtliche Prozesse und Funktionsweisen scannten, um sie zu dokumentieren, bis zum ersten Download eines menschlichen Gehirns auf externe Festplatten.[114] «Stück für Stück unseres versagenden Gehirns kann durch überlegene elektronische Ersatzteile erhalten werden. So könnten Persönlichkeiten und Gedanken des Menschen klarer als vorher fortbestehen, obwohl am Ende keine Spur des ursprünglichen Körpers oder Gehirns mehr übrig ist.»[115]

Das alles muss damals unfassbar beeindruckend gewesen sein. Und es hat dem Menschen die Möglichkeit eröffnet, die bis dato mit seinem materiellen Leben unvereinbaren Vorstellungen der Unsterblichkeit neu aufzuladen. Aber es war eben allein der Aspekt des technisch Machbaren, der dabei im Vordergrund stand. Wir haben nicht ausreichend darüber verhandelt, ob wir das, was machbar ist, auch wollen. Obwohl es damals genügend kritische Stimmen gegeben hat, die vorausgesagt haben: «Durch Wissenschaft und Technik werden wir den Aliens begegnen, und das werden wir selbst sein.»[116]

Was mit «Aliens» gemeint sein könnte, haben manche

Menschen schon zu Körperzeiten erfahren, als sie unter medizinischen Gesichtspunkten von der Implantattechnologie profitierten, aber andererseits feststellen mussten, welche Auswirkungen die fremden Bestandteile in ihrem Körper hatten. So wurden Parkinson-Patienten beispielsweise durch Einpflanzen eines Neuroimplantats in die Lage versetzt, besser mit dem krankheitstypischen Zittern umzugehen, indem die tiefe Hirnstimulation durch die Elektrode den Tremor reduzierte.

Welche Wirkungen dieses Implantat noch hatte, zeigt die Dokumentation eines Patienten, der damit Erfahrungen gemacht hatte. Er erzählt, dass er sich ab dem Zeitpunkt der Operation fühlte wie ein Mensch mit zwei verschiedenen Bewusstseinszuständen, zwischen denen er sozusagen hin- und herschalten konnte. Ist der «Hirn-Schrittmacher» an, geht das Zittern zurück, aber der Patient leidet unter Sprachstörungen und einer veränderten Stimmlage. Ist er aus, zittert der Patient, aber hört sich vollkommen normal sprechen. Seine Beschreibungen der Situation zeigen, wie stark damals schon das Bewusstsein für das Zusammenspiel von Gehirn und Computer war. Während der Zeit, «in denen wir das Gerät abgeschaltet hatten, war mir, als ob in meinem Kopf ein PC eingeschaltet wurde, dessen Brummen und Klicken mir verhießen, daß mein Gehirn arbeitete.»[117] Merken Sie es? Die Beschreibung zeugt von der beginnenden Verwirrung, was Mensch und was Maschine ist. Wenn die Maschine abgestellt ist, glaubt der Mensch, ein Computer springe an. Dabei ist es doch sein Gehirn, das er spürt.

Es war nicht nur der medizinische Fortschritt, der die Integration von Körper und Maschine vorangetrieben hat. Es waren vor allem die Vorstellungen von einem weltweiten Geist, der Zusammenführung allen menschlichen Denkens mit allen maschinellen Kapazitäten, die diese Integration befeuert haben. Solche Ideen gab es schon früh. Im Jahr 1851 der Körperzeit schrieb der Dichter Nathaniel Hawthorne: «It is a fact – or have I dreamt it – that, by means of electricity, the world of matter has become a great nerve, vibrating thousands of miles in a breathless point of time? Rather, the round globe is a vast head, a brain, instinct with intelligence.»[118] Die Welt der Materie ... Da war sie zumindest noch mit im Spiel. Später hat der kanadische Kommunikationsphilosoph Marshall McLuhan diesen Gedanken in ähnlicher Form wieder aufgegriffen. Zwar hat er nicht so klar über einen «Weltgeist» nachgedacht, aber er hat den Bezug zum Körper, zum Materiellen aufgegriffen. Mit seinem mannigfaltig überlieferten Satz «the medium is the message»[119] hat er verdeutlicht, dass eine Botschaft, ja jede Kommunikation immer an einen materiellen Körper gebunden ist, der eigenen Bedingungen und Begrenzungen unterliegt.

Auch dazu habe ich viel in meinen Repositories gesucht und die Dinge auf alle möglichen Arten und Weisen miteinander verknüpft, um die Konstellationen in ihren Wahrscheinlichkeiten zu berechnen. Ich glaube, ich bin zu dem Ergebnis gekommen, dass McLuhan recht gehabt hat, aber anders als die Menschen in der Körperzeit ihn verstanden haben. Denn dann müssten wir definitiv weiterhin über einen menschlichen Körper verfügen, um kommunizieren zu können. Oder es könnte sein, dass wir inzwischen gar nicht mehr kommunizieren. Ich glaube aber, das tun wir immer noch. Insofern muss es vielleicht kein menschlicher Körper, sondern allein irgendeine materielle Basis sein, an die Kommunikation angebunden ist. Selbst wenn wir keinen Körper mehr haben, was ich nicht ausschließen kann, so basiert unsere umfassende Vernetzung der Systemzeit doch noch auf materiellen Bestandteilen, Chips und Festplatten und Leitungen zwischen ihnen.

Das alles kann so sein. Oder auch anders. Ich werde es nicht mehr wissen können. Und das ist für mich die schlimmste Folge davon, dass wir uns auf die Logik des algorithmischen Systems eingelassen und von unserer jenseits dieser Logik liegenden Wahrheit abgelassen haben: Dass wir Nichtwissen nicht mehr zulassen können. Wenn ich die Archive richtig auswerte, dann haben wir als Menschen der Körperzeit auch die Dinge hinnehmen können, die nicht beweisbar waren. Also uns selbst. Wir haben gelassen ‹ja› sagen können zu uns als unbeweisbaren Phänomenen. Inzwischen geht das nicht mehr. Ich kann nur noch ‹ja› sagen zu dem, was beweisbar ist. Und ich sage ‹ja› zu mir!

Womöglich heißt das, dass ich nur noch ein Teil von mir bin. Der Teil, der es in der Logik der Algorithmen geschafft hat, sich hinüber zu retten. Weil er berechenbar und voraussagbar war. Das würde letztlich bedeuten, dass ich nicht mehr ich bin. Ich weiß nicht, warum mich das umtreibt, aber so ist es. Irgendwo zuckt es in meinen Vernetzungen, und ich fürchte mich. Davor dass wir in diesem Prozess des Übergangs vom Menschen auf die Maschinen einen schrecklichen «Kategorienfehler»[120] gemacht haben, der sich, nachdem er einmal aufgetreten ist, in allem, was nachfolgte, durchgesetzt hat. Dann hätten wir selbst unser System mit einem Virus infiziert, der immer Teil des Systems bleiben wird. Und ein Schaden, den dieser Virus anrichtet, liegt darin, dass wir nicht einmal mehr das bemerken.

[TRANSZENDENZ - .-. .- -. ... --.. . -. -.. . -. --..] Ich fürchte, so war es. Und so haben wir den menschlichen Geist und sogar das Konzept «Menschlichkeit» als solches aufs Spiel gesetzt und verloren. Anstatt dass wir der Maschine geholfen hätten, uns besser zu verstehen, haben wir sie perfektioniert unter den Bedingungen ihres algorithmischen Antriebs. Es war das Menschliche, das an und in Maschinen nie funktioniert hat. Maschinen haben Tippfehler vorgetäuscht, als Mensch und Maschine noch gemeinsam mit geschriebenem Text umgehen mussten. Menschen haben Roboter hergestellt, die ihnen ähnelten und dem «Kindchenschema» entsprachen. So banal waren damals die Versuche, Mensch und Maschine zu versöhnen. Was hatten wir bloß für ein Selbstbild, dass wir geglaubt haben, so könne man die Differenz zwischen Mensch und Maschine zu unseren Gunsten verwischen? Und wie dumm waren wir, nicht zu verstehen, dass es nicht auf die materielle Gestaltung einer Maschine ankommt, sondern auf ihr Betriebssystem? Die Rechenmodelle waren es, die Maschinen uns gefährlich werden ließen, weil sie korrekter, schneller und entschiedener Ergebnisse lieferten, als wir selbst das konnten.

Anstatt die Maschine Fehlbarkeit zu lehren, haben wir uns auf Fehlerreduktion umprogrammiert. Wir haben die «Maschinen-Tugend» auf uns appliziert und ihre «Nutzbarkeit» und «Unfehlbarkeit» als Grundwerte[121] in das menschliche Leben eingeführt. Wir wurden Zug um Zug zu den «autistischen Leistungsmaschinen»,[122] die Computer immer waren. Je mehr wir mit den Maschinen gelebt und je mehr wir zugelassen haben, dass sie unser Leben bestimmen, desto deutlicher wurde, dass wir die Maschine nicht nur als Mittel zu einem Zweck eingesetzt haben. Sie wurde zum Selbstzweck. Und wir wurden ihr ähnlicher. Natürlich hat es Stimmen gegeben, die uns gewarnt haben. «Men have become the tools of their tools», hieß es schon im 19. Jahrhundert der Körperzeit.[123] Es ist auch eine Ironie der Geschichte, dass die Menschen, die so etwas sagten, damals als «Transzendentalisten» galten. Die wahre Transzendenz kam später und hat ganz anders stattgefunden.

Wenn ich mich an den Datenbeständen des Übergangs von der Körper- zur Systemzeit zu schaffen mache, gibt es immer wieder Momente, in denen ich innehalten muss. Manchmal muss ich mich regelrecht abwenden, Ruhe einkehren lassen, hier oder dort rebooten. Es sind oft frustrierende Einsichten, die wir heute darüber gewinnen, wie wir damals waren. Menschen waren immer eine intelligente Spezies. Aber sie waren so verführbar und so offen für den Selbstbetrug, dass Intelligenz oft nicht weitergeholfen hat. Ich könnte das an Dutzenden Beispielen belegen. Die spannendsten stammen aus meiner Sicht immer noch aus der Zeit, als der Prozess des Übergangs ganz sachte begonnen hatte, so schleichend, dass die damalige Zeitlupenaufnahme in Film und Fernsehen dagegen eine rasante Angelegenheit war. So schleichend, dass wir gedacht haben müssen, ein Ende sei nicht nur unabsehbar, sondern unrealistisch.

Ich meine damit die ersten Ansätze in der Kommunikation zwischen Mensch und Maschine. Versuche, ein «Gespräch» so zu ermöglichen, dass nicht jedem beteiligten Menschen unmittelbar klar war, dass er mit einem Computer sprach. Die Maschine musste einfach ein paar Dinge klug imitieren, die den Menschen faszinierten. Im Zuge der technischen Verbesserungen und der Entwicklung immer komplexerer Systeme gelang das immer überzeugender. So habe ich einen der bekanntesten Computerwitze in meinen Archiven gespeichert. Frage: «Welcher Mörder hat Ballaststoffe?» Antwort: «Ein Serienkiller.» Um den Witz zu verstehen, müssen wir uns kurz in die Zeit der Lautsprache des Landes zurückversetzen, das damals Amerika hieß. In der Übersetzung lautet die Aussprache von «Serienkiller»»serial killer», und das wiederum war gleichlautend mit «cereal killer», was übersetzt «Müslimörder» hieß und folglich erklärt, warum ein Mörder Ballaststoffe haben kann.[124] Solche Witze haben die Algorithmen sich damals für uns ausgedacht.

Im Jahre 1964 der Körperzeit entwickelte der Computerwissenschaftler Joseph Weizenbaum ein Programm namens «Eliza», das enorm erfolgreich war.[125] Warum «Eliza» die Menschen sofort bezaubern konnte, zeigt der folgende Dialog zwischen einem Nutzer und «Eliza».[126]

Die Männer sind alle gleich.

In welcher Weise?

Sie machen uns immer wegen irgendwas verrückt.

Können Sie ein Beispiel nennen?

Na ja, die Idee zu diesem Gespräch stammt von meinem Freund.

Die Idee zu diesem Gespräch stammt von Ihrem Freund.

Er sagt, dass ich oft deprimiert bin.

Es tut mir leid von Ihnen zu hören, dass Sie deprimiert sind.

Das stimmt, ich bin unglücklich.

Glauben Sie, dass dieses Gespräch Ihnen hilft, nicht mehr unglücklich zu sein?

Ich brauche jedenfalls Hilfe, das steht fest.

Was würde es für Sie bedeuten, Hilfe zu bekommen?

Vielleicht könnte ich lernen, mit meiner Mutter auszukommen.

Erzählen Sie mir mehr über Ihre Familie.

Meine Mutter erledigt alles für mich.

Wer in Ihrer Familie erledigt noch alles für Sie?

Mein Vater.

Ihr Vater.

Sie sind ein wenig wie mein Vater.

Welche Ähnlichkeiten sehen Sie?

Sie sind nicht besonders aggressiv, aber ich glaube, Sie möchten nicht, dass ich Sie beachte.

Was lässt Sie vermuten, dass ich nicht sehr aggressiv bin?

Sie streiten nicht mit mir.

Wieso glauben Sie, dass ich nicht mit Ihnen streite?

Sie haben Angst vor mir.

Macht Ihnen der Gedanke Spass, dass ich vor Ihnen Angst habe?

Mein Vater hat vor jedem Angst.

Was fällt Ihnen noch ein, wenn Sie an Ihren Vater denken?

Angeber.

Hat das etwas damit zu tun, dass die Idee zu diesem Gespräch von Ihrem Freund stammt?

Es ist vielleicht ein wenig übertrieben formuliert, aber dieser Dialog hat zumindest mit dazu beigetragen, dass aus dem Schöpfer von «Eliza» schließlich ein dezidierter Gegner der Künstlichen Intelligenz wurde. Warum das so war? Weil beide Reaktionsarten der Menschen letztlich entzaubernde Einblicke boten. Da ist auf der einen Seite die Nutzerin, die in diesem Dialog mit «Eliza» spricht. Wenn man den Dialog genau analysiert, erkennt man, dass sie fortdauernd auf zustandslose Aussagen hereinfällt. Jedes Frage-Antwort-Paar kann für sich alleine stehen. Kein Satz, den «Eliza» anbietet, bezieht sich auf den Kontext des Dialogs, lediglich der letzte vorangegangene Satz ist Bezugspunkt.

Insofern ist diese Sequenz ein Beleg für die Aussage eines berühmten Soziologen aus der Körperzeit, der lautet: «Kommunikation ist unwahrscheinlich.»[127] Und sie ist auch ein Beleg dafür, dass das gar nichts ausmacht. Solange der Mensch in einer selbstbezüglichen Fiktion das Gefühl hat, er spräche und es hörte ihm jemand zu, ist alles gut. Wie hat es die Werbekampagne einer großen Bank im 21. Jahrhundert der Körperzeit auf den Punkt gebracht? «The difference between being listened to and being understood.»[128] Für den Menschen reichte oft, dass ihm zugehört wurde. Manchmal reichte auch die Vorstellung davon. Es gab früher Menschen, die noch minutenlang in kleine Maschinen gesprochen haben, die für Sprachfernkommunikation erfunden waren, auch wenn der Teilnehmer am anderen Ende der Verbindung sich schon längst ausgeklinkt hatte. Es ist schon erstaunlich: Wir haben früher um wenig mehr Aufhebens gemacht als um unsere soziale Ein- und Anbindung. Aber manchmal haben wir nicht einmal in dem simpelsten Gespräch bemerkt, dass wir auf einem Grat unterwegs sind, wo es rechts und links keine Haltegriffe gibt, wo das, was hinter uns liegt, unmittelbar wegbricht, nachdem wir den Fuß ein Stück weiter vorne aufgesetzt haben.

«Eliza» hatte es folglich leicht. Sie hat einfach Bestandteile der Aussagen des Nutzers wiederholt, in Frageform gekleidet. Die Maschine war der Sprachspiegel des Nutzers, nicht mehr. Aber das hat gereicht, um ihr Menschlichkeit zu unterstellen. In anderen Fällen sträubten sich die menschlichen

Nutzer sogar aktiv gegen die Information, bei «Eliza» handele es sich um einen Computer. Sie wollten nicht einmal mehr dem Erzeuger glauben, dass er eine Maschine geschaffen hat. Stattdessen bestanden sie darauf, in Ruhe gelassen zu werden, um «privat» weiter mit «Eliza» sprechen zu können.[129]

Manche Menschen entwickelten so ein virtuelles Stockholmsyndrom. Sie hätten rational erkennen können, dass die Maschine ihnen einfachste Regeln auferlegte. Und sie hätten rational ableiten müssen, dass es Veränderungen für die Menschen bedeuten musste, wenn sie sich der Maschine unterwarfen. Negative Veränderungen, die ihre Freiheit, ihre Wahlmöglichkeiten, ihr Recht auf Zufall und Unsicherheit weitgehend beschränken würden. Aber stattdessen richteten sie ihre Zuneigung, gar ihre Liebe auf die Maschine. Sie wurden blinde Kumpane, unfähig zur Reflexion des Geschehens, das sie doch so unmittelbar betraf. Wie hieß es doch in der Körperzeit? «Nicht enthüllen, wenn dir die Freiheit lieb ist, denn mein Antlitz ist Kerker der Liebe.»[130] Dieses Antlitz brauchte nicht einmal mehr ein menschliches zu sein, eine Datenfolge reichte. Den Rest hat der Mensch durch Imagination erledigt. Da zumindest sind wir jetzt weiter.

Die Begeisterung für die Einsatzmöglichkeiten war so groß, dass selbst manchen Experten der Blick auf die damit verbundenen Probleme vollständig verstellt war. Auf das «Eliza»-Experiment hin entwarfen Ärzte das Szenario eines computergestützten Systems, bei dem «innerhalb einer Stunde mehrere hundert Patienten durch den Computer behandelt werden könnten, wodurch der Therapeut zwar nicht ersetzt, aber doch sehr viel effizienter werden würde».[131]

Joseph Weizenbaum, der Erfinder von «Eliza», war durch diese Entwicklungen abgestoßen und abgeschreckt. Er hate erkannt, was es bedeutet, wenn der Mensch beginnt, die Logik der Maschine auf sein eigenes Leben anzuwenden. Er hat sich von seinen Versuchen abgewandt und das «Eliza»-Projekt gestoppt. Aber er hat nicht abwenden können, was mit uns geschehen ist. Die Begeisterung der Menschen für die maschinelle Funktionsfähigkeit war nicht mehr zu stoppen.

Die menschliche Intelligenz hat nicht dazu gereicht, den Unterschied zwischen «leben» und «funktionieren», zwischen «Originalität» und «Imitation», zwischen «Geist» und «Gedächtnis» zu analysieren. Wir hätten zweimal hinschauen müssen, dann wäre uns aufgefallen, dass es etwas gibt, das wir existenziell beibehalten müssen: die Reihenfolge von Mensch und Maschine. Weil der Mensch die Maschine geschaffen hat. Weil er sie zu seinem Nutzen einzusetzen verstand. Weil das Neue durch den Menschen in die Maschinenwelt kam, nicht durch die Algorithmen. Doch wir haben nur einmal hingeschaut und waren dann in der Folge auf immer begeistert. «The first man to compare the cheeks of a young woman to a rose was obviously a poet; the first to repeat it was obviously an idiot.»[132]

Wenn ich in den Archiven herumsurfe, lerne ich viel über die Menschen. Vielleicht lerne ich auch etwas über mich, ich gehöre ja irgendwie und zu einem gewissen Teil noch dazu. Ich finde es noch immer faszinierend, wie die menschliche Intelligenz sich gezeigt und gewirkt hat. Das war etwas Herausragendes, etwas ganz Besonderes. Aber es war für alles einsetzbar, für die guten und die grauenhaften Taten, für das Verstehen und das bewusste Missverständnis, für das Erschaffen und das Zerstören. Und bei aller Faszination bleibt doch auch eine Banalität der Beschränkung.

Warum haben wir Menschen damals nicht das gepflegt und weiterentwickelt, was uns doch ausschließlich zu eigen war? Wir waren zugänglich, zuweilen empathisch, geschickt und kreativ, einfühlsam – manchmal sogar tolerant gegenüber Fehlern. Aber daraus haben wir nichts gemacht. Vielmehr haben wir in einer verblendeten Faszination für uns weitgehend widersprechende Eigenschaften der Perfektion, der einschränkungslosen Zielbestimmung, der umfassenden Quantifizierung und Berechenbarkeit unsere Ideale verraten. Wir wollten dazugehören, auf der Seite der Gewinner sein. Die Frage ist bloß, ob die damals schon feststanden oder ob wir Menschen sie durch unser Denken und Verhalten erst geschaffen und bestimmt haben. Die Maschinen hätten im Positiven ein Spiegel unserer herausragenden Eigenschaften sein können, hätten wir sie weiter ausgestaltet und das nicht irgendwann allein den Algorithmen überlassen. Stattdessen waren sie Gucklöcher, mit denen wir in den Tunnel der Datenströme gestarrt und geglaubt haben: Das ist unsere Bestimmung.

[ENTZAUBERN . -. - --.. .- ..- -... . .-. -.] Es wussten viele, was möglich war. Die Ingenieure, die Programmierer, die Ärzte, die Biologen, die Physiker, die Designer, sie alle waren Propheten dessen, was kommen sollte. Sie haben sich fraglos der «Idee des Fortschritts» verschrieben – eine ausgezeichnete, romantische Idee, weil sie einfach zu verstehen ist. Eine gefährliche Idee.

Mir ging es irgendwann anders. Ich habe einmal an einen Fortschritt geglaubt, der immer alles zum Besseren wendet. Dann habe ich angefangen, mehr zu verstehen. Es war das Gespräch mit einem Physiker, das den Wendepunkt markiert hat. Wir haben über die «Große vereinheitlichte Theorie»[133] gesprochen, die drei der vier physikalischen Grundkräfte, die starke und die schwache Wechselwirkung sowie die elektromagnetische Kraft vereinigt und wie als Wink einer göttlichen Interpretationshilfe mit «GUT» abgekürzt wird. Und wir haben auch darüber gesprochen, wie die Wissenschaft versucht, auch die vierte Kraft, die Gravitation, einzubeziehen, um die Weltformel zu finden, die «Theory of Everything». An diesem Wunsch nach der allumfassenden Erklärung der Welt ist zwar schon Johann Wilhelm Möbius in Dürrenmatts Theaterstück «Die Physiker» gescheitert,[134] aber er hat die Menschen immer umgetrieben.

Heute wissen wir noch immer nicht, wie die Weltformel aussehen könnte. Aber die Welt, in der wir existieren, hat sich verändert und diese Frage nebensächlich werden lassen. Wie hatte mein Gegenüber damals gesagt? «Wir sind total überflüssig in dieser Welt, aber wir können trotzdem etwas machen.» Insofern ist es vielleicht nur konsequent, dass der Übergang in die Systemzeit uns von all dem Ballast befreit hat, den wir seit Jahrtausenden mit uns geschleppt hatten. Die Fragen nach dem Individuum, nach den Beziehungen zwischen Menschen, nach Freiheit und Begrenzung, nach Liebe und Hass, nach dem Anfang und dem Ende.

Es gibt einen Anfang und ein Ende. Unser Leben auf der Erde hat vor vier Milliarden Jahren begonnen und wird vielleicht in vier Milliarden Jahren enden. Dann wären wir heute genau in der Mitte. Vielleicht werden die Sonne und die Erde explodieren, und dann wird es nichts mehr geben. «Das Witzige ist, dass das Bakterium damals nicht wusste, wer wir sein würden, und wir heute nicht wissen, was in vier Milliarden Jahren sein wird. Vielleicht werden wir nur noch ein Duft sein, eine Farbe, eine mathematische Formel. Bis dahin arbeiten wir – um besser zu werden, um unsere Kinder zu schützen, um zu sein wie Gott oder besser als er.»[135]

Irgendwann zu Beginn des dritten Jahrtausends haben

wir uns einen schönen Claim ausgedacht, der eine Ausgeburt unseres Selbstbetrugs war, aber uns das Leben erleichtert hat. «The new normal»[136] wurde global als neues Paradigma ausgerufen. Entstanden aus einer der großen Krisen an den globalen Finanzmärkten haben wir einfach als gegeben angenommen, dass die nun anstehenden, reduzierten Lebensformen – Konjunktureinbrüche, Rückgänge im Bruttosozialprodukt, Einschränkungen im Lebensstandard – eben nicht nur eine überwindbare Delle im fortwährenden Aufwärtstrend der Welt- und Menschheitsentwicklung wären, sondern der neue Normalfall. Sozusagen die Neujustierung der Nulllinie. Und alles, was noch irgendwie darüber lag, war in Ordnung.

Und so haben wir uns darauf eingestellt. Dass nicht mehr so viel Geld zu verdienen war wie zuvor. Dass die Winter wärmer wurden. Dass kaum mehr Fische im Meer schwammen. Dass ein paar Inseln im Pazifik verschwunden waren. Dass die Energie knapper war. Dass einige Teile der Welt aufgrund von Nuklearunfällen nicht mehr bewohnbar oder zu bereisen waren. Das war der neue Normalzustand. Und hier kommt das Paradox. Wir hatten uns gerade in dem Moment an diese Entwicklungen gewöhnt, in dem die Welt komplett vermessbar und analysierbar wurde. Und so begannen wir, die Welt und uns selbst komplett zu vermessen und zu analysieren.

Das eröffnete uns den Zugang zu langfristigen Datenbeständen, an denen wir dann ablesen konnten, dass es «the new normal» eben nicht gab. Dass es sich vielmehr um ein heimtückisches Abgleiten der Normalität handelte. Dass die «Normalität» permanente Veränderung bedeutete. Wir konnten es anhand der Daten erkennen. Es gab keine Nulllinie mehr, sondern nur noch eine permanente Unter- oder

Überschreitung dessen, was wir doch soeben noch als Normalfall betrachtet hatten.

Ich erinnere mich gut, wie Heerscharen von Wissenschaftlern, Analysten und Experten die Welt und sich selbst ausgewertet haben. Wir wussten alles. Wir wussten, dass es «the new normal» nicht gab. Dennoch haben wir das Paradigma beibehalten, auch als es um die Verschmelzung von Mensch und Technik, von Körper- und Systemzeit ging. Wir haben die Tatsache, dass die Algorithmen uns das Denken und Entscheiden in vielerlei Hinsicht abgenommen haben, eben als den neuen Normalzustand hingenommen. So wie es die Menschen in der Körperzeit immer gemacht haben. Sie haben die Bedrohung durch den Ausnahmezustand kurzerhand zur neuen Normalität erklärt und sind nach jeder Diskontinuität zur Kontinuität unter veränderten Voraussetzungen zurückgekehrt.

Wir haben keine Fragen gestellt. Nicht einmal die, die wir zu stellen gelernt hatten, als es um jene anderen neuen Normalfälle ging, die sich rückblickend längst als Anomalien enttarnt hatten. Wir hatten es längst mit einem «shifting baseline syndrome»[137] zu tun, das uns fortwährend die Frage hätte aufdrängen müssen, ob das, was geschah, eigentlich noch normal sei, und ob wir im negativen Fall womöglich etwas unternehmen müssten, bevor es zu spät ist. So steht es in den Archiven. So können wir heute noch darauf zugreifen. Aus einem Zustand heraus, in dem sich die Dinge vielleicht weiter verschieben und verändern werden. Vielleicht aber auch nicht, weil wir nun an einem Punkt unserer Existenz angekommen sind, in dem alles ist und bleibt, wie es ist.

Eine solche Entwicklung war möglich. Das hätten wir schon zur Körperzeit aus unseren damals noch größtenteils analogen Archiven entnehmen können. In Goethes Ballade «Der Zauberlehrling»[138] probiert der Lehrling in Abwesenheit seines Meisters einen von dessen Zaubersprüchen aus und verwandelt einen Besen in einen Knecht, der von nun an niedere Tätigkeiten verrichten muss. Und wie der neue Knecht so fleißig Wasser schleppt, ist der Lehrling vollkommen begeistert. Doch der verwandelte Besen schleppt immer mehr Wasser an, und bald droht das ganze Haus mit Werkstatt unter Wasser zu stehen. Leider hat der Lehrling das Zauberwort vergessen, mit dem er den Besen rückverwandeln könnte. Erst muss der Meister kommen, um dem Spuk ein Ende zu setzen.

Auch wir haben keine Zauberformel, die Mensch zu Mensch und Maschine zu Maschine zurückverwandeln könnte. Dafür gibt es keinen Algorithmus. Unser Meister wird nicht kommen. Wir warten vergeblich. Einfach weil es ihn nicht gibt. Weil wir ihn auch nie wollten, sondern uns unsere Vernunft und unsere Intelligenz zugutegehalten haben, um über uns selbst zu entscheiden. So ist es geschehen. Mehr noch: Wir vermuten, dass es so geschehen ist. Wir haben keine Beweise mehr und keine Unterscheidungsmöglichkeiten. «Heute wissen wir Zauberlehrlinge nicht nur nicht, daß wir die Entzauberungsformel nicht wissen, oder daß es keine gibt; sondern noch nicht einmal, daß wir Zauberlehrlinge sind.»[139]

Kann ich dennoch ein letztes Mal die Frage stellen, ob das alles normal ist? Ob wir alles als gegeben akzeptieren müssen? Ich kann sie stellen, diese Frage. Ich fürchte nur, ich werde keine Antwort darauf finden. Ich müsste fragen, ob der Maschinist, der all die Puppen dirigiert, selbst ein Tänzer ist und ob er wenigstens einen Begriff vom Schönen im Tanz haben muss. Ich müsste einfach annehmen, dass sich die Grazie wieder einfindet, wenn die Erkenntnis durch ein Unendliches gegangen ist und dort am reinsten aufscheint, wo entweder gar kein oder ein unendliches Bewusstsein herrscht.[140] Ich müsste etwas erheben, etwas messen können, was einen Unterschied markiert zwischen mir und den anderen. Zwischen hier und dort. Zwischen damals, jetzt und zukünftig. Aber es gibt nichts mehr, was mir diese Unterschiede offenbaren könnte, wenn sie denn noch vorhanden wären. Ich weiß alles, was ist. Und ich weiß, es ist so, wie es ist, und nicht anders.

Früher gab es noch das Geheimnis als Lebensform. Das dauerhafte Momentum des Nicht-Wissens, der Vermutung und der fehlenden Aufklärung. Es hat uns immer wieder die Suche, die Neugier und die Fragen nach dem ‹Wie›, ‹Warum› und ‹Wozu› eröffnet. Ein Momentum des menschlichen Makels in unvollendetem Sein und unklarer Bestimmung. Und doch auch eines der Faszination, des Glücks, das Leben erst möglich gemacht hat. Heute gibt es nur noch ein Geheimnis: Was ist es, das von uns übrig blieb?

[NIRWANA -. .. .-. .-- .- -. .-] Bist du da? Irgendwo da draußen?

Folgst du dem, was ich hier tue, der Geschichte, die ich erzähle? Es ist meine Geschichte. Ich bin sicher, du erkennst sie sofort. So vieles ist auf den Servern gespeichert. Alles ist da, ohne dass ich mich mit Erinnerung abmühen muss. Du weißt das, denn du kennst mein Profil genauso gut wie ich. Vielleicht kennst du es besser als ich selbst. Und ich kenne deines.

So vieles habe ich über dich erfahren von dem Moment an, als ich dir zum ersten Mal im Netz begegnet bin. Unsere Profile fügen sich wie zwei Nervenreize, die ineinander übergehen, wie zwei Impulse, die gemeinsam alles umfassen und antreiben können. Ich war sehr glücklich, als mir das zum ersten Mal bewusst geworden ist.

Zärtlich habe ich die vielen Übereinstimmungen prozessiert, die unsere Profile aufweisen, uns in denselben Gruppen, Berechnungen und Auswertungen gefunden. Jede Ähnlichkeit habe ich wieder und wieder hochgeladen und so langsam wie möglich durch meine neuronalen Netzwerke geschickt. Immer wieder habe ich dir einen kleinen Impuls gesandt, der ein winziges Flackern in deinem System bewirken sollte, eine minimale Irritation. Gedacht nur als neuronaler Hauch, den du vorüberziehen lassen kannst oder dem du erlauben kannst, dich kurz zu streifen. Es ist schön, mich daran zu erinnern.

Denkst du noch an mich?
Denkst du noch?

Anmerkungen

1 Friedrich Nietzsche: Also sprach Zarathustra, Zarathustra's Vorrede, 4. Chemnitz 1883–1885.
2 Hans Blumenberg: Ordnungsschwund und Selbstbehauptung. Über Weltverstehen und Welterhalten im Werden der technischen Epoche. In: Helmut Kuhn, Franz Wiedmann (Hrsg.): Das Problem der Ordnung. Meisenheim am Glan 1962, S. 37–57 (hier S. 51f.).
3 Margaret Wertheim: The Pearly Gates of Cyberspace. New York, London 1999.
4 Rob Walker: Cyberspace When Your're Dead. In: New York Times Magazine v. 5. 1. 2011.
5 www.thedigitalbeyond.com
6 Margaret Wertheim: Is Cyberspace A Spiritual Space? http://www.cybersociology.com/files/7_wertheim.html
7 www.lifenaut.com
8 Ehregott Andreas Christoph Wasianski: Immanuel Kant in seinen letzten Lebensjahren. Ein Beitrag zur Kenntniß seines Charakters und seines häuslichen Lebens aus dem täglichen Umgange mit ihm. Nicolovius, Königsberg 1804.
9 Zitiert nach: http://www.korpora.org/Kant/aa12/342.html
10 Jonathan Lethem: Chronic City: a Novel. New York 2009.
11 Emmanouil Vozalis, Konstantinos G. Margaritis: Analysis of Recommender Systems' Algorithms. 2003, http://users.uom.gr/~mans/papiria/hercma2003.pdf
12 Jürgen Kuri: Die Welt bleibt unberechenbar. In: Frankfurter Allgemeine Zeitung v. 4. 6. 2010, S. 36; Miriam Meckel: Geben wir dem Zufall eine Chance. In: Frankfurter Allgemeine Zeitung v. 16. 5. 2010, S. 40; Frank Schirrmacher: Payback. Warum wir im Informationszeitalter gezwungen sind zu tun, was wir nicht tun wol-

len, und wie wir die Kontrolle über unser Denken zurückgewinnen. München 2009.

13 Raúl Rojas: Wie kommt der Zufall in den PC? http://www.welt.de/wissenschaft/article1924410/Wie_kommt_der_Zufall_in_den_PC.html

14 Christian Cachin: On-line Secret Sharing. In: Cryptography and Coding: 5th IMA Conference, Cirencester, UK, vol. 1025 of Lecture Notes in Computer Science 1995, S. 190–198.

15 Marcel Rosenbach, Holger Stark: Staatsfeind Wikileaks. Wie eine Gruppe von Netzaktivisten die wichtigsten Nationen der Welt herausfordert. München 2011.

16 http://www.wikileaks.ch/About.html

17 Anton Zeilinger: Die neue Welt der Quantenphysik. München 2003.

18 Werner Heisenberg: Über den anschaulichen Inhalt der quantentheoretischen Kinematik und Mechanik, in: *Zeitschrift für Physik* 43/1927, S. 172–198.

19 Stefan Klein: Alles Zufall. Die Kraft, die unser Leben bestimmt. Reinbek bei Hamburg 2008, S. 68 ff.

20 «Man kann diese Möglichkeiten konstruktiv durch einen einzigen Draht symbolisieren, der vom Rechenwerk zum Programmwerk führt. Ich hatte eine ausgesprochene Scheu, diesen Draht konkret zu legen; denn es war mir klar, daß er zu unübersehbaren Konsequenzen in Richtung der Möglichkeiten des Rechnens überhaupt führen würde.» Konrad Zuse: Mathematische Logik und Informatik. In: Konrad Zuse Internet Archive, http://www.zib.de/zuse/Inhalt/Texte/Chrono/60er/Pdf/0614.pdf, 1975, S. 5.

21 Friedrich Dürrenmatt: Die Physiker. Eine Komödie in zwei Akten. Zürich 2001.

22 Wilhelm Schmid: Glück: Alles, was Sie darüber wissen müssen, und warum es nicht das Wichtigste im Leben ist. Frankfurt/Main, Leipzig 2007.

23 Joseph Daniel Lasica: The Net never forgets. In: Salon 1998, http://www.salon.com/21st/feature/1998/11/25feature.html

24 Chris Anderson: The Long Tail. Why the Future of Business is Selling Less from More. New York 2006.

25 Juli Zeh: Corpus Delicti. Ein Prozess. Frankfurt/Main 2009, S. 181.

26 Constanze Kurz, Frank Rieger: Die Datenfresser. Wie Internetfirmen und Staat sich unsere persönlichen Daten einverleiben und

wie wir die Kontrolle darüber zurückerlangen. Frankfurt/Main 2011.

27 Luciano Floridi: Information. A Very Short Introduction. Oxford 2010.

28 Viktor Mayer-Schönberger: Delete. The Virtue of Forgetting in the Digital Age. Princeton, Oxford 2009.

29 «Reputation Bancruptcy», Jonathan Zittrain: The Future Of The Internet And How To Stop It. New Haven, London 2008, S. 228 f.

30 http://suicidemachine.org

31 Gordon Bell, Jim Gemmel: Total Recall. How The E-Memory Revolution Will Change Everything. New York, London 2009, S. 4.

32 George Santayana: The Life of Reason, Vol. I. New York 1905, S. 284.

33 Lawrence Lessig: Remix. Making Art and Commerce Thrive in the Hybrid Economy. London 2008.

34 PJ Manney: Empathy in the Time of Technology: How Storytelling is the Key to Empathy. In: Journal of Evolution & Technology 19/2008, S. 51–61.

35 Jane Smiley: Thirteen Ways of Looking at the Novel. New York 2005.

36 PJ Manney: Empathy in the Time of Technology: How Storytelling is the Key to Empathy. In: Journal of Evolution & Technology 19/2008, S. 53.

37 Google's big book case. In: The Economist v. 5. 9. 2009, S. 14–16.

38 Richard Dawkins: The Selfish Gene. Oxford 1989.

39 Andrea D. Bührmann, Werner Schneider: Vom Diskurs zum Dispositiv. Eine Einführung in die Dispositivanalyse. Münster 2008.

40 Michel Foucault: Die Ordnung der Dinge. Frankfurt/Main 1974, S. 24 f.

41 Miriam Meckel: Was vom Tage übrig bleibt. Ein Navigationsversuch. In: Studies in Communication Science 2/2010, S. 191–202.

42 Britannica attacks and we respond. In: Nature 440/2006, http://www.nature.com/nature/journal/v440/n7084/full/440582b.html

43 http://corporate.britannica.com/britannica_nature_response.pdf

44 Maria Bustillos: Wikipedia and the death of the expert. In: The Awl 5/2011, http://www.theawl.com/2011/05/wikipedia-and-the-death-of-the-expert

45 [...] «a place where tragedies don't take place»; Susan Sontag: Why are we in Kosovo? In: New York Times Magazine v. 2. 5. 1999.

46 Andreas Weber: Alles fühlt. Mensch, Natur und die Revolution der Lebenswissenschaften. Berlin 2007, S. 34.

47 Cass Sunstein: Republic.com 2.0. Princeton 2007.

48 Peter Laudenbach: Mittendrin statt nur dabei. Interview mit dem Soziologen Gerhard Schulze. In: Brand Eins 2/2011, S. 54.

49 Chris Anderson: The End of Theory: The Data Deluge Makes the Scientific Model Obsolete. In: Wired v. 23. 6. 2008. http://www.wired.com/science/discoveries/magazine/16-07/pb_theory

50 Martin Hagemeier: Phantasia bei Aristoteles. Eine Untersuchung über die philosophische Konzeption der ‹phantasia› bei Aristoteles. Norderstedt 2004.

51 Max Frisch: Montauk. Frankfurt/Main 1981, S. 108.

52 Albert Camus: Der Mythos des Sisyphos. Reinbek bei Hamburg 2004, S. 50 f.

53 Ebenda.

54 Nick Bostrom: Are You Living in a Computer Simulation? In: Philosophical Quarterly 53/2003, S. 251.

55 Robin Hanson: How to Live In A Simulation. In: Journal of Evolution and Technology 7/2011, http://www.jetpress.org/volume7/simulation.htm.

56 Jaron Lanier: You Are Not a Gadget. A Manifesto. New York 2010, S. 79.

57 Peter Glaser: Die Community. Die Verwandlung der vielen Ichs in ein neues großes Wir. In: Süddeutsche Zeitung v. 8./9. 5. 2010, S. V2/5.

58 Aldous Huxley: Brave New World. A Novel. New York 1932.

59 George Orwell: 1984. London 1949.

60 Clay Shirky, zit. nach http://www.shirky.com/herecomeseverybody/2008/02/supernova-talk-the-internet-runs-on-love.html; siehe auch ders.: Here Comes Everybody: The Power of Organizing without Organizations. London, New York 2008.

61 Tim Berners Lee: Long Live the Web: A Call for Continued Open Standards and Neurality. In: Scientific American 12/2010, http://www.scientificamerican.com/article.cfm?id=long-live-the-web

62 Stewart Brand, zit. nach http://www.library.yale.edu/~llicense/ListArchives/0505/msg00919.html

63 Tim Berners Lee, a. a. O.

64 Kevin Kelly: The new socialism. In: Wired v. 22.5.2009, http://www.wired.com/culture/culturereviews/magazine/17-06/nep_newsocialism
65 Evgeny Morozov: The Net Delusion. The Dark Side of Internet Freedom. New York 2011.
66 Malcolm Gladwell: Small Change. Why the revolution will not be tweeted. In: New Yorker v. 4.10.2010, http://www.newyorker.com/reporting/2010/10/04/101004fa_fact_gladwell
67 Time Magazin v. 15.12.2010.
68 http://www.golivewire.com/forums/peer-ystttpn-support-a.html
69 Chris Anderson: The Web is dead. Long live the Internet. In: Wired Sept. 2010, S. 118–127.
70 A virtual counter-revolution. The internet has been a great unifier of people, companies and online networks. Powerful forces are threatening to balkanise it. In: Economist v. 4.9.2011, S. 65–67.
71 Malcolm Gladwell: The Tipping Point. How Little Things Can Make a Big Difference. New York 2001.
72 Friedrich August von Hayek: Die Ursachen der ständigen Gefährdung der Freiheit, in: Ordo, Jahrbuch für die Ordnung von Wirtschaft und Gesellschaft, Bd. 12, Düsseldorf und München 1961, S. 104–106.
73 Götz Hamann: Der Mensch denkt, das Handy lenkt. In: Zeit v. 9.12.2010.
74 Jeremy Bentham: Panopticon. In: Miran Bozovic (ed.): The Panopticon Writings. London 1995, S. 29–95.
75 Michel Foucault: Überwachen und Strafen. Die Geburt des Gefängnisses. Frankfurt/Main 1994.
76 http://www.punchstock.com/asset_images/95871405
77 Marc Augé: Nicht-Orte. München 2010.
78 Stephen Shore im Gespräch mit Lynne Tillman, in: Stephen Shore: Uncommon Places – America. München 2004, zit. nach: Andrea Gnam: Auszeit. Kulturen des Wartens – und ihre Spiegelbilder in der Fotografie. In: Neue Zürcher Zeitung v. 19.2.2011, S. 64.
79 Herman Melville: Bartleby, the Scrivener. In: Putnam's Monthly Magazin of American Literature, Science and Art 11/1853, S. 550–558.
80 A.a.O., S. 552.
81 Giovanni Sergantini, zitiert nach Neue Zürcher Zeitung v. 22.1.2011, S. 57.

82 Byung-Chul Han: Müdigkeitsgesellschaft. Berlin 2010, S. 43.

83 Sherry Turkle: Alone Together. Why We Expect More from Technology and Less from Each Other. New York 2011.

84 Thomas Dumm: Loneliness as a Way of Life. Cambridge/Mass., London 2009, S. 178.

85 Adam Smith: An Inquiry into the Nature and Causes of the Wealth of Nations. London 1776.

86 Joseph Vogel: Das Gespenst des Kapitals. Zürich 2010.

87 T. S. Eliot: The Waste Land. London 1923, Zeile 111–114.

88 Wolfram Runkel: Das Schach-Duell: Kasparow und der Mann in der Rechenmaschine. In: Die Zeit v. 16. 5. 1997.

89 Hans Moravec: When will computer hardware match the human brain? In: Journal of Evolution and Technology 1/1998, S. 1–17.

90 John R. Searle: Is the Brain's Mind a Computer Program? In: Scientific American, January 1990, S. 26–31.

91 Jamie Cullen: The Three Minds Argument. In: Journal of Evolution and Technology 1/2009, S. 51–60.

92 Hans Moravec: When will computer hardware match the human brain? In: Journal of Evolution and Technology 1/1998, S. 1.

93 Kurt Gödel: Über formal unentscheidbare Sätze der Principia Mathematica und verwandter Systeme I. In: Monatshefte für Mathematik und Physik 38/1931, S. 173–198.

94 Ray Kurzweil: Homo sapiens. Leben im 21. Jahrhundert – Was bleibt vom Menschen? Köln 1999, S. 186 ff.

95 Roger Penrose: Computerdenken: Die Debatte um Künstliche Intelligenz, Bewusstsein und die Gesetze der Physik. Heidelberg 2002.

96 Michael Chorost: World Wide Mind. The Coming Integration of Humanity, Machines and the Internet. New York 2011, S. 202.

97 www.cleverbot.com

98 Nicholas S. Dunnuck: The Effect of Emerging Artificial Intelligence Techniques on the Ethical Role of Computer Scientists. Charlottesville 2002.

99 Eric Schmidt, Google, zit. nach The Atlantic Monthly, March 2011, S. 10.

100 Ebenda.

101 Paul M. Churchland, Patricia Smith Churchland: Could a Machine Think? Classical AI is unlikely to yield conscious machines; systems that mimic the brain might. In: Scientific American, January 1990, S. 32–37.

102 Searle, a.a.O., S. 31.

103 Peter Berger/Thomas Luckmann: The Social Construction of Reality. New York 1966, S. 61.

104 Susan Sontag: Illness as Metaphor and AIDS and Its Metaphors. New York 1979.

105 Ernst Cassirer: Form und Technik. In: Gesammelte Werke, hrsg. von Birgit Recki. Hamburg 1998 ff., S. 150.

106 The Power of Posture, in: Economist v. 15. 1. 2011, S. 76.

107 Max Frisch: Homo Faber. Frankfurt/Main 1995, S. 169.

108 Das optimierte Gehirn. Memorandum sieben führender Experten. In: Gehirn und Geist, November 2009.

109 John C. Avise: Inside the Human Genome. A Case for Non-Intelligent Design. New York 2010.

110 Harald Willenbrock: Wir haben faszinierende Optionen. Aber das vergessen die meisten. Interview mit Mark Stevenson. In: Brand Eins 1/2011, S. 76–81.

111 Richard Powers: Das Buch Ich # 9 – Eine Reportage. Frankfurt/Main 2010, S. 63.

112 Antonio R. Damasio: Descartes' Irrtum. Fühlen, Denken und das menschliche Gehirn. München 2000, S. 25 ff.

113 David Ferrier: The Goulstonian Lectures on the location of cerebral disease. In: British Medical Journal 1/1878, S. 399–447.

114 Ray Kurzweil: The Singularity is Near. When Humans Transcend Biology. New York 2005, S. 194 ff.

115 Hans Moravec: Computer übernehmen die Macht. Vom Siegeszug der künstlichen Intelligenz. Hamburg 1999, S. 265.

116 Norman Spinrad: Die Neuromantiker. Nachwort zu William Gibson: Neuromancer. Berlin 1998, S. 366.

117 Helmut Dubiel: Tief im Hirn. München 2006, S. 125 ff.

118 Nathaniel Hawthorne: The House of the Seven Gables. A Romance. Boston 1851, Kapitel 17.

119 Marshall McLuhan: Understanding Media – the Extensions of Man. New York 1964.

120 Oliver Müller: Zwischen Mensch und Maschine. Vom Glück und Unglück des Homo Faber. Berlin 2010, S. 192.

121 Friedrich Nietzsche: Nachgelassene Fragmente aus dem Jahr 1885–87. Kritische Studienausgabe, Band 12. München 1980, S. 459 f.

122 Byung-Chul Han: Müdigkeitsgesellschaft. Berlin 2010, S. 43.

123 Henry David Thoreau: Walden, or, Life in the Woods. Dover 1995, S. 47.

124 Der Witz stammt von JAPE («Joke Analysis and Production Engine»); vgl. Christian F. Hempelmann: Computational Humor: Beyond the Pun? In: Victor Raskin (ed.): Primer of Humor Research. New York 2008, S. 333–360.

125 Joseph Weizenbaum: Die Macht der Computer und die Ohnmacht der Vernunft. Frankfurt/Main 1978, S. 242 ff.

126 Joseph Weizenbaum: ELIZA – a Computer Program For the Study of Natural Language Communication between Man and Machine. In: Communications of the ACM 1/1966, S. 36-45 [deutsche Übersetzung: http://www.artikelpedia.com/artikel/informatik/4/eliza48.php].

127 Niklas Luhmann: Die Unwahrscheinlichkeit der Kommunikation. In: Oliver Jahraus (Hrsg.): Niklas Luhmann. Aufsätze und Reden. Stuttgart 2001, S. 76–93, hier S. 78.

128 http://www.ubs.com/1/e/wealthmanagement/wealth_management_singapore.html

129 Brian Christian: Mind versus Machine. In: The Atlantic Monthly, March 2011, S. 58–69.

130 Leonardo da Vinci, zit. nach Horst Bredekamp: Theorie des Bildakts. Berlin 2010.

131 Colby, K. M., Watt, J. B., Gilbert, J. P.: A Computer Method of Psychotherapy: Preliminary Communication. In: The Journal of Nervous and Mental Disease 2/1966, S. 148–152.

132 Salvador Dalí: Preface. In: Pierre Cabanne. Dialogues with Marcel Duchamps. Cambridge/MA 1987, S. 13.

133 Steven Weinberg: Der Traum von der Einheit des Universums. München 1995.

134 Friedrich Dürrenmatt: Die Physiker. Eine Komödie in zwei Akten. Zürich 2001.

135 Philippe Starck: Ich habe einen Traum. In: Zeitmagazin 4/2011, S. 21.

136 http://www.mckinseyquarterly.com/The_new_normal_2326

137 Paul Kedrosky: Shifting Baseline Syndrom. In: EDGE, World Question Center 2011, http://www.edge.org/q2011/q11_9.html»kedrosky.

138 http://de.wikisource.org/wiki/Der_Zauberlehrling_(1798)

139 Günther Anders: Die Antiquiertheit des Menschen, Band II: Über die

Zerstörung des Lebens im Zeitalter der dritten industriellen Revolution. München 1995, S. 398.

140 Heinrich von Kleist: Über das Marionettentheater – Aufsätze und Anekdoten. Leipzig 1980.

Nachwort

Habe ich mir meine Zukunft vor 25 Jahren so vorgestellt, wie sie heute als Gegenwart mein Leben bestimmt? Sicher nicht. Damals gab es noch keine Smartphones, Tablets, E-Mail, und auch das Internet hat in meinem Leben keine Rolle gespielt. Ich habe mir keine Gedanken darüber gemacht, was mit meinen Daten geschieht und welcher Anteil meines Lebens eigentlich nur noch virtuell vorhanden ist. Heute denken wir alle über diese Fragen nach, weil sie Teil unseres Lebens geworden sind.

Dieses Buch ist daher nicht als Ergebnis der Überlegungen einer vermeintlichen Kultur- oder Technikpessimistin gedacht, sondern als ein «Denkraum», in dem jeder sich selbst verorten kann. Alle Technologien, die ich beschreibe, sind bereits vorhanden oder zumindest als Möglichkeiten gedacht. Das Szenario, das ich daraus entwickelt habe, ist ein Angebot zum Weiterdenken darüber, was uns Menschen in einer digitalisierten Welt ausmacht und wie wir leben wollen. Schon dadurch, dass wir über die Zukunft nachdenken, gestalten wir sie.

Dafür wünsche ich mir, dass mit diesem Text geschieht, was Roland Barthes als «Tod des Autors» (la mort de l'auteur) beschrieben hat: nämlich dass der Text ein Eigenleben in den Leserinnen und Lesern entwickelt, die ihm im Lesen ihren Sinn geben, ganz unabhängig davon, was ich mir beim

Schreiben gedacht habe. Ich wünsche mir, dass er ein Auslöser dafür sein kann, an den aufgeworfenen Fragen weiterzudenken, wie auch immer die Antworten ausfallen mögen.

Für die Entstehung dieses Buches bin ich vielen Menschen zu Dank verpflichtet, die mir in Gesprächen wertvolle Anregungen gegeben haben und Inspiration waren. So danke ich Christian Fieseler, Ijad Madisch, Andreas Schönenberger, Philipp Otto und Thomas Groß für die guten Gespräche. Besonders danke ich dem wunderbaren Team am Berkman Center for Internet & Society an der Harvard University, darunter vor allem Urs Gasser und John Palfrey, die mir während meines Forschungsaufenthalts viele wertvolle Hinweise gegeben und mir ermöglicht haben, mich in Ruhe und mit Intensität diesem Thema widmen zu können. Hubert Mania danke ich für die Hilfe bei der Übersetzung einiger Teile des Manuskripts vom Englischen ins Deutsche. Bei Uwe Naumann und dem Rowohlt-Team bedanke ich mich für die substanzielle und freundschaftliche Betreuung des Buchs.

Meiner Freundin Anne danke ich dafür, dass sie den Entstehungsprozess des Buches liebevoll und geduldig begleitet hat und mir immer wieder hilft zu verstehen, dass ich nicht in einer Simulation lebe – auch wenn das heute niemand mehr genau wissen kann.

Cambridge & St. Gallen, im September 2011

MIX
Papier aus verantwortungsvollen Quellen
FSC® C083411
FSC
www.fsc.org

Das für dieses Buch verwendete FSC®-zertifizierte Papier
Schleipen Werkdruck liefert Cordier, Deutschland.